DELIUS KLASING

W0048922

Carsten Janz

BEINHART

*In 3300 Tagen
mit dem Fahrrad um die Welt*

Delius Klasing Verlag

Bibliografische Information der Deutschen Nationalbibliothek
Die Deutsche Nationalbibliothek verzeichnet diese Publikation in der
Deutschen Nationalbibliografie; detaillierte bibliografische
Daten sind im Internet über http://dnb.d-nb.de abrufbar.

1. Auflage
ISBN 978-3-7688-3466-7
Die Rechte für die deutsche Ausgabe liegen beim Verlag
Delius, Klasing & Co. KG, Bielefeld

Fotos: Carsten Janz, Manfred Sander
Karte: Inch3, Bielefeld
Satz: Fotosatz Habeck, Hiddenhausen
Lektorat: Ute Maack, Hamburg
Umschlaggestaltung: Buchholz.Graphiker, Hamburg
Druck: Clausen & Bosse, Leck
Printed in Germany 2012

Delius Klasing Verlag, Siekerwall 21, D – 33602 Bielefeld
Tel.: 0521/559-0, Fax: 0521/559-115
E-Mail: info@delius-klasing.de · www.delius-klasing.de

Inhalt

Vorwort

Alle Erlebnisse einer neunjährigen Reise zu Papier zu bringen, würde den Rahmen eines Buches sprengen. Die folgenden Erzählungen geben also keine Auskunft über den genauen Verlauf meiner Reiseroute, sie berichten nicht aus jedem einzelnen Land, das ich während meiner Weltumrundung besucht habe, sondern sie setzen Schlaglichter. Es sind Geschichten von Ereignissen, die mich besonders erfreut, fasziniert oder berührt, erschüttert oder verändert haben.

Sie zeigen in den verschiedensten Facetten, dass eine solche Reise viel mehr ist als tägliche beinharte Muskelarbeit. So manches Mal kam ich auch an meine mentalen Leistungsgrenzen. Ständig war ich mit Situationen konfrontiert, in denen Fantasie, Humor und Improvisationstalent gefordert waren. Denn schließlich war ich auch mein eigener Reiseleiter, Radmechaniker, Sprachlehrer, Organisator oder Koch, war Erste-Hilfe-Leistender, Krisen- und Ernährungsberater, Botschafter, Arbeitssuchender, Motivator, Diskussionspartner und Unterhalter.

Ich habe während dieser neun Jahre Neues erlebt und Bekanntes wiedergesehen, vieles über die Lebensgewohnheiten und Denkweisen der Menschen aus anderen Teilen der Welt erfahren – manches davon ist mir aber auch fremd geblieben. Vor allem aber habe ich ein freies und selbstbestimmtes Leben geführt.

Ich hoffe, meine Geschichten vermitteln einen Eindruck davon, welch ein unglaubliches Abenteuer es auch heutzutage noch sein kann, sich mit eigener Muskelkraft und seinen Siebensachen an Bord die Welt Kilometer für Kilometer zu erradeln.

Das letzte Stück Himmel – Rückkehr

»Warum machst du das, willst du berühmt werden?«

(Deutsche)

Er: »Guck dir sein Rad an, das ist total hinüber.
Und die Packtaschen, die sind auch total hinüber.«
Sie: »Ja, aber guck dir seine Beine an, die sind
überhaupt nicht hinüber, die sehen super aus.«

(Deutsches Ehepaar)

Nur noch um die Häuserecke herum und in den Hof einbiegen. 70 Menschen haben sich dort versammelt, überwiegend Familienmitglieder, aber auch direkte Nachbarn, der Pastor, der mich konfirmierte, Angestellte meiner Bank und einige wenige Bekannte, die mir die Treue gehalten haben. Vor allem aber sind die beiden Menschen anwesend, die in meinem Leben die wichtigste Rolle spielen, meine Mutter und mein Freund Manfred, den ich seit Schulzeiten kenne. Es sind die letzten Sekunden eines Projekts, das mir 13 Jahre lang nicht mehr aus dem Kopf ging. Vier Jahre in der Planung und neun Jahre in der Durchführung. 3293 Tage sind vergangen, seit ich genau hier erstmals in den Sattel stieg.

Beifall brandet auf, als ich um die Ecke biege, Rasseln werden gedreht und Menschen johlen. Hamburgfahnen und Luftballons schmücken den Hof. Im Hintergrund sind zwei Partyzelte aufgestellt, und über der Menschenmenge hängt ein großes Transparent, das mich willkommen heißt. Ich bremse mein Rad zum allerletzten Mal, reiße die Arme in die Höhe und umarme meine Mutter, die ich nach sieben Jahren zum ersten Mal wiedersehe. Tränen fließen. Ich schüttle Hände, umarme, küsse, empfange Geschenke und staune über Kinder, die zwischen sechs und zehn Jahre alt sind und die ich noch nie oder nur als Babys gesehen habe.

Man hat sogar eine Siegerehrung im Stil der Tour de France für mich arrangiert. Die beiden hübschesten Frauen aus der Verwandtschaft mussten sich opfern. Sie streifen mir das gelbe Siegertrikot über, es gibt Küsschen links und Küsschen rechts, und dann lasse ich den Korken einer Flasche Champagner knallen. Ein Fernsehteam des Norddeutschen Rundfunks dokumentiert das Ende einer Fahrradweltreise. Es freut mich besonders, dass eine Frau für den Dreh verantwortlich ist, mit der ich hier auf diesem Hof Cowboy und Indianer gespielt habe. Sie war damals meine »Squaw«. Antje ist heute Mitglied des Fernsehteams, das über meine Reise berichtet.

Ich bin in diesen Minuten relativ gefasst, obwohl es der vielleicht bedeutsamste Augenblick meines nunmehr 45-jährigen Lebens ist. Ich verspüre Stolz, Dankbarkeit und innere Ruhe. Stolz, weil ich die sportliche Leistung erbracht habe, 100 000 Kilometer Fahrrad zu fahren, Dankbarkeit, weil ich überlebt habe, und innerliche Entspanntheit, weil ich meinen großen Traum vollständig verwirklichen durfte.

Meine emotionalsten Momente hatte ich bereits während der letzten drei Wochen vor diesem Augenblick. Täglich wurde ich urplötzlich von Weinattacken überfallen. Manchmal waren sie so heftig, dass ich das Rad stoppen musste, um mich zu beruhigen. Immer wieder hatte ich Flashbacks, die mich gedanklich auf alle fünf Kontinente zurückführten. Es überwältigte mich, dass nun das gigantische Puzzle einer Radweltreise zusammengesetzt war. Es fehlte lediglich das allerletzte Stück Himmel oben links. Ich musste über viele

Jahre sehr hart sein, meistens gegen mich selbst, aber manchmal auch gegen andere, um nicht emotional zerfressen zu werden. Mein Durchkommen war nicht immer sicher. Jetzt, wo ich symbolisch das letzte Stück Himmel in den Händen hielt, um es einzufügen, fiel diese Härte von mir ab und ich ließ meinen Gefühlen freien Lauf. Zwei Tage vor Erreichen der Hafenstadt Trelleborg in Südschweden, wo ich eine Fähre nach Travemünde nehmen wollte, kniete ich wieder einmal weinend im Gras neben der Straße, mein Rad an den nächsten Baum gelehnt. Ein alter Mann kam auf mich zu und fragte, ob alles in Ordnung sei mit mir. Ich guckte hoch und antwortete leise: »Ja, alles okay, ich kann nur nicht glauben, dass ich nun, nach neun Jahren des Unterwegsseins, tatsächlich nach Hause fahre.« Er nickte nur, klopfte mir leicht auf die Schulter und humpelte weiter.

Das Weinen hatte eine geradezu therapeutische Wirkung auf mich, es war befreiend. Ich nahm in Dankbarkeit und Demut Abschied von meinem Leben als radelnder Vagabund.

Alpencowboy in Saas-Fee

»*Carstili, bisch öben a Fischgrind.*«

(Du bist eben ein Fischkopf)

(Arbeitskollegen über meine Herkunft aus Norddeutschland)

Winter 1993. Zwei Uhr morgens, 3500 Meter Höhe, zwölf Grad unter null, eine sternenklare Nacht. Schnee- und eisbedeckte Berggipfel und weit aufklaffende Gletscherspalten – das Panorama meines Arbeitsplatzes. Ich arbeite als Pistenfahrzeugfahrer in der Schweiz. Saas-Fee heißt das Bergdorf, nur acht Flugminuten mit dem Hubschrauber entfernt von seinem berühmten Nachbarn Zermatt und dessen noch berühmteren Berg, den die Einheimischen S' Hörnli nennen, dem Matterhorn. Ich fixiere die von den Scheinwerfern ausgeleuchteten Meter vor dem Pflug. Höchste Konzentration und eine exakte Handhabung des Geräts sind erforderlich, um perfekte Skipisten herzustellen. Meine Augen sind starr geworden, trocken, rot, und sie brennen, denn ich bin seit 18 Stunden im Einsatz. Ein ganz normaler Arbeitstag am Berg in den für diese Region ökonomisch wichtigen Wintermonaten. Die Skitouristen bezahlen eine Menge Franken, um auf 180 Kilometern Pisten Sport zu treiben, und sie verlangen dafür natürlich viel. Meine Aufgaben bestehen vorwiegend darin, Abfahrten zu präparieren, Gletscherspalten mit Schnee zuzuschütten, gefährliche Abschnitte zu sichern, dem Rettungsdienst bei Einsätzen Hilfe zu leisten und das eigene Fahrzeug instand zu halten.

Insbesondere die Stäbe des Kettenfahrzeugs sind wartungsintensiv, denn sie brechen im Einsatz auf eisigen und schneearmen Pisten

Pistenfahrzeugfahrer: bei schönen Wetterbedingungen ein absoluter Traum-job vor einer traumhaften Kulisse. Der Blick reicht bis ins Berner Oberland.

und müssen ständig ausgewechselt werden. So ein Bully, in dem der Fahrer ähnlich wie in einem modernen Bus sitzt, hat je nach Modell zwischen 130 und 330 PS. Vorn am Fahrzeug befindet sich ein Pflug, der unterschiedliche Arbeiten ausführen kann, und am hinteren Teil ist eine Schneefräse montiert, die den Schnee komprimiert. Sie kann dem jeweiligen Zustand des Schnees entsprechend im Anpressdruck und im Winkel verstellt werden. Das Fahren ist einfach und ver-gleichbar mit dem Autoscooter fahren auf dem Hamburger Dom: Gas geben und er fährt, Gas wegnehmen und der Pistenbully bleibt stehen. Der professionelle Einsatz dieses Gefährts in unterschiedli-chem Gelände, auf steilen oder ausgesetzten Hängen, engen Trassen, in Neu- oder in Firnschnee, ist hingegen kompliziert, und es kann Jahre dauern, bis man es unter diesen unterschiedlichsten Bedingun-gen richtig beherrscht. Der Job ist gefährlich und man riskiert viel, wenn man erstmalig in einen Neuschneehang einfährt und nicht mit

Sicherheit weiß, ob er die drei Tonnen Gewicht des Bullys hält. Hält er nicht, dann rutscht der Fahrer wie in einem Riesenschlitten mit rasender Geschwindigkeit den gesamten Hang hinunter, was besonders dann einen Adrenalinkick auslöst, wenn am Ende dieses Hangs ein 100 Meter tiefer Abgrund wartet oder eine 60 Meter tiefe, offene Gletscherspalte. In der Kabine die richtigen Handbewegungen zu machen, ist von essenzieller Bedeutung, immerhin geht es um den Schutz der eigenen Gesundheit.

Diese und viele andere Gefahren des Jobs brachten unserem Team den Namen »Alpencowboys« ein. Wir alle genossen es, nach einem langen Tag am Berg wieder ins Dorf zu kommen. Mit einheitlichen Jacken gekleidet, fielen wir dann ab und zu in eine der zahlreichen Bars ein. Meine Lieblingsbar hieß »Nestis«. Der lang gezogene, enge Raum verwandelte sich so manchen Abend in einen wilden Partyschuppen. Besonders wenn Heißgetränke wie Café Lutz oder Café Pflümli (Kaffee mit Schnaps) flossen, vergaß sich das eine oder andere Skihaserl und begann, auf dem langen Tresen stehend, seine Skiklamotten Stück für Stück auszuziehen. Immer wurde das mutige Mädchen, begleitet von lauter Musik, frenetisch angefeuert. An vorderster Front dabei natürlich die wilden Jungs vom Berg, die Alpencowboys. Ich war der einzige Deutsche in einem Team aus Schweizer Urgesteinen. Mit den Jahren verstand ich die vielen unterschiedlichen Dialekte, die gesprochen wurden, egal, ob es Berner, Walliser, Glarner oder Urner waren, mit denen ich zusammenarbeitete. Es war fast wie das Erlernen einer neuen Fremdsprache, und Worte wie »Chuchichästli« (Küchenschrank) und »Milchmelchterli« (Milchmelkmaschine) fanden erst nach langem Üben Eingang in den Sprachgebrauch des Fischkopfes aus der norddeutschen Tiefebene. Ich fühlte mich willkommen und bekam den Spitznamen »Carstili«.

Einige Jahre lang dachte ich, ich wäre angekommen, hätte meinen Platz gefunden. Es war ein autofreier und damit herrlich ruhiger Ort inmitten 4000 Meter hoher Berge, meine Arbeit war spannend und bestens bezahlt, die Arbeitskollegen gut drauf, ich konnte im Sommer viel Sport in sauberer, klarer Luft treiben und jedes Jahr hatte ich drei Monate Ferien, denn Mengen von Überstunden mussten abgebummelt werden. Doch dann reiste ich im September 1994 für drei Monate nach Südafrika.

Auf meinen vorangegangenen Reisen war ich immer als Rucksacktourist unterwegs gewesen. Diesmal wollte ich etwas Neues probieren und Rad fahren. Fit war ich, denn ich hatte im Sommer zuvor am Swiss Alpine Marathon teilgenommen, der jedes Jahr im Juli in Davos, im Kanton Graubünden, stattfindet. Monatelang hatte ich für diesen 67 Kilometer langen Berglauf, der über den 2739 Meter hohen Sertig-Pass führt, trainiert.

In Durban angekommen, kaufte ich ein Fahrrad und Packtaschen, dann fuhr ich los. Die Radtour durch Südafrika weckte schnell meine Leidenschaft für diese Art des Reisens. Ich war mittlerweile 33 Jahre alt und schon seit längerer Zeit auf der Suche nach dem ultimativen Abenteuer. Nach nur wenigen Wochen des Unterwegsseins reifte, was zunächst nur ein flüchtiger Gedanke gewesen war, zu einer Vision, die mich nicht mehr losließ: Mit dem Fahrrad um die Welt fahren. Jahrelang unterwegs sein, durch alle Kontinente. Raus aus allen Zwängen und einfach weg.

Zurück in der Schweiz, nahm mein Plan konkretere Formen an. Schnell wurde mir klar, dass solch ein großes Projekt viel Geld verschlingen würde. Also verbrachte ich drei weitere Jahre in Saas-Fee und versuchte, so viele Überstunden wie möglich zu machen. Mein Chef versetzte mich auf eine Winden-Maschine. Das ist ein Pistenbully, auf dem eine Trommel mit einem 300 Meter langen Kabel aufgebaut ist. Dieses Stahlseil wird in einen festen Anker eingehängt, was den Fahrzeugführer in die Lage versetzt, auch steilste Skipisten zu präparieren. Mit einer Zugkraft von bis zu drei Tonnen zieht sich die Maschine selbst die Hänge hinauf.

Von jetzt an arbeitete ich meistens allein, oftmals in gefährlichem Gelände, doch mit der Möglichkeit, viele Überstunden abzureißen. Genau das wollte ich. 60 Arbeitsstunden pro Woche wurden die Regel, nicht die Ausnahme. Ich war Carstili, der Mann am Stahlseil, der sich langsam in Dagobert Duck verwandelte. Der wichtigste Tag war der Zahltag am Monatsende. Ich konnte zwar nicht in Franken baden wie Dagobert in seinen Geldbergen, aber die Habenseite meines Bankkontos wuchs und wuchs. Das motivierte mich.

Während der vielen Stunden am Berg plante ich meine ungefähre Route. Ich legte nur fest, in welcher Reihenfolge ich die Kontinente bereisen wollte: Europa, Asien, Australien, Amerika, Afrika und zurück nach Europa. Die Reihenfolge der Länder plante ich nicht, denn ich wollte ja ungezwungen unterwegs sein und mich nicht schon vor der Abfahrt zum Sklaven meiner Pläne machen.

Die Wintermonate vergingen meist rasend schnell, es waren vor allem die Sommermonate, die mich ganz langsam, aber immer mehr ausbrannten. In Saas-Fee findet das Skilaufen zum Teil auf dem gewaltigen Fee-Gletscher statt. Die Pisten führen im oberen Bereich direkt an spektakulären, bei entsprechendem Einfall des Sonnenlichts tiefblauen Gletscherspalten vorbei. Skilaufen ist hier an 365 Tagen im Jahr möglich. Der Aufwand allerdings, der während des Sommers vom Pistendienst betrieben werden muss, um diesen Spaß zu ermöglichen, ist enorm. Durch die Wärme und die dünne Schneedecke, insbesondere nach schneearmen Wintern, reißen überall auf der Piste Spalten auf. Berge von Schnee müssen herangeschoben werden, um sie wieder aufzufüllen. Dazu gesellen sich oft dichter Nebel oder extreme Sonneneinstrahlung.

In den Sommermonaten tummeln sich hier Snowboarder und Ski-Nationalmannschaften, die für die nächste Wintersaison trainieren. Einige erfolgreiche Skiläufer lernte ich zwanglos kennen, vor allem Schweizer wie z. B. Peter Müller, Heidi und Pirmin Zurbriggen, Chantal Bournissen und Vreni Schneider. Weniger angenehm war es manchmal, die Bekanntschaft der Snowboarder zu machen, besonders dann, wenn sie fast zerquetscht in einer 30 Meter tiefen Gletscherspalte hingen. Viele von ihnen kümmerten sich wenig um die Schilder, die vor dem Verlassen der präparierten Piste warnten, nur das Kurvenziehen abseits der Pisten war cool. Für uns war es nicht cool, sondern lebensgefährlich, die Jungs und Mädchen mit ihren überweiten Schlabberhosen und ihren Pudelmützen aus den Spalten zu retten.

An einem wunderschönen Tag im Juli war es dann wieder einmal so weit. Ich fuhr gerade mit meinem Bully zurück zur Bergstation Mittelallalin, um dort die Mittagspause mit knusprigen Rösti und Leberkäs einzuläuten. Unterwegs beobachtete ich einen »Snöber«, der abseits der Piste 19 fuhr. Ich hielt, um ihn zu ermahnen, doch da war es auch schon passiert. Er brach ein und war binnen einer Sekunde einfach weg. Ich machte mit meinem Funkgerät sofort Meldung beim Rettungsdienst. Innerhalb von wenigen Minuten erreichte mich ein Patrouilleur mit einem Rettungsschlitten. Ich sicherte ihn am Seil, das ich am Pflug festmachte, sodass er gefahrlos zum Spaltenrand vordringen konnte. Der Snowboarder war tief gefallen und gab auf Rufen keine Antwort. Jetzt musste es schnell gehen, denn er konnte in der sich nach unten verengenden Spalte eingeklemmt sein. Einige Unfallopfer ersticken sogar, weil der Brustkasten durch die Wucht des tiefen Falls zusammengepresst wird.

Verstärkung wurde angefordert, ein Dreibein mit Winde aufgestellt und ein Rettungsmann an dieser Winde hinuntergelassen. Er meldete über Funk, was er etwa 25 Meter weiter unten sah: »Verletzter eingeklemmt, ohne Bewusstsein, schwache Atmung.« Wir zogen ihn wieder hoch. Währenddessen bereitete sich der Nächste vor, um mit einer Art Presslufthammer abgeseilt zu werden und den Verletzten freizubohren. Dieses Freidrillen ist eine kräftezehrende Tätigkeit. Kaum jemand hält sie länger als fünf Minuten durch, dann gibt er Zeichen und wird hochgeholt, damit ein anderer mit frischer Kraft weitermachen kann.

Der dritte Mann war Carstili. Ich wurde in meinen Klettergurt eingehängt und es hieß: Langsam ab. Anfangs war der Spalt noch breit und ich schwebte frei, doch schnell wurde es dunkel, das Eis wirkte bedrohlich, einige Stücke Gletschereis knallten auf meinen Helm. Mit den Füßen und Beinen tastete ich mich immer tiefer in die dunkle Enge. Einmal musste ich sogar die Arme hoch über den Kopf strecken, um durch eine Engstelle schlüpfen zu können. Dann endlich war ich unten. Ich griff den Hammer, der an einer Schnur hing, und bohrte vorsichtig weiter, dicht am Körper des Snowboarders. Auf beiden Seiten meines Körpers hatte ich Eiskontakt, was das Hantieren mit dem Hammer schwierig machte. Es blieb keine Zeit, sich um die eigene Sicherheit zu sorgen. Ich führte einfach aus, was ich in Rettungsübungen gelernt hatte. Ich arbeitete, bis ich müde war, und gab über Funk das Kommando zum Hochziehen, damit der Nächste übernehmen konnte. Ungefähr zehn Minuten später gab das Eis den Verletzten endlich frei und er konnte behutsam hochgehievt werden, nachdem man ihm einen Klettergurt angelegt hatte.

Da hörte ich auch schon die kräftigen Rotorbewegungen des Rettungshubschraubers von der Air Zermatt, der inzwischen bestellt worden war. Schaulustige wurden zurückbeordert, ein Mann vom Rettungsdienst kniete sich auf ebenem Grund nieder, um den Piloten eine bessere Orientierung zum Landen zu ermöglichen. Dies ist insbesondere bei diffusen Lichtverhältnissen wichtig. Schnee staubte auf und ein Arzt begab sich zum Snowboarder, der bereits eine Erstversorgung erhalten hatte. Er bekam ein weiteres Kreislaufmittel, wurde künstlich beatmet, in den Helikopter geladen und ins Spital nach Brig geflogen. Er überlebte und wir gingen mit einer Stunde Verspätung Rösti essen.

Nur für die Dummheit einiger, die cool sein wollen, müssen viele Menschen ein hohes Risiko eingehen. Es gibt zahlreiche Unfälle in den Alpen, bei denen höhere Gewalt im Spiel ist, dann versucht ein Rettungsdienst immer, egal wo, zu helfen. Die geschilderte Rettung allerdings wäre völlig unnötig gewesen, das Unglück wurde in jeder Hinsicht durch eigenes Verschulden verursacht. Der Snowboarder überlebte nur, weil ich ihn zufällig beim »Coolsein« sah und die Rettung einleiten konnte. Zwei Tage nach diesem Ereignis hatte der Rettungsdienst den nächsten Spalteneinsatz, man kann sich vielleicht denken, wer eingebrochen war …

Im Herbst desselben Jahres, es war 1997, machte Dagobert Bestandsaufnahme und zählte seine Goldstücke. Er grinste zufrieden.

Der Geldsack war fett geworden, die Summe sechsstellig. Endlose Stunden am Berg, nach denen ich oftmals erschöpft in mein 30-Quadratmeter-Wohnklo zurückgekehrt war, trugen endlich Früchte. Ich hatte die finanziellen Voraussetzungen dafür geschaffen, das Projekt der Fahrradweltreise konkret anpacken zu können. Die ersten drei oder vier Puzzleteile dieses gigantischen Plans waren ineinander gefügt.

Ich kündigte, und am 31.12.1997 stellte ich zum letzten Mal den Motor meines zweiten Zuhauses ab. Ich hüpfte hinunter in den Schnee, verharrte kurz, streichelte die Maschine und sagte leise: »Merci, gell.« Es folgten eine wilde Silvesternacht und einige Tage später meine Abschiedsparty, die ich zusammen mit einem Pistenpatrouilleur vom Rettungsdienst organisierte, der ebenfalls gekündigt hatte. Zwei Tage vor meiner endgültigen Abfahrt aus der »Perle der Alpen«, wie Saas-Fee auch genannt wird, gab die Schweizer Gruppe Gotthard ein fantastisches Konzert im Dorf. Es war ein sanftes Akustikkonzert dieser sonst sehr hart rockenden Band. Der letzte Song passte zu mir wie Kirschschnaps ins Käsefondue. »I'm on my way«, sang ich lautstark mit, fast schrie ich es heraus. »I'm on my way« – mein Aufbruch in ein neues Leben.

Was soll das denn?

»Du kassierst doch Arbeitslosengeld
und reist auf unsere Kosten.«

(Deutscher, kurz nach meiner Abfahrt)

Der Kommentar einer meiner Tanten konnte kaum negativer sein, als meine Mutter ihnen von meinen Plänen berichtete. Ich befürchte, dass viele meiner Bekannten und Verwandten ihre Auffassung teilten. Was will er jetzt machen? Um die Welt fahren? Mit einem Fahrrad? Ja, aber er ist jetzt 36, er muss doch nun langsam mal heiraten und eine Familie gründen! Und eine »richtige« Arbeit finden. Das »Schneeschieben« dort in der Schweiz wäre ja auch nichts für länger gewesen. Und überhaupt, wovon will er denn leben, wenn er alt ist? Er zahlt doch kaum in die Rentenkasse ein!

Glücklicherweise waren meine Eltern und meine engsten Freunde völlig anderer Ansicht. »Fahr los und komm gesund wieder«, antwortete mein bester Freund wenig überrascht, nachdem ich ihm von der geplanten Weltreise erzählt hatte. Für ihn war sie die logische Weiterentwicklung meiner vorherigen Projekte.

Meinen Vater einzuweihen, fiel mir jedoch schwer. Er wurde in den letzten Jahren von Krankheiten geplagt, Herzinfarkte, Gürtelrose, Amöbenruhr, vor allem aber Gelenkrheumatismus setzten ihm zu. Er war alt geworden, nicht nur nach der Anzahl seiner 84 Jahre, als ich mit ihm über mein neues Projekt redete. Er hielt etwas inne, als ich ihm von einer vier- bis fünfjährigen Reisedauer berichtete, fasste sich dann aber wieder, legte eine seiner vom Rheuma nahezu verkrüppelten Hände auf meine Schulter und sagte:»Mein Leben ist fast zu Ende, Carsten. Jetzt leb du deins und nimm dabei keine Rücksicht auf deinen kranken Vater. Mir geht es gut.« Gerührt verließ ich sein Wohnzimmer. Ich bin überzeugt, er wusste, dass er mich nach dem Tag meiner Abreise nicht mehr wiedersehen würde, aber trotzdem unterdrückte er seine Besorgnis und ich bekam von ihm den Segen, der mir so wichtig war. Mein Vater gehört einer Generation an, die dazu neigt, ihre Emotionen zu beherrschen. Man musste schon auf die Zwischentöne achten, um seine Herzlichkeit zu spüren. Nur zwei Mal sah ich ihn weinen in all den Jahren. Das erste Mal bei meiner Rückkehr aus Ostafrika, wo ich drei Monate unterwegs gewesen war und dem Massaker zwischen den Hutu und den Tutsi in Burundi und Ruanda nur sehr knapp hatte entkommen können, und das zweite Mal im Krankenhaus, als ihm der Arzt nach einem Herzinfarkt mitteilte, dass eine Bypass-Operation in seinem fragilen Zustand nicht mehr möglich sei und er jeden weiteren Tag genießen solle.

Bei meiner Mutter löste die Nachricht von meinem Reiseprojekt keine Begeisterung aus. Sie wollte mich meine Träume ausleben lassen, hatte aber, wie jede Mutter, die ihr Kind liebt, Angst, dass mir diesmal etwas passieren könnte. Aber schließlich bekam ich auch ihren Segen.

Jetzt konnte ich mit den konkreten Planungen anfangen. Die Reisevorbereitungen fielen mir leicht, denn ich hatte ja schon einige Rucksackreisen oder Expeditionen hinter mir. (Eine Ausrüstungsliste befindet sich im Anhang.) Lediglich das radspezifische Planen kostete etwas mehr Zeit. Bei der Wahl des Rades entschied ich mich nach langem Suchen in Hamburgs Fahrradläden für ein Hybridmodell der Firma Focus. Ein Hybrid ist ein Zwitter aus einem Mountain- und einem Trekkingbike. Es ähnelt einem Mountainbike, hat aber größere Räder, die schmaler bereift sind als die eines Mountainbikes. Ich wählte 42 Millimeter breite Reifen. Der Rahmen war aus Stahl und damit natürlich schwerer als Aluminium oder gar Karbon, doch ich konnte ihn im Falle eines Bruches überall auf der Welt schweißen lassen und weiterfahren. Das Gleiche galt für die Gepäckträger. Bei der Wahl der Komponenten war mir Langlebigkeit wichtiger als Hightech. Ich kaufte auch vier Packtaschen, zwei Gepäckrollen und einen Rucksack und begann probeweise zu packen. Um das Rad bei schnellen Abfahrten und sehr steilen Anstiegen stabil zu halten, verstaute ich schwere Gegenstände in den vorderen Lowrider-Taschen. Auf meinen ersten Testfahrten umrundete ich die Hamburger Außenalster.

Es war Frühling geworden, als ich meine Besuche beim Tropeninstitut absolvierte, eine Kreditkarte beantragte, zum Zahnarzt ging, einen Gesundheitscheck mit Belastungstest durchführte und eine Auslandskrankenversicherung für fünf Jahre abschloss. Mandeln und Weisheitszähne musste ich nicht mehr entfernen lassen, sie waren bereits draußen. Wer lange und (oder) in der Wildnis unterwegs ist, sollte darüber nachdenken, es mir in dieser Hinsicht gleichzutun. Eventuell sollte man sogar den Blinddarm herausnehmen lassen.

Tag eins meiner Weltreise rückte schnell näher. Ich wählte den 13.8.1998 als Abreisetag. Der 13. war für mich immer ein Glückstag, vielleicht weil ich an einem 13. Geburtstag habe.

Während ich mitten in den Planungen steckte, fuhr ich täglich über die Elbe bis zur Nordseeinsel Helgoland und wieder zurück. Ich arbeitete zunächst als Steward, dann als Purser (verantwortlicher Zahlmeister/Versorgungsoffizier) auf einem von einem Hamburger Bauunternehmer gecharterten norwegischen Hochgeschwindigkeitskatamaran. Was für ein Kontrast: von einem wildem Pistenbully-Fahrer in den Schweizer Alpen zum zivilisierten, mit Krawatte gekleideten Chef des Kabinenpersonals! Ein wirklich klasse Job hätte dies sein können. Mit cirka 65 Stundenkilometern kachelte ich in einem modern eingerichteten Boot über das Wasser, machte Ansagen, verkaufte Tickets und half beim Verkauf von Speisen und Getränken.

Leider, leider klappte es mit dem Ticketverkauf im Büro ebenso wenig wie mit der im Katalog angekündigten Fahrzeit von 2 Stunden und 30 Minuten. Die Verkehrsregeln der Elbeschifffahrt verlangsamten die Fahrt, die Nordsee war häufg zu rau und der norwegische Kapitän legte oft erst nach 2 Stunden und 45 Minuten an der Pier in Helgoland an. Das Buchungssystem wurde vorsintflutlich von Hand statt von einem Computer ausgeführt und es gab unzählige Doppelbuchungen, für einen einzigen Sitzplatz wurden also mehrere Tickets verkauft. Der Blitzableiter für diese Probleme war der Purser. Ich musste unpopuläre Entscheidungen treffen und einige Gäste von der ersten in die Holzklasse verfrachten oder bei einem voll besetzten Boot Fahrgäste an der Pier stehen lassen. Von einigen Stammgästen bekam ich den Spitznamen »stolzer Spanier«, weil ich ihrer Meinung nach etwas zu aufrecht durch die Sitzreihen stolzierte.

Auf Helgoland kann ein jeder nicht nur frische Seeluft einatmen, die Lange Anna bewundern und leckeren Fisch essen, nein, man kann auch zollfrei einkaufen. Auf den Rückfahrten wurde dann der Katamaran zu einer Freihandelszone nicht nur für alkoholische Getränke, sondern häufig auch für alkoholisierte Männer, die ihre Hände nicht von den jungen, hübschen Stewardessen an Bord lassen konnten. Das bedeutete Noteinsatz für den stolzen Spanier. Der fackelte nicht lange, hielt Rücksprache mit dem Kapitän, es wurde ein außerfahrplanmäßiger Halt in Cuxhaven eingelegt, die Hafenpolizei bestellt und die besoffenen Lüstlinge, die mich währenddessen mit wüstesten Beschimpfungen bedacht haben, unter donnerndem Applaus der Mitreisenden von Bord geholt.

Übertroffen wurden solche Situationen nur noch dann, wenn Neptun die Nordsee unruhig werden ließ. Minuten, nachdem wir die Elbmündung verlassen hatten, ging es los. Das Schiff begann zu rollen, auf und ab, nach links und nach rechts. Dem ersten Gast drehte sich bereits der Magen um, bald ging es im Sekundentakt. Immer, wenn der Katamaran in ein Wellental hinunterschoss, hörte man laute Schreie wie in einer Loopingbahn. Das Chaos hatte auch seine komischen Seiten, doch ich versuchte mitfühlend und ermutigend zu sein. »Gleich sind wir da«, sagte ich über die Bordlautsprecheranlage, »Sie sind sicher hier an Bord« – und konnte gar nicht so schnell Tüten verteilen, wie sie gebraucht wurden. Nicht selten taumelten von den 230 Passagieren, die das Schiff bei voller Besetzung an Bord hatte, 150 kreidebleiche Kranke an Land, deren Mageninhalt sich nun im Zuständigkeitsbereich des Reinigungspersonals befand.

Mit dem letzten Julitag beendete ich dann auch meine »Karriere« bei der christlichen Seefahrt.

Eine letzte Umarmung –
Abfahrtstag

13. August 1998. Meine Reifen rollen über die Elbbrücken. Der wahrscheinlich schwierigste Moment meiner gesamten Reise liegt nur wenige Minuten zurück. Ich bin tatsächlich losgefahren.

Gerade habe ich das Rad aus dem Keller meiner Eltern heraufgetragen, aufgepackt und mich verabschiedet. Es war ein ganz kleiner Bahnhof, bestehend aus meinen Eltern und zwei Freunden. Nach schlafloser Nacht und einem Frühstück, das nicht so recht rutschen wollte, umarmte ich alle. Das Rad stand abfahrbereit. Einige Fotos wurden geschossen, und dann nahm ich meinen Vater noch einmal extra lange in den Arm. Ich schwang mein linkes Bein über das Rad und ließ meinen Hintern in den Sattel zurückrutschen, dabei spottete ich: »So, ich geh dann mal ein bisschen Fahrrad fahren. Wenn ich zurückkomme, erbitte ich mir aber die Presse hier.« Mein Rad setzte sich wackelnd in Bewegung. Vom Balkon einer der umliegenden Mietwohnungen winkte eine türkische Nachbarin herunter und wünschte mir viel Glück. Ich sollte sehr viel davon brauchen, um wieder gesund hier anzukommen, mehr als mir zu diesem Zeitpunkt klar war.

Ich bog von der Auffahrt in die Straße, atmete tief ein, stieß die Luft wieder aus, und beschleunigte langsam, dabei winkte ich ein letztes Mal. Ich hielt einen Daumen hoch. Zweckoptimismus. Sekunden später verloren wir den Blickkontakt. Jetzt gab es kein Zurück mehr. Alles Planen, Mutmaßen, Spekulieren hatte ein Ende. Mit dem heutigen Morgen war meine vierjährige Vorbereitung endgültig abgeschlossen. Nun wollte ich Taten folgen lassen. Ich zählte Tag eins einer Weltreise, deren Ende offen war. Vor mir lag eine unendlich scheinende Landmasse, die ich mir Radumdrehung für Radumdrehung erkämpfen wollte.

An diesem Abfahrtstag war ich bereits ein erfahrener Globetrotter, hatte viel von der Welt gesehen, und mir war klar, dass ich keine Radwanderung entlang der Donau vor mir hatte. Vor mir lag vielmehr Extremradfahren durch heiße Wüsten, über hohe, eiskalte Bergpässe, durch verstopfte, von Abgasen geplagte Millionenstädte, in verschiedenen Klimazonen mit sehr unterschiedlichen Kulturen und Denkweisen.

Um mir diesen schwierigen Tag zu erleichtern, stellte ich mir meine Rückkehr vor. Gerade passierte ich das Hamburger Ortschild mit dem diagonalen roten Streifen. Ich sah mich als einen vom Wetter gegerbten Radler mit stahlharten Beinmuskeln, der in alten, verstaubten Klamotten und auf einem von der Tour gezeichneten Rad mitsamt zerrissenen Packtaschen triumphierend wieder in Hamburg einrollt. Ich sah mich als Weltumradler, zwar müde, aber mit strahlenden Augen und einem Kopf voller Storys. Das half.

Dennoch wog das eigentlich freudige Ereignis, wie es eine Reise nun mal ist, am heutigen Tag tonnenschwer. Ich hatte Angst vor meinem eigenen Mut. Viele Fragen tauchten auf: War es richtig, einen gut bezahlten Job in einem schönen Land wie der Schweiz zu kündigen? Werde ich unterwegs Jobs finden? Ob das Fahrrad wohl durchhält? Wie lange bleibt Kuddl (mein Vater) noch am Leben? Welche Route werde ich wählen? Hoffentlich werde ich nicht überfallen. Bleibe ich gesund? Werde ich mich verlieben? Ob ich wohl den Strapazen standhalten kann? Welches Land wird mich am meisten faszinieren und welches gar nicht? Werde ich mich als Mensch verändern? Werde ich mein Leben lang ein Reisender (Suchender) bleiben? Wer bin ich eigentlich? Wie lange werde ich diesmal unterwegs sein? Wann kommt mein Freund mich besuchen? Ob Australien wohl immer noch so ein fantastisches Reiseland ist wie damals, 1985? Werde ich jemals radelnd Ushuaia, den südlichsten Punkt Südamerikas, erreichen? Hoffentlich komme ich unversehrt durch die moslemischen Länder. Werde ich immer an Ersatzteile für mein Rad kommen? Wie werde ich mit dem Alleinsein umgehen? Wie viele Radkilometer werden es am Ende sein?

Aber auch die elementarste aller Fragen stellte ich mir: Werde ich überleben? In den nun folgenden 3293 Tagen sollte ich auf jede dieser Fragen eine Antwort erhalten.

Warmfahren bis Athen

»Schon mal was von der Erfindung des Ottomotors gehört?«

(Deutscher)

»Mit dem Ding willst du um die Welt fahren? Träum weiter.«

(Österreicher)

Eine Woche benötigte ich, um den allerersten Grenzübergang zu erreichen. Ich fuhr durch die ehemalige DDR über Magdeburg, Meißen und Freiberg und kam in Teplice in Tschechien an. Dem Donau-Radweg folgend, erreichte ich am 29. August Wien. Auf diesem gut ausgebauten Radwanderweg sind zahlreiche Wochenend- und Freizeitradler unterwegs. Viele schmunzelten, als ich auf meinem mit sieben Taschen vollbepackten Rad langsam an ihnen vorbeizog, reichten ihnen doch meistens die beiden hinteren Packtaschen, um ihre Reiseutensilien zu verstauen.

So auch zwei Männer in den Vierzigern: »Schau mal, der da, der hat vielleicht eine Menge Gepäck dabei, man kann es auch übertreiben, gell?« »Ja freilich«, stimmt der Radelpartner in österreichischem Dialekt zu und beschleunigt, um wieder zu mir aufzuschließen. »Na, junger Mann, auch auf großer Tour?«, ruft er bereits schwer atmend zu mir rüber, als er auf gleicher Höhe ist. »Ja«, antworte ich ruhig und mustere dabei sein Gefährt. »Ja, mir fahn ganz bis Budapest. Diesmal wollen's mir wissen, und Sie?« – »Australien«, sage ich kurz, »dann mal sehen.«»Hahaha«, lacht er schallend auf, »jetzt hab ich grad verstanden, sie hätten Australien gesagt und nicht Österreich, hahahaaa … also, wo in Österreich denn genau? Bis Wien liegt schon drin, gell? Sie schaun ja ganz gut drein.« –»Nee, Sie haben schon richtig verstanden: Sydney, Australien«, sage ich. Inzwischen ist auch der andere aufgefahren und hört mit. »So a Schmarrn, kims Hansi, lass den fahren, das is a preußischer Spinner.« Wenig später stoppen sie ihre Bikes, um sich erst einmal von dem kräftezehrenden Aufholmanöver zu erholen und um außer Reichweite des preußischen Spinners zu kommen.

Ich fuhr mich langsam ein, flickte meinen ersten Platten kurz vor den Toren Budapests, sprach viel Deutsch entlang des Balatons und staunte das erste Mal vor Begeisterung im Nationalpark Plitvicer Seen in Kroatien, wo in den 1960er-Jahren viele Szenen des Karl-May-Films »Winnetou« gedreht wurden. Ich hatte diese Filme geliebt und genoss es nun, die Flüsse und Wasserfälle im Original bewundern zu können, dabei erschienen mir Winnetou und Old Shatterhand, und die Erinnerung an meine Kindheit wurde wieder lebendig.

Mit der Fähre erreichte ich Ancona in Italien. Ich fuhr bis zur Hafenstadt Bari den Stiefel hinunter. Die Touristensaison ging gerade zu Ende und die Campingplätze waren leer. Autofahrer behandeln Radfahrer mit sehr viel Respekt in diesem Land. Beim Anfahren nach einer Rotphase an einer Ampel durfte ich erst einmal einige Pedalumdrehungen kurbeln, um mein Gleichgewicht zu finden, bevor die Autofahrer überholten. Viele hielten einen Daumen hoch, um mir ihre Zustimmung zu meiner Art des Reisens zu zeigen. Aus dieser Region, nämlich Riccione, kommt auch Marco Pantani, einer der großen Radrennfahrer Italiens der 1990er-Jahre.

Der kleine, glatzköpfige Mann war auf Bergetappen einfach eine Klasse für sich. Er spurtete in einem unorthodoxen Stil die Alpenpässe hoch. Immer wieder stieg er aus dem Sattel und wechselte in den Wiegetritt. Nach zehn, zwölf Pedalumdrehungen setzte er sich wieder, nur um Sekunden später wieder aus dem Sattel zu gehen und erneut stehend zu treten. Ich sah ihm oft am Fernseher zu, z. B. als er Alpe d'Huez in den französischen Alpen geradezu hinaufflog und alle anderen abhängte. Nur sechs Monate später, im Himalaya, wandte ich dann genau diesen Fahrstil an, um »meinen« Alpe d'Huez zu erobern, nur dass dieser Alpe d'Huez der Kunjerab-Pass war, der 4733 Meter über dem Meeresspiegel liegt.

Marco Pantani starb 2005 an einer Überdosis Kokain. Es wird vermutet, dass auch er gedopt die Berge hinaufspurtete, wie leider so viele Top-Fahrer heutzutage.

Auch ich wurde schon mit dem Thema leistungssteigernde Mittel konfrontiert. Erstmalig in der Leichtathletik und später in einem Fitnessstudio in Hamburg. Im Jugendbereich war ich einer der besten Weitspringer Norddeutschlands. Schon als 15-Jähriger sprang ich 6,32 Meter weit, und mit unserer Fünfkampf-Mannschaft (100-m-Sprint, Weit- und Hochsprung, Kugelstoßen, 800-m-Lauf), die aus drei Athleten bestand, waren wir sogar bundesweit an der Spitze mit dabei. Das Training wurde über die Jahre immer härter, länger und intensiver. Ich kannte meine Konkurrenten aus den anderen Vereinen gut. Einige dieser 15- bis 16-Jährigen kamen muskulöser als vorher aus dem Wintertraining zurück und hatten unglaubliche Leistungssteigerungen vorzuweisen. Genau diese Sportler wurden im darauf folgenden Jahr nicht nur Hamburger oder Norddeutsche Meister, nein, sie standen auch bei den Deutschen Jugendmeisterschaften ganz oben auf dem Treppchen. Anfangs war ich so naiv zu glauben, dass es besseres oder härteres Training sei, das diesen Jungs zu Medaillen verhalf, doch spätestens, als mir einige Konkurrenten verrieten, dass ihr Trainer ihnen Kraftpillen besorgte, wurde mir klar, was hier im Spiel war.

Im Nachhinein bin ich froh, dass mein Trainer mir niemals solche Medikamente verabreichen wollte. Ein Teenager ist natürlich noch nicht in der Lage, eventuelle Spätschäden ins Kalkül zu ziehen und greift schnell zu, wenn eine Autoritätsperson etwas empfiehlt und er eine Chance sieht, oben mit dabei zu sein. Ich fiel im Jugendbereich immer weiter hinter die Spitze zurück, auch verletzungsbedingt, und kündigte meine Vereinsmitgliedschaft im Alter von 18 Jahren.

Ich habe in der Vergangenheit nie Blutdoping oder andere Methoden probiert, und das werde ich natürlich auch in Zukunft so halten. Ich finde es überaus spannend, meine ganz persönlichen Leistungsgrenzen in verschiedenen Sportarten oder beim Bestehen unterschiedlichster Abenteuer in der Natur auszuloten. Ich trainiere intensiv, probiere verschiedene Trainingsmethoden, schlafe ausreichend, beschäftige mich mit der Kraft der Psyche, esse ausgewogen, nehme Massagen und schlucke auch zusätzlich Vitamin- und Mineralprodukte. Weiter gehe ich nicht. So bleibe ich mir selbst treu und habe das befriedigende Gefühl, eine Leistung lediglich mit meinem Körper und der Kraft meiner eigenen Gedanken zu erbringen. Nur auf diese Weise bleibe ich Teil der Natur und erfahre die Faszination des Seins, des Seins im eigenen Körper und im Einklang mit der Natur. Den wirklichen Zugang zur Natur erreiche ich nur, wenn ich auch in Übereinstimmung mit meinem Körper und meiner Seele bin. Doping und damit die Manipulation des Ichs haben da einfach keinen Platz.

Von Bari nehme ich eine Fähre nach Igumenitsa, Griechenland, das ich nach zwölf Stunden auf dem Mittelmeer erreiche. Ich mache einen Abstecher nach Korfu und schlafe in der »größten Jugendherberge der Welt«. Der Pink Palace, der sich mit diesem Slogan anpreist, ist eine Party-Jugendherberge, deren Gäste vor allem nachts aktiv sind.

Ich fühle mich so richtig wohl, als ich in Athen im Hafen von Piräus einfahre. Die ersten 2500 Kilometer liegen hinter mir, ich habe mein erstes Teilziel erreicht, denn Europa werde ich in den nächsten Tagen verlassen. Meine Beinmuskulatur hat zugenommen, das schwer beladene Rad zu bewegen ist normal geworden und ich habe meinen Rhythmus gefunden. Es ist schön, unterwegs zu sein.

Kuddls Tod

Einmal die Woche rief ich zu Hause an und erzählte stolz, wo ich gerade war. Vor allem aber erkundigte ich mich nach meinem Vater. Er wollte mich jedes Mal sprechen und freute sich mit mir, dass ich so gut vorankam. Bei meinem Anruf aus Piräus, kurz vor meiner Abfahrt auf die griechische Insel Chios, ging es ihm allerdings schlecht. Er hatte eine Erkältung, die einen Menschen, der 85 Prozent seiner Herzkapazität verloren hat, natürlich besonders anstrengt. Hustenanfälle werden da schnell zu einer Extrembelastung. Auch diesmal quengelte er nicht und nahm die Schmerzen hin. Er besaß eine hohe Leidensfähigkeit, war abgehärtet von 30 Jahren Gelenkrheumatismus, und war sich immer, so auch dieses Mal, sicher, dass es wieder bessere, sprich: schmerzfreiere Tage geben würde. Ich bewunderte ihn dafür. Er wollte mich unbedingt sprechen und quälte sich langsam ans Telefon. Ich erkundigte mich nach seinem Befinden, und er sagte hüstelnd nur einen einzigen Satz, bevor er den Hörer wieder an meine Mutter übergeben musste: »Das wird schon wieder.«

Das waren die letzten Worte, die mein Vater zu mir sprach.

Acht Stunden später starb er in einem nahegelegenen Krankenhaus. Zu seinem Todeszeitpunkt befand ich mich gerade auf einer Fähre, die bei der Hamburger Werft Blohm & Voss erbaut wurde. Dort hatte mein Vater noch vor dem Zweiten Weltkrieg seine Ausbildung gemacht. Der Gedanke tröstete mich etwas, denn er liebte Schiffe über alles.

Meine Mutter bat mich, am darauffolgenden Tag noch einmal anzurufen, denn es sähe nicht gut aus. Auf Chios hörte ich am Telefon dann die Worte, die meine gerade gewonnene Freude am Unterwegssein binnen Sekunden in tiefe Trauer verwandelten. »Kuddl ist tot«, schluchzte sie.

Die letzten Minuten vor meiner Abfahrt, die nur acht Wochen zurücklag, schossen mir als Erstes durch den Kopf, nachdem ich den Hörer aufgelegt hatte. Es war also tatsächlich die allerletzte Umarmung meines Vaters gewesen, genau, wie ich es befürchtet hatte. Ich ging zum Besitzer des Hotels, in dem ich abgestiegen war. Er besaß auch ein Reisebüro. Ich erklärte ihm in wirren Sätzen die Situation. Bereits 30 Minuten später hatte mir der mitfühlende Thasus einen Flug zurück nach Athen gebucht, mit Anschluss nach Hamburg. Ich kaufte mir ein Sixpack Bier, setzte mich an einen ruhigen Platz mit Blick auf den romantischen kleinen Hafen und meine Beine baumelten über die Pier. Ich nahm einen großen Schluck, und dann ließ ich mich einfach gehen und weinte, nahm einen weiteren Schluck, beruhigte mich wieder, nur um Minuten später erneut zu weinen. Dabei plagte mich vor allem ein Gedanke: Hätte ich nicht doch besser die Abfahrt um sechs Monate auf das nächste Frühjahr verschieben sollen? Dann wäre ich jetzt, in diesem schwierigen Moment, in Hamburg bei meiner Mutter und hätte noch von meinem Vater Abschied nehmen können.

Nur zwanzig Stunden nach dem Telefonanruf setzte eine Boeing 737 auf dem Rollfeld des Hamburger Flughafens auf. An Bord ein trauernder Sohn, der sich von seinem toten Vater verabschieden wollte, aber auch ein Sohn, der seiner Mutter helfen wollte in diesen schweren Stunden.

Unser Pastor Jürgen Strege fand in seiner Trauerrede Worte, die meine Gedanken vollständig wiedergaben, ohne dass es mit ihm abgesprochen worden war: »Wir haben hier auf Erden keinen bleibenden Platz, wir sind nur Gäste, die auch wieder gehen müssen«, sagte er. Wir ließen ein Seemannslied von Hans Albers spielen: »Nimm mich mit, Kapitän, auf die Reise«. Anschließend wurde der Eichensarg in der Erde versenkt.

Ich hatte keinen Vater mehr. Es ist ein einschneidendes Ereignis für jeden Sohn, für jede Tochter, einen oder beide Elternteile zu verlieren. Ein Teil des eigenen Ichs stirbt mit, ich war von nun an etwas weniger Kind.

Das Schlimmste aber war, meine leidende Mutter zu sehen und nicht helfen zu können. Sie nahm Abschied von ihrem geliebten Mann, mit dem sie 37 Jahre lang verheiratet gewesen war. Zehn Tage nach der Beerdigung verabschiedete sie sich dann auch erneut von ihrem Sohn, der ja auf Fahrradweltreise und im Begriff war, immer weiter in die Welt hinauszutreten.

Es war wohl die schwierigste Entscheidung überhaupt, meine Reise jetzt fortzusetzen. Es schien mir so unwichtig, bedeutungslos und kaum erstrebenswert, weiterzufahren. Ich fühlte mich herzlos und egoistisch, als ich wieder im Flugzeug saß. Aber meine Mutter wollte es so, und sie entschärfte auch meine Selbstzweifel über das Abreisedatum. Wenn du im August nicht losgefahren wärst, so meinte sie sinngemäß, dann hättest du die ganze Zeit wie ein kreisender Geier auf seinen Tod gewartet, der sich ja schon ankündigte. Das hätte auch Kuddl nicht gewollt.

Auf der Teeroute durch die Türkei und Syrien

»Gehe lachend mit Gott.«

(Kurden in der Osttürkei)

M it der nahe der türkischen Küste gelegenen Insel Chios verließ ich zugleich den europäischen Kontinent und begann meine Reise durch den Nahen Osten. Startpunkt war der Ort Cesme in der Türkei, den ich mit einem kleinen Boot erreichte. Im Rückblick kamen mir die ersten Wochen im Sattel endlos vor. Meine Motivation war auf einem Tiefpunkt angelangt. Immer wieder stoppte ich mein Rad und setzte mich in den Straßengraben. Mir fehlte der Biss, ich konnte mich nicht mehr quälen. Manchmal saß ich 30 Minuten da und starrte auf den Boden, manchmal auch 60 Minuten. Entsprechend sahen meine Tageskilometerleistungen aus. Mehr als 40 oder 50 Kilometer fuhr ich selten. Zu tief saß noch der Schmerz über den Tod meines Vaters.

Dieser Zustand hielt ungefähr vier Wochen an, dann fiel ich langsam wieder auf die Füße oder, besser gesagt, in den Sattel, und nach und nach kehrte meine Freude am Fahren zurück. Geholfen hat mir dabei die unkomplizierte, herzliche Art der Türken, denen ich begegnete. Ich gelangte weiter in den Osten, hörte den Muezzin vom Minarett zum Gebet rufen, der Esel war hier ein wichtiges Transportmittel, Frauen trugen Kopftücher, niemand zeigte mehr seine Haut, egal ob Mann oder Frau. Der Geruch von orientalischen Gewürzen stieg mir in die Nase. Zum Frühstück gab es immer öfter Ziegenkäse.

Als ich die Stadt Mercin an der Mittelmeerküste nach etwa 4000 gefahrenen Kilometern in Richtung syrischer Grenze verließ, hatte ich das Gefühl, Europa hinter mir gelassen zu haben. Dort enden die Hotelburgen und der Reisende lernt die wahre Türkei kennen. Ich wechselte von Shorts zu langen Hosen. Dies und einige andere Dinge musste ich beachten, um in dem islamischen Land respektiert zu werden. Westlicher Lebensstil und westliche Denkweise rückten zunehmend ferner, je weiter ich ins Landesinnere kam. Ich hatte genügend Zeit gehabt, mich darauf vorzubereiten, denn seit sechs Wochen fuhr ich schon durch das Land des Kemal Atatürk. Das machte es mir leichter.

Die Herzlichkeit der Türken ist überwältigend. Sie lieben die Deutschen und zeigen es. Auch in den entlegensten Dörfern Ostanatoliens findet sich binnen Minuten immer jemand, der Verwandte in Deutschland hat, selbst dort gelebt hat oder dort hinmöchte. Seit Mercin war ich kein anonymer Tourist, kein durchreisender Radfahrer mehr, dem man keine Beachtung schenkt. Die Menschen waren neugierig geworden, und wann immer ich in einem Dorf auftauchte, versammelten sich in Kürze 20 bis 30 Menschen um mein Rad. So auch in Kirikhan, unweit der syrischen Grenze. »Alemania çok güzel« (Deutschland, wunderschön), rief einer in der Menge begeistert, als er erfuhr, woher ich kam. »Augenblick warten, bitte!« Ein Junge wurde geschickt und kehrte mit einem Mann im Schlepptau zurück. »Guten Tag, mein Herr, willkommen in meinem Dorf, gehen wir etwas Essen und Tee trinken«, begrüßte er mich in akzentfreiem Deutsch.

Er berichtete von seiner Zeit in Osnabrück, erzählte von einem schönen, sauberen Land, in dem jeder viel Geld verdienen kann und gebildet ist, in dem die Frauen hübsch sind und im Sommer fast nackt durch die Straßen laufen, in dem die Krankenhäuser jedem helfen, wieder gesund zu werden. Deutschland war sein Traumland, denn es hatte ihm hier in der Osttürkei zu einem vergleichsweise hohen Lebensstandard verholfen, mit eigenem Haus und einem kleinen Restaurant. Erspart in seiner Zeit als Gastarbeiter in Osnabrück. Dafür war er dankbar und wollte dies jedem Deutschen zeigen, der sich in sein Dorf verirrte. Diese Herzlichkeit erfuhr ich nun schon seit mehreren Wochen.

Ich wurde zum Essen eingeladen und in die Häuser, wurde bei einem Erstliga-Fußballspiel von Antalyaspor von einem Stehplatz auf die Ehrentribühne geladen und Hunderte Male am Straßenrand mit Tee bewirtet, manchmal war es sogar für meine Blase zu viel. Ich schlürfte und ich fuhr, pinkelte, fuhr, schlürfte, fuhr, pinkelte, fuhr usw. »Tea Road Blocks« taufte ich die Männerrunden, die sich um einen Kessel versammelt hatten und mir zuriefen »... caij ... caij«. Ich war überrascht und wünschte mir oftmals, dass wir unsere Vorurteile und negativen Meinungen über Türken endlich ablegen. Es gibt nicht viele Länder auf der Welt, in denen ein Deutscher nur aufgrund seines Passes einen Sympathiebonus erhält. Die Türkei ist eines dieser Länder.

Sympathiepunkte der weniger schönen Art gab es für mich an der syrischen Grenze, nachdem ich dem Immigrationsbeamten meinen Pass zum Durchsehen und Abstempeln auf den Tresen gelegt hatte. »Ah, Germany«, meinte er in arrogantem Ton, »ihr hasst die Juden ja ebenso wie wir, gut gemacht, damals vor 60 Jahren ... sehr gut. Willkommen in Syrien.« Dies blieb mein einziges negatives Erlebnis in diesem streng islamischen Land, in das ich mit einem Kribbeln in der Magengegend einreiste, weil ich nicht sicher war, wie man mich hier aufnehmen würde.

Die Drei-Millionen-Metropole Aleppo schüchterte mich ein. Die Gebete kommen hier nicht, wie in der Türkei, vom Tonband, hier ruft der Muezzin unüberhörbar persönlich zum Gebet. Die Straßen wimmeln nur so von fliegenden Händlern. Poster des politischen Führers Assad sind allgegenwärtig, Werbung hingegen finde ich keine mehr. Alles ist in Arabisch geschrieben, die wenigen Straßennamen kann ich nicht lesen. Moscheen schmücken jede zweite Straßenecke, ebenso Obststände, an denen die herrlichsten Säfte frisch gepresst werden. Die Frauen sind in schwarze, weite »Roben« gekleidet und verschleiert. Die Souks (Märkte) verkaufen so ziemlich alles, was Mann oder Frau braucht – oder auch nicht – inklusive illegaler Produkte aus der westlichen Welt wie z. B. Kondome, die Bibel, sexy Unterwäsche, Alkohol oder Pornohefte. Wer lange genug sucht, der findet immer, was er braucht, vorausgesetzt, er erträgt die stehende, heiße Luft in diesem engen Labyrinth der Gassen und hat einen kundigen Einheimischen dabei, der einen auch davor schützt, sich zu verirren.

Dass ich während der Fastenzeit des Ramadan im Land war, wurde mir in Aleppo schnell klar, denn kaum ein Geschäft war tagsüber geöffnet. Während des Ramadan fastet jeder Moslem von Sonnenaufgang bis Sonnenuntergang. In diesen etwa zwölf Stunden trinkt er auch nichts, nicht einmal Wasser. Viele Geschäfte bleiben unerledigt, denn jeder versucht Energie zu sparen, indem er sich möglichst passiv verhält und betet. Kurz vor Sonnenuntergang füllen sich die Restaurants. Hummus, Hammel- und Hühnchenfleisch, Joghurt, Nüsse, Chapati und andere Speisen werden, verteilt auf viele kleine Teller, auf den Tischen bereitgestellt. Die hungrige, gläubige Menge versammelt sich um die Köstlichkeiten, wartet, bis die Böllerschüsse durch die Stadt tönen, die die Ifta, das tägliche Fastenbrechen, verkünden, und fällt über das Essen her. Begleitet wird das Mahl von Gebeten, die aus Lautsprecherboxen tönen, aber aufgrund laut knurrender Mägen kaum wahrgenommen werden. Dem »ungläubigen« Fremden bietet sich ein lustiges Schauspiel wild um sich greifender Männerhände, die mit der Genehmigung Allahs »reinschaufeln«, was geht. Na dann, Mahlzeit Jungs. Allahu akbar …

Für einen Radfahrer ist der islamische Fastenmonat keine ideale Reisezeit. Nur ganz wenige und schwierig zu findende nicht-moslemische Restaurants sind geöffnet, Märkte, Geschäfte, Banken etc. sind oft geschlossen. Die Autofahrer scheinen schwindlig vor Hunger und Durst und haben insbesondere in den Nachmittagsstunden Mühe, das Lenkrad ihres Fahrzeugs oder ihren Mulikarren in der Spur zu halten, was die Unfallrate in die Höhe treibt. Ich deckte mich jeweils abends mit Lebensmitteln für den nächsten Tag ein, füllte die

Wasserflaschen und rettete mich so über die tägliche Fastenzeit. Essen sollte der Ungläubige irgendwo allein auf der Straße oder im Hotelzimmer, um niemanden zu verärgern.

Dreißig Tage dauert dieser Rhythmus aus viel essen und nichts essen. Er wird beendet durch ein dreitägiges Fest mit Feuerwerk, Kinderkarussells, neuer Kleidung, Rauchen, Saft trinken und .... na klar ... Essen bis der Arzt kommt. Dieses Fest erlebte ich in der ältesten ständig besiedelten Stadt der Welt, in Damaskus.

Während des Festes, bei dem die gesamte Stadt auf den Straßen unterwegs zu sein schien, ging ich, wie so oft, an einen Saftstand und ließ mir einen Maracuja-Orangen-Bananen-Saft mixen, der umgerechnet 50 Pfennig kostete. Mein Saftmixer, ein ehemaliger Gewichtheber, zeigte Interesse an meiner Reise. Ich hatte gerade den ersten Schluck genommen, da hielt er mir einen Telefonhörer ans Ohr.

Ungewohnte Kälte in einem Land, das ich vorher nur mit Hitze in Verbindung gebracht hatte: der Wüstenstaat Syrien.

39

Am anderen Ende meldete sich ein Deutsch sprechender Syrer. Er hörte auf den Namen Mohammed, wie jeder zweite Moslem. Er lud mich in sein Haus ein, das ungefähr einen Radeltag außerhalb der Hauptstadt lag. Ich nahm die Einladung an und besuchte ihn wenige Tage später. Ein 63 Jahre alter, graziler Mann öffnete die knarrende Tür eines Ziegelhauses. Ich legte meine rechte Hand auf mein Herz und begrüßte ihn mit »Salam alaikum« (Frieden sei mit dir), er legte seine rechte Hand auf sein Herz und erwiderte »Wa alaikum assalam« (und auch mit dir).

Ich setzte mich auf den Teppich, verschränkte meine Beine und ließ meinen Ellenbogen lässig in ein Kissen fallen, nachdem ich mir zuvor den Dreck des Tages in einer »Eimerdusche« abgewaschen hatte, die ähnlich wie die »Mandi«-Dusche in Indonesien funktioniert: Man schöpft mit einer Kelle oder einem vergleichbaren Gefäß – hier war es eine Plastiktasse – Wasser aus einem Eimer und gießt es portionsweise über den Körper, seift sich ein und beginnt dann abermals mit dem Schöpfen.

Mohammed lud mich in sein Haus ein, weil sein Freund, der Besitzer des Saftstandes, ihm erzählt hatte, dass ich mit dem Fahrrad von Deutschland bis nach Syrien gefahren war. Dass auch Mohammed ein ehemaliger Fernradler war, bewiesen vergilbte Zeitungsartikel, die er mir nicht ohne Stolz zeigte. Vor 38 Jahren, also in den 1960er-Jahren, war er zwei Jahre lang mit einem Drei-Gang-Rad durch Europa gefahren. Er erzählte von freundlichen Menschen, anstrengenden Tagesetappen, von Jobs, die er unterwegs gemacht hatte, und von einem Beckenbruch, den er sich in Österreich bei einem Sturz zuzog, weshalb er lange im Spital liegen musste. Sein großes Abenteuer war nur noch eine ferne Erinnerung. Nun war er fast blind, ausgelöst durch seine Zuckerkrankheit, und hatte einen Herzinfarkt hinter sich. Er war schwach geworden, und nachdenklich sagte er, dass er jetzt nur noch ein Abenteuer vor sich habe, die Reise zu Allah.

Doch heute glänzten seine fast erblindeten Augen. Er berichtete von der schönsten Zeit seines Lebens, dabei langten unsere rechten

Hände immer wieder in den am Boden stehenden Topf, der mit Hammelfleisch, Reis und Rosinen gefüllt war. Wie lange wir schon redeten, wurde mir erst klar, als Mohammed zum zweiten Mal seinen kleinen Teppich Richtung Mekka ausrollte und sich für einige Minuten zum Gebet kniete. »Allahu Akbar« war das einzige, was ich von dem Gemurmel verstand. Unterdessen las ich einen der Zeitungsartikel, trank Tee und genoss die Gastfreundschaft eines Syrers, mit dem mich die gleiche Leidenschaft verband. Trotz aller Andersartigkeit waren wir uns doch gedanklich sehr nah. Die Offenheit und Selbstverständlichkeit, mit der er in meiner Gegenwart seinen Glauben praktizierte, entspannte und beruhigte mich.

Am nächsten Tag lud Mohammed mich in die Moschee des Dorfes ein. Niemand der Betenden nahm Anstoß daran, dass ein Ungläubiger anwesend war. Im Gegenteil, man nahm mich an die Hand und freute sich über mein Interesse, solange ich darauf achtete, lange Hosen und langärmelige Hemden zu tragen und beim Betreten der Moschee die Schuhe auszuziehen. Dies war nicht mein erster Besuch in einer Moschee. Ich war schon oft eingeladen worden. Noch regelmäßiger lud man mich abends zum Essen ein und bot mir einen Schlafplatz an. Ich bin erst glücklich, wenn mein Gast es ist, lautet der ehrgeizige Vorsatz eines jeden Syrers. Das galt auch für Mohammed. Der Abschied von ihm fiel mir schwer. Er küsste mich dreimal auf die Wangen, dabei hielt er meine beiden Hände lange fest und fixierte meine Augen – ein Ausdruck von Freundschaft. »Hab keine Angst«, sagte er mit ruhiger Stimme, »Gott steht zu den Mutigen und wird dich belohnen.«

Der Besucher dieses Landes erlebt einen moslemischen Wüstenstaat mit jahrtausendealten Städten, Ritterburgen und faszinierenden Märkten. Das eigentliche Highlight einer Reise hierher sind aber die Menschen selbst.

Steiniger Weg durch Jordanien

Die Hauptstadt Jordaniens ist auf 19 Hügeln erbaut worden, also musste ich bei meinen Erkundungsfahrten ziemlich viel rauf und runter radeln. Amman hat außer ein paar imposanten Moscheen und einem römischen, 6000 Menschen fassenden Theater nicht viel zu bieten, was einen längeren Aufenthalt rechtfertigen würde. Das Stadtbild ist sehr einförmig, denn fast alle Gebäude sind hier in einheitlicher Bauweise aus dem einheimischen Sandstein errichtet. Interessant ist dagegen das typisch arabische Straßenleben. Es ist geprägt von Männern in traditionellen weißen

Jassir Arafat machte das »Palästinensertuch« weltweit bekannt. Kaum ein Mann in Jordanien läuft ohne seine Kufiya durch die Straßen. Auch mir spendet sie Schatten und schützt etwas vor Sandstürmen.

Gewändern und Arabertüchern, die Tee trinken, Backgammon spielen oder in einem zwischen Garküchen gelegenen einfachen Restaurant Wasserpfeife rauchen. Der süßlich riechende Apfel-, Erdbeer-oder Vanillegeruch des Tabaks füllte die Gassen, das Blubbern, das bei jedem Zug an dem Plastikmundstück der Wasserpfeifen zu hören war, entspannte mich. Ich begnügte mich damit, Tee zu trinken, und beobachtete das friedliche Treiben in den Gassen. Plötzlich schlug die Stimmung um. Die Menschen redeten aufgebracht miteinander. Eine neue Nachricht ging um und wurde von jedem, der sie hörte, sofort weitererzählt. Es kann nichts Positives sein, dachte ich, als sich die ersten Wasserpfeifenraucher bestürzt entfernten. Die vor den vielen kleinen Geschäften ausgelegten Waren wurden schweigend in die Läden geräumt, die schweren Rollläden rasselten zu Boden und wurden mit einem Schloss gesichert. Die Menschen stürmten in die Moscheen, obwohl kein Muezzin zum Gebet gerufen hatte. Innerhalb von fünf Minuten waren alle Geschäfte in der Gasse geschlossen und sämtliche Gespräche verstummt. Die Stimmung war gespenstisch. Überall wurden jetzt kleine schwarze Fahnen aufgehängt, viele Menschen wischten sich Tränen aus ihrem Gesicht. Kurz angebunden erzählte mir der Kellner, was die Stadt in derartige Betroffenheit versetzt hatte, als er mir mein Teeglas vom Tisch zog, um ebenfalls zu schließen: »Unser geliebter König ist verstorben«, sagt er leise.

König Hussein hatte wenige Minuten zuvor den Kampf gegen seine schwere Krankheit verloren. Im Alltag der Jordanier war der Monarch, der sein Volk 47 Jahre lang regierte, allgegenwärtig. Geldscheine zeigten sein Abbild, Poster mit seinem Porträt hingen in den Restaurants. Dass er auch sehr beliebt war, stand für mich nach dem Erlebnis der letzten Minuten außer Frage. In Kürze würden Bilder des neuen Königs aufgehängt werden, von Husseins Sohn Abdullah, der von ihm als Nachfolger bestimmt worden war.

Die sonst so geschäftigen Straßen waren still geworden, der Verkehr erlahmte, nur noch wenige Menschen waren unterwegs. Der süßliche Duft der Wasserpfeifen war Klagegebeten gewichen, die aus den Lautsprecherboxen der Moscheen drangen und sich als Klang-teppich in jeden Winkel der Stadt verbreiteten. Eine ergreifende Atmosphäre, sogar für einen Nicht-Moslem wie mich. Ich verschob vorerst meine geplante Weiterfahrt.

Schon zwei Tage später wurde König Hussein beerdigt. Ich verfolgte das Ereignis in Gesellschaft einer jordanischen Familie am Fernseher. Ohne Sarg, wie bei uns üblich, lag er aufgebahrt. Er war in ein weißes Tuch gehüllt und auf die rechte Körperseite gelegt worden, ausgerichtet in Richtung Mekka. 17 regierende Staatschefs waren aus aller Welt eingeflogen, um ihm, der sich unermüdlich für den Frieden im Nahen Osten eingesetzt hatte, noch einmal Respekt zu zollen.

Drei Tage dauerte die Trauerzeit, dann öffneten die ersten Geschäfte wieder und ich machte mich erneut auf den Weg. An sämtlichen Fahrzeugen im Land war ein Trauerflor angebracht. Ich tat es den Einheimischen gleich und heftete ein schwarzes Tuch an mein Rad, was mir sehr viel Sympathie bei der Bevölkerung einbrachte.

Mein Hauptziel im Königreich Jordanien war jetzt die alte Araberstadt Petra im Süden des Landes. Ich jauchzte vor Freude. 1300 Höhenmeter fuhr ich mit rasanten 60 Stundenkilometern bergab, vom Berg Nebo hinunter an das etwa 400 Meter unter dem Meeresspiegel gelegene Tote Meer, dem tiefsten Punkt der Erd-oberfläche.

Leider wurde meine Abfahrt häufig von Militärkontrollen unterbrochen. Es ärgerte mich, aus voller Fahrt abbremsen zu müssen, nur um meinen Ausweis unter meinen Klamotten herauszuwühlen, zwei Fragen zu beantworten und ihn wieder zu verstauen. Meine Vorfreude auf das Tote Meer überwog jedoch. Ich wollte unbedingt schwimmen gehen und den Salzgehalt kontrollieren. Die unmittelbare Nähe zu Israel war spürbar, als ich am Meer entlangfuhr und ins Gelobte Land hinüberschauen konnte. Ein Militäraussichtspunkt folgte auf den nächsten. Kamele standen eng gedrängt unter den wenigen Bäumen am Straßenrand, es war drückend heiß. Trotzdem fand ich einen unbeobachteten Schlafplatz direkt am Meer. Etwas versteckt hinter einer engen Kurve stellte ich unbemerkt mein Zelt auf und hüpfte in die Fluten. Der Salzgehalt ist mit über 30 Prozent so hoch, dass ich wie ein Korken auf dem Wasser trieb, ohne auch nur eine Schwimmbewegung zu machen. Salzverkrustet setzte ich mich am Abend vor mein Zelt und guckte über das Meer auf die andere Seite. »Nein, nach Israel fahre ich nicht«, sagte ich mir. Dort war ich früher schon einmal gewesen, außerdem ist ein Stempel im Pass, das Dokument über einen Besuch im Gelobten Land, sehr ungünstig für die Weiterreise, vor allem im Nahen Osten. Israelis und alle Besucher Israels erhalten keine Einreise in die meisten anderen Länder der Region. Die israelischen Grenzbeamten drucken auf Wunsch auch mal den Ein- und Ausreisestempel auf ein leeres Stück Papier, damit offiziell kein Besuch nachgewiesen werden kann, doch ist man dabei dem Ermessen der Beamten ausgeliefert.

Vom Toten Meer aus fuhr und schob ich abwechselnd 30 Kilometer zum Teil steil bergauf und erreichte erst in der Dunkelheit Al Kerak, einen Ort mit einer alten Kreuzritterburg. Solche Anstiege sind in Jordanien nichts Besonderes. Mehrmals fuhr ich tiefe Wadis hinunter, nur um mich auf der anderen Seite wieder hochzuschwitzen. Es ist eine sehr trockene, heiße Region.

Auf dem 3000 Jahre alten Kings Highway radelte ich weiter in Richtung Süden. Seit meinem Grenzübertritt ins Königreich wurde ich ab und zu von Kindern mit Steinen beworfen. Manchmal standen die Eltern daneben und freuten sich mit, wenn ein Kind lachte, weil es den Radfahrer getroffen hatte. Das ärgerte mich natürlich, denn es war gefährlich und tat weh. Ich fragte mich oft nach dem Warum. Meine Kleidung konnte es nicht sein, ich trug lange Hosen und langärmelige Shirts, sogar ein arabisches Kopftuch, bei uns bekannt als »Palästinensertuch«, hatte ich um den Kopf gewickelt und nutzte es als Bandana gegen den Schweiß. Auch war ich freundlich und grüßte häufig in der arabischen Landessprache.

Zehn Kilometer außerhalb Al Keraks fuhr ich an einer Schule vorbei, die nahe einer ansteigenden Kurve auf einem Hügel gelegen war. Einige Kinder riefen etwas zu mir herunter, was ich nicht verstand. Ich winkte. Doch dann flogen Steine, und fest ergriff ich mit beiden Händen meinen Lenker. Erst flogen zwei kleine Kieselsteine, doch schnell folgten faustgroße Brocken. Immer mehr Kinder beteiligten sich an dem »Wurfspiel«. Einige Steine zerbrachen durch den Aufprall kurz vor und hinter meinem Rad auf der Asphaltstraße. »Auuuuuuuuuhhhhh ....«, schrie ich laut auf, als ich im oberen Rückenbereich getroffen wurde. Das freute die kleinen Teufel im Alter zwischen acht und zwölf Jahren ganz besonders, sie johlten und warfen erst recht weiter, frei nach dem Motto: Auch ich will den Mann treffen und schreien hören. Ich hatte vor allen Dingen Angst, am Kopf getroffen zu werden. Ich pedalierte so schnell ich konnte, um endlich aus der Gefahrenzone herauszukommen.

Voller Zorn beschwerte ich mich bei einer nahe gelegenen Polizeistation. »Warum müssen wir Ausländer diese Form der Abneigung zu spüren bekommen?«, klagte ich und forderte einen Besuch in der Schule. Die Beamten willigten ein, und nur Minuten später fuhr die jordanische Polizei mit mir im Auto auf den Schulhof. Die Polizei genießt hier hohe Autorität, das wurde deutlich, als ich den Lehrern und dem Schulleiter vorgestellt wurde. Wie immer gab es ein Glas Tee. Ich zeigte meine Rückenwunde, nachdem die drei weiblichen Lehrer vor die Tür gegangen waren, und forderte, die hauptschuldigen Steinewerfer zu finden und sie mir gegenüberzustellen. Die drei Polizisten verschwanden mit einigen Lehrern und kamen nur wenig später mit ihrer Beute ins Lehrerzimmer zurück. Drei zitternde Buben wurden mir präsentiert.

»Warum werft ihr Steine auf den Ausländer?«, fragte der Schulleiter anklagend. Die Antwort des ersten Kindes war nur ein Achselzucken. Verängstigt stand es da, Tränen kullerten ihm aus seinen großen Kinderaugen. Der zweite Junge sagte, ohne sich einer Schuld bewusst zu sein: »Nur ein Stein«, er hob dabei den Zeigefinger seiner kleinen linken Hand und wiederholte noch einmal, »nur ein

Stein«. Der dritte Junge meinte sehr sachlich:»Wir werfen doch auch Steine auf unsere Schafe, warum dann also nicht auch auf ihn?«

Der Polizeiobermeister machte seine Autorität geltend:»Wir müssen sie bestrafen, das wirft ein schlechtes Licht auf unser Land.« Die Eltern wurden zur Schule bestellt und darüber informiert, dass

Die König Abdullah-Moschee in Amman, Jordanien. Unterschiedlich hohe und abwechslungsreich gestaltete Minarette sind das besondere Kennzeichen dieser Moschee. Sie repräsentiert das moderne Amman.

jedes Kind auf eine weiter entfernte Schule strafversetzt würde. Jedem der kleinen Monster rannen nun die Tränen herunter, Rotz lief aus ihren Nasen. Einzeln mussten sie vortreten, sich bei mir entschuldigen und mich auf die Stirn küssen, die für sie erst erreichbar war, nachdem ich mich hingekniet hatte. Eltern, Lehrer und Polizisten standen im Halbkreis um den knienden Ausländer herum, der die Küsse entgegennahm. Nun entschuldigten sich auch die Eltern und übergaben mir Datteln und Nüsse als Wiedergutmachung. Als Letztes bekundeten auch die Beamten ihr Bedauern und schüttelten meine Hand.

Wir fuhren zurück zur Station, und ich setzte meine Reise fort, nachdem ich einen Situationsbericht unterschrieben und meinen letzten, mittlerweile fünften, stark gesüßten Tee geschlürft hatte. Sehr zufrieden und mit einem Grinsen im Gesicht raste ich den nächsten Wadi hinunter, in der Hoffnung, nachkommenden Radfahrern geholfen zu haben und selbst nie wieder in eine solche Situation zu geraten.

Ein Irrglaube, schon 20 Kilometer weiter flogen die nächsten Steine.

»Wenn du in Deutschland eine Frau kennst, die Petra heißt, dann sag ihr, dass sie hier keinen Eintritt bezahlen braucht, wenn sie ihren Personalausweis vorzeigt«, erzählt mir der Ticketverkäufer. Er weist zusätzlich auf ein Schild hin, welches genau dies bestätigt. Nur zu gern würde ich heute Petra heißen, denn der Eintritt in die alte Araberstadt kostet satte 50 DM, ungefähr mein Zweitages-Budget in dieser Region. Egal, denke ich, und blättere die erforderlichen jordanischen Dinar hin.

Eine lohnende Investition. Zwei Kilometer weit geht jeder Besucher durch eine Schlucht, die auf den letzten 200 Metern immer enger wird. Am Ende gar so eng, dass gerade einmal zwei Menschen nebeneinander gehen können. Auf den letzten 30 Metern wird Schritt für Schritt ganz langsam der Blick auf etwas Gigantisches frei, für das ich kaum Worte finde. Khazne al-Firaun heißt dieses

Felsgrab, das vor 1800 Jahren, vielleicht auch weit früher, von Menschenhand aus dem Steinmassiv gemeißelt wurde, imposante 40 Meter hoch und 25 Meter breit.»Whhhooowhh ...!«, staune ich überwältigt, als ich auf dem Vorhof stehe und uneingeschränkten Blick habe,»das gibt es also wirklich.« Ich hatte vor einigen Jahren begeistert die Schlussszene eines»Indiana Jones«-Films gesehen und war fest der Meinung gewesen, dass diese Fassade eine Hollywood-Fantasie sei. Selten zuvor bin ich so beeindruckt gewesen, wenn ich alte Kulturstätten oder Tempel besuchte. Ein ähnliches Gefühl von Sprachlosigkeit hatte ich bisher nur, als ich nach tagelangem Marsch auf dem Inka-Weg im Süden Perus plötzlich die Inka-Stadt Machu Picchu vor mir auftauchen sah.

Den Kopf im Nacken, starre ich minutenlang auf das Grabmal. Da ich an diesem Morgen sehr früh unterwegs bin, wird der Genuss des ersten Moments nicht von großen Touristengruppen gestört, was sehr angenehm ist und keineswegs selbstverständlich, wie ich später in Ägypten feststellen werde.

Die Beduinen nannten dieses Grab fälschlicherweise»Schatzhaus des Pharao«. Mit Flintenschüssen versuchten sie, den vermeintlichen Schatzbehälter an der Spitze des Rundtempels aufzubrechen, wie gut sichtbare Einschüsse bezeugen. Der Anblick dieses atemberaubenden Monuments ist Beginn und absoluter Höhepunkt eines interessanten Tages in der alten Araberstadt Petra (griechisch für das Wort»Fels«), die einst ein wichtiger Handelsplatz gewesen ist, an dem Karawanen aus Afrika, Arabien oder Ostasien zusammentrafen. Durch seine fast uneinnehmbare, versteckte Lage inmitten schroffer Felsen und durch eine künstlich angelegte Wasserversorgung entwickelte sich Petra etwa 60 Jahre vor und nach Christi Geburt zu einer der bedeutendsten Städte des Nabatäer-Reiches, die in ihrer Blütezeit, so schätzt man, von 30 000 bis 40 000 Menschen bewohnt wurde. Die Besucher müssen weite Wege gehen, um sich die zahlreichen Theater, Tempel und Wohnungen anzusehen.

Nach dem zweiten schweren Erdbeben im Jahre 551 n. Chr. und der Eroberung durch die Araber 663 verließen die meisten Einwohner die Stadt und Petra zerfiel über die Jahrhunderte mehr und mehr, mit Ausnahme der aus rotem Sandstein gemeißelten Gräber und des Theaters. Für uns Europäer wurde es 1812 von einem Schweizer Reisenden wiederentdeckt. Erst 1930 entwickelte sich langsam so etwas wie Tourismus. Es dauerte aber noch viele Jahrzehnte, bis die Besucherzahlen anstiegen und Petra zu einer wichtigen Einnahmequelle Jordaniens wurde.

Im Wadi Rum wandle ich wieder auf den Spuren eines Films, »Lawrence von Arabien« wurde hier gedreht. Ich genieße diese einzigartige Wüstenlandschaft 130 Kilometer südlich von Wadi Musa, dem Ausgangspunkt für Erkundungen der nahe gelegenen Felsenstadt Petra, bevor ich nach einer weiteren Tagesreise von der Hafenstadt Al Aqaba am Roten Meer eine Fähre nach Ägypten nehme.

Nie wieder Gizeh!

»Why do you do this? You are old!«

(Israeli in Ägypten)

Ich saß in einer Kosharia, einem der vielen Billigrestaurants Ägyptens, und aß das Nationalgericht Koshari. In Deutschland würden wir es Junggesellen-Gourmetküche nennen: Nudeln, Reis, Linsen und getrocknete Zwiebeln sind wie beim Resteessen zusammengemischt. Ich war begeistert, denn das Gericht kostete nur 1,60 DM pro Portion und lieferte mir die Kohlenhydrate, die ich als Radfahrer in Mengen benötigte. Heute schaufelte ich zu Mittag zwei große Teller mit einem Riesenappetit in mich hinein, denn ich wollte eine Tagesetappe von 226 Kilometern – von Luxor nach Assuan – bewältigen. Die flache, gut ausgebaute Strecke verläuft entlang des Nils, auf dem vorwiegend Kreuzfahrtschiffe, aber auch einige traditionelle Segelboote, sogenannte Feluken, unterwegs sind. Links und rechts des Ufers erstreckt sich fruchtbares, grünes Land. Dass ich in einem Wüstenland radelte, merkte ich nur, wenn die Straße einmal vom Ufer weg und durch das heiße Inland führte. Dann brannte die Sonne erbarmungslos mit über 40 Grad auf der Haut.

So ähnlich war es auch auf der Sinai-Halbinsel gewesen, die ich gerade durchquert hatte. Dort war das Radfahren durch die Wüste, mit 20 bis 30 Kilometer langen Steigungen, zwar hart gewesen, trotzdem hatte es mich begeistert. Auf der einen Seite der Straße schaute ich auf tiefblaues Wasser, auf der anderen Seite waren nur Trockenheit und Staub, unterbrochen lediglich von Dörfern wie Dahab, wo sich vorwiegend Rucksacktouristen aufhielten und ich unter

Gleichgesinnten ausspannen konnte. Vor allem aber gefiel mir die Reise über die Halbinsel aus einem anderem Grund: Ich durfte ohne Einschränkungen die Strecke fahren, die ich mir ausgesucht hatte.

In Zentralägypten wurde mir das Recht, mich zu quälen, von einer Sekunde auf die andere genommen. Beim Militär-Checkpoint Quena streckte sich mir ein Arm entgegen, das unmissverständliche Zeichen für »STOP!« Weil man Anschläge radikaler Gruppen auf Touristen fürchtet, wie den auf den Hatschepsut-Tempel wenige Jahre zuvor, bei dem 200 Menschen durch Schüsse starben, wurde mir die Weiterfahrt nach Luxor verwehrt. Auch auf eigene Verantwortung ließ man mich nicht passieren. Die Regierung wollte in den Medien auf keinen Fall durch weitere Übergriffe von Terroristen auf Reisende auffallen. Tourismus ist die größte Einnahmequelle des Landes und ein Ausbleiben der Urlauber hätte fatale Folgen. Deshalb durfte in diesem Gebiet nur im Konvoi gefahren werden. Ein gepanzertes Militärfahrzeug vorne und eins hinten, dazwischen viele zahlungsfreudige, tempelgeile weiße Europäer und Amerikaner sowie ein geiziger, mürrischer, ebenfalls weißer Radfahrer. 14 Luxusbusse wurden über Stunden gesammelt, dann setzten wir uns gemeinsam in Bewegung. Ich lud mein Rad und Gepäck auf die Ladefläche des vorderen Militärwagens und nahm neben meinen Packtaschen Platz. Keiner der Militärs verstand meine Unzufriedenheit darüber, dass ich Verladen musste, zumal die Beförderung gratis war. Nur ein Trinkgeld sollte ich geben. Dass ich mich viel lieber durch die Landschaft geschwitzt hätte, stieß auf Unverständnis.

Vor den Toren Luxors durfte ich abladen und auf Hotelsuche gehen. Die 14 Luxusbusse verschwanden mit ihrer Fracht. Leider nur für kurze Zeit, denn am nächsten Morgen, als ich mir die historischen Stätten anschauen wollte, waren sie wieder da, und nicht nur sie. Insgesamt 44 Busse, jeder beladen mit 50 Kulturtouristen, zählte ich zu meinem Entsetzen in Karnak, der größten Tempelanlage des Landes direkt am Nil. Vorwiegend Deutsch hörte ich bei den geführten Touren in der Anlage, aber auch Englisch, Amerikanisch, Spanisch, Russisch, Japanisch, Mandarin und Französisch. Mit all diesen Sprachen sollte ich im Verlauf meiner Reise noch in Berührung kommen, eigentlich ein faszinierender Gedanke. Sich auf eine fremde, interessante Kultur einzulassen, war hier und heute jedoch unmöglich. Zu groß waren das Menschengewühl, das Sprachengewirr, die Unruhe, die Ablenkungen durch die vielen offenbar überforderten Reisegruppen. »Ist das heiß hier« … »Müssen wir hier noch lange rumlaufen?« … »Der steht mir im Weg, ich kann gar kein Foto machen.« … Viele Besucher hatten offenbar Angst, ihre Gruppe zu verlieren und suchten ständig nach dem hochgehaltenen Schild oder nach der Flagge, die jeder Führer als Orientierungshilfe für seine Schäfchen bei sich trug. »Oh Gott, wo ist er denn nun schon wieder«, hörte ich einige deutsche Schäfchen sorgenvoll rufen. Die Hieroglyphen an den Säulen wurden genauso unwichtig wie das Grab Ramses des Zweiten. Nur nicht den Kontakt verlieren. Ein wenig organisierter waren immerhin die japanischen und chinesischen Reiseführer. Sie setzten einfach jedem in der Gruppe die gleiche Baseballmütze auf oder zogen ihnen das gleiche, meist signalrote oder giftgrüne T-Shirt an.

Ich war frustriert und sollte es auch am nächsten Tag beim Besuch im Tal der Könige oder später bei den Pyramiden von Gizeh bleiben. Anstatt mich mit den beeindruckenden Bauten und der Zeit der Pharaonen zu beschäftigen, konnte ich nicht anders, als über die Auswirkungen des Massentourismus nachzudenken, deren extreme Form ich hier zu spüren bekam. Natürlich hat jeder das Recht, sich diese Kulturstätten anzusehen, egal, ob er in Gruppen reist oder unabhängig unterwegs ist. Ich denke aber, dass die Besucherzahlen von den Veranstaltern reglementiert werden sollten, indem in einer Anlage über den ganzen Tag verteilt jeweils immer nur eine begrenzte Anzahl von Touristen eingelassen wird, mit Preisnachlässen für Besuche über die heißen Mittagsstunden.

Auch bei Schnorchelausflügen ins Rote Meer wäre ich froh gewesen, wenn die Veranstalter ähnlich vorgegangen wären. In Hurghada buchte ich einen Tagestrip zum Schnorcheln. Es wäre ein fantastischer Tag geworden, wenn nicht außer dem Boot, auf dem ich gebucht war, noch 30 andere Boote unterwegs gewesen wären. Alle zur selben Zeit an genau denselben Ankerplätzen. Ganz abgesehen davon, dass das Korallenriff sich unter diesen Bedingungen kaum erholen kann, ist das Naturerlebnis natürlich empfindlich gestört, wenn Hunderte Menschen am selben Fleck Fische angucken. Eine Reglementierung der Besucherzahlen ist zwar wünschenswert, aber in Anbetracht der Armut Ägyptens sehr unwahrscheinlich. Die Weitsicht, dass ein zahlenmäßig schwächerer Tourismus letztlich nicht nur für alle befriedigender sein, sondern auch langfristig Arbeitsplätze sichern kann, fehlt hier völlig.

Für mich wird es wohl keinen zweiten Besuch in diesem eigentlich interessanten Land mehr geben.

Himmel und Hölle in Pakistan

»Your bicycle very nice. Very expensive, I think 80 Dollar.«

(Pakistani)

»You know this beard, angresi? I Taliban, you afraid now?«

(Taliban in Pakistan, an seinem Bart zupfend)

Die 2500 Kilometer lange GT oder Grand Trunk Road verbindet Pakistan, Indien und Bangladesh, eine Erweiterung nach Westen führt bis Kabul in Afghanistan. Ich war auf dem pakistanischen Abschnitt dieser Fernstraße von Lahore bis Islamabad unterwegs. Wie der Name schon andeutet, ist sie eine wichtige Fernverbindung und daher immer voll von Lastwagen, deren Abgase einem Radfahrer ziemlich zu schaffen machen. Insbesondere an Steigungen legt jedes Fahrzeug eine Qualmwolke auf die Straße, die sich nur langsam wieder auflöst. Ich versuchte, entweder die Luft anzuhalten, langsam und flach zu atmen oder mit einem Tuch vor dem Mund zu fahren. Nichts half. Wenn sich dieser CO_2-Teppich gerade wieder einmal auflöste und ich wieder voll in die Pedale treten wollte, dann höre ich auch schon die Fanfare des nächsten Fahrzeugs. »Düdelüdüdelüdüdelü« oder »tüüüüüttttttt« tönte es wahnsinnig laut, so laut, dass ich jedes Mal zusammenzuckte. Dabei musste ich mich noch freuen, denn diese Fanfare gab mir die Gewissheit, dass der Fahrer mich gesehen hatte.

Die Lastwagen sind hier bunt geschmückt und haben oft kunstvolle Aufbauten oberhalb der Kabine. Die Scheibe, häufig mit verspielten Verschnörkelungen dekoriert, wird offenbar als nicht so wichtig angesehen, das Sichtfeld fällt eher klein aus. Einmal bekam ich die Gelegenheit, in der Fahrerkabine eines Trucks, der gerade eine Panne hatte, Platz zu nehmen. Ich erschrak darüber, wie wenig der Fahrer sehen konnte, denn das Glas war zusätzlich noch mit Klebern verziert und jede Menge Kettchen hingen vom Innenspiegel herab.

Viele Fahrer sind mit Marihuana zugeraucht oder übermüdet, vielleicht auch beides gleichzeitig. Da werden unwichtige Dinge wie ein Radfahrer leicht mal übersehen, deshalb war ich bei jeder Fanfare froh, doch meine Ohren pfiffen jeden Abend, wie sonst nur nach

Modisch gekleidet zu sein ist einfach in Pakistan. Ich trage das Chalwar Kamiz – das Kamiz (Hemd) wird locker über der Chalwar (Hose) getragen. Auch in Indien, Afghanistan und Bangladesch ist dies eine traditionelle Kleidungskombination.

einem AC/DC Konzert. »Highway to Hell« heißt ein Song dieser australischen Rocker, und mir kam es nun so vor, als sei das Lied eigens für die pakistanische GT Road geschrieben worden, eine Straße voller Schlaglöcher, auf der sich Massen von Lastwagen, Bussen, Eselskarren und Privatfahrern den Weg in beide Richtungen bahnen. Meine Ohren sausten, am Straßenrand riefen mir die Männer ständig englische Wortfetzen zu, es war über 40 Grad heiß, mir brannten die Augen vom Dieselqualm, meine Lungen waren vermutlich so schwarz wie die eines Kettenrauchers, und zu essen gab es nichts anderes als Linsen und Chapati, serviert nur wenige Meter vom Zentrum des Lärms entfernt. »Highway to Hell« eben.

Mein Gott, war ich erleichtert, als ich diese Straße endlich verlassen konnte. Die vielen Hundert Kilometer von Lahore bis Islamabad hatten mich mürbe und aggressiv gemacht. Ich konnte ja nicht ahnen, dass mir in China Ähnliches bevorstehen würde.

Vor meiner Abfahrt Richtung chinesische Grenze blieb ich länger als geplant in dem fast schon legendären, von Iranern und Pakistani geführten Tourist Camp in der Hauptstadt Islamabad. Die verdreckten Plumpsklos und Eimerduschen waren ständig belagert von Tausenden von Fliegen, die einem um den Hintern kreisten. Permanent huschten Schlangen übers Gelände. Die Nachtruhe war früh zu Ende, denn jeden Morgen um vier Uhr ertönte es lautstark von einer nahen Moschee: »Allaaahhhu akbar«. Zumindest brauchte ich keinen Wecker. Die meisten Traveller in dieser Region finden sich hier ein. Die Atmosphäre ist herzlich und alle scheinen es zu genießen, sich mit Gleichgesinnten auszutauschen. Einige Rucksacktouristen, aber vorwiegend Motorrad- und Autoreisende – und natürlich Radfahrer – sind da. Jeder ist damit beschäftigt, seinen fahrbaren Untersatz instand zu halten oder zu bringen und mit den anderen Reisenden zu fachsimpeln.

Allabendlich saßen wir im Kreis im fast ausgetrockneten Gras zusammen und spannen Reisegarn. Ein Indienfan erzählte von einem Festival, bei dem sich einige Gurus Nägel durch die Zunge oder Wange stechen, ohne dass Blut fließt. Wir lauschten seinen

Erzählungen und schlürften dabei natürlich Tee. Danach begann ich zu erzählen. Es brannte mir unter den Nägeln, von einem Festival zu berichten, bei dem große Mengen Blut fließen. Vor wenigen Wochen hatte ich in Lahore durch Zufall das schiitische Blut-Ritual Aschura erlebt. Zehn Tage lang wird dieses Trauerfest zu Ehren des Imams und Enkels des Propheten Mohammed, Husain ibn Ali, begangen, der in der Schlacht von Kerbela im Jahre 680 auf grausame Weise ums Leben kam. Ich hatte bis dahin noch nie von diesem Fest gehört. Einige Sunniten, die ich im Hotel traf, machten mich darauf aufmerksam und nahmen mich mit.

Als wir den Platz inmitten der engen Altstadtgassen erreichten, sahen wir eine große Ansammlung junger Männer, barfuß, mit nacktem Oberkörper und lediglich in schwarze oder weiße lange Hosen gekleidet. Etwa 30 Minuten später setzten sie sich, Klagegesänge anstimmend, in einem gewaltigen Zug in Bewegung, dabei reckten sie abwechselnd ihren linken und rechten Arm in den Himmel, ließen ihn wieder herunterschnellen und schlugen sich mit der Hand oder der geballten Faust auf die Brust, dabei setzten sie langsam einen Schritt vor den anderen. Dumpfe, rhythmische Schläge erfüllten die Straße, die Brust eines jeden verfärbte sich zunehmend dunkelrot.

Neugierig und zunächst auch etwas belustigt schaute ich zu, als sie einer nach dem anderen an mir vorbeizogen. Schlag um Schlag entledigten sie sich ihrer eigenen Sünden und empfanden die Schmerzen ihres Leidensgenossen Husain nach. Der Schlagrhythmus wurde erhöht, die Gesänge lauter und aggressiver und meine interessierte, gute Stimmung schlug in ein mulmiges Gefühl um. Fanatismus lag in der Luft. Ich suchte Schutz bei meinen vier neuen Freunden, die mich hierhergebracht hatten. Sie rieten mir, keine Fotos mehr zu machen, da sie sonst für meine Sicherheit nicht garantieren könnten. Ich dachte schon daran, mich lieber von diesem tief religiösen Ritual zu entfernen, doch dann war ich zu fasziniert von dem Schauspiel, also blieb ich.

Die überzeugtesten Schiiten nahmen Ketten in ihre Hände, an deren Enden kleine Messer oder Rasierklingen befestigt waren. Nun

Spektakuläre Ausblicke ins Karakorum-Gebirge entschädigen für die Tretarbeit bei hoher Wattzahl in dünner Höhenluft.

nahm die eigentliche, schockierende Selbstgeißelung ihren Lauf. In großem Bogen schlugen die Folterinstrumente auf den Rücken auf. Wo zunächst nur Schweiß heruntergelaufen war, floss nun Blut. Immer härter wurden die Ketten geschwungen, und innerhalb weniger Minuten waren die Rücken der Männer mit blutigen Rinnsalen übersät. Das Blut Hunderter junger Männer tropfte auf die Straße und bildete riesige Lachen, durch die die Nachfolgenden langsam mit ihren nackten Füßen hindurchschlurften. Erst jetzt konnte ich mir das Verhalten der zwei älteren Männer erklären, die zu Beginn des Abends stolz ihre vernarbten Rücken präsentiert und somit bewiesen hatten, dass auch sie als junge Männer mehrfach an dieser Selbstgeißelung teilgenommen hatten.

Ich war fassungslos. »Wie kann ein Mann sich so etwas nur freiwillig antun«, dachte ich kopfschüttelnd mit dem fremden Blick desjenigen, der, wenn er an Prozessionen denkt, eher Fasnachtsumzüge vor sich sieht. Dabei spielt Blut in vielen Ritualen weltweit eine zentrale Rolle, und auch die Christen auf den Philippinen kennen diese Art, das Martyrium ihres Erlösers nachzuempfinden, wenn sie sich mit einem Dornenkranz um den Kopf ans Kreuz nageln lassen. Doch diese alljährlichen Aschura-Rituale überstiegen alles, was ich jemals gesehen hatte. Obwohl ich mich in keinem Moment konkret bedroht fühlte, war ich froh, als ich mich wieder im Hotelzimmer befand.

So sehr ich den Aufenthalt im Tourist Camp und den Austausch mit anderen Reisenden auch genoss, ich wollte weiter. Am nächsten Tag ging ich in die chinesische Botschaft in Islamabad, um ein Visum zu beantragen, doch nun musste ich mich erstmal in Geduld üben. UN-Truppen hatten kurz vorher versehentlich die Botschaft Chinas im Kosovo bombardiert. Dafür wurde ich mit Unfreundlichkeit und tagelangem Warten bestraft. Negative politische Veränderungen spürt ein Tourist als Erstes in einer Botschaft. Als Radfahrer durfte ich in die Volksrepublik einreisen. Für die Auto- und Motorradreisenden ist an der Grenze Endstation, es sei denn, sie bezahlen sehr viele Yuan für einen Führer, der mit ihnen durchs Land reist. Deshalb fahren eigentlich alle weiter nach Indien, um von dort nach Südostasien einzuschiffen, oder sie gelangen über Russland nach Ostasien.

Endlich erhielt ich ein verlängerbares 30-Tages-Visum für China und machte mich sofort auf den Weg. Mein Allahu-Akbar-Wecker funktionierte auch am Morgen der Abreise einwandfrei und ich pedalte nach einem Linsen- und Reisfrühstück los. Anfangs hing ich noch in Gedanken den vielen gehaltvollen und oft lustigen Gesprächen im Tourist Camp nach, doch die GT Road Richtung Peschawar, auf der ich noch ein kleines Stück unterwegs war, machte dem schnell ein Ende.

Kurz vor dem kleinen Ort Manshera wechselte ich auf den Karakorum Highway. Ich freute mich besonders auf diesen Teilabschnitt der Strecke, den Traum vieler Radfahrer. Dieser grandiose Highway schlängelt sich auf 1284 Kilometern von Islamabad bis ins chinesische Kasghar. Die Straße ist auf der ganzen Länge asphaltiert, der spärliche Autoverkehr wird nur hin und wieder von Steinschlag und Erdrutschen unterbrochen. Im Jahre 1978 wurde der Highway nach 20-jähriger Bauzeit eröffnet, die nach offiziellen Angaben 810 pakistanische und 82 chinesische Arbeiter das Leben gekostet hat. Wer den 4733 Meter hohen Khunjerab-Pass überqueren will, der muss sich von Mai bis September in dieser Region aufhalten. Den Rest des Jahres ist er eingeschneit und nicht passierbar.

Ich stieg die ersten 600 Höhenmeter nach oben und pustete mir dabei meine verdreckte Lunge frei. Nur kurz war meine Freude über die gewonnene Ruhe. Die ersten Steine flogen vom Straßenrand auf mich zu. »Hello pen«, riefen die Kinder, immer wieder »hello pen«. Irgendein Tourist musste ihnen einmal Schreibstifte geschenkt haben. Sie warteten, bis ich vorbeigefahren war, erst dann fingen sie an zu werfen. »Nein, nicht noch einmal das Gleiche wie in Jordanien«, dachte ich nur. Wenig später, ich klebte gerade an einer Steigung, lief ein Pulk Kinder auf beiden Seiten der Packtaschen neben mir her. Ihre kleinen Hände griffen nach meinem Gepäck. Anfangs versuchte ich, sie mit den Armen zu verscheuchen, doch als das nichts nützte, nahm ich meine Reitgerte heraus. Die hatte ich vor meiner Abfahrt in einem Sexshop auf der Reeperbahn in Hamburg gekauft. Ich wollte mir damit aggressive Hunde vom Leib halten. Nun kam sie nicht bei Sado-Maso-Spielchen zum Einsatz, sondern beim Verhauen gieriger kleiner Kinderhände. Ich fuhr mit einer Hand am Lenker, hielt mit der anderen die Gerte und schlug hinter mich. Mit schmerzverzerrten Gesichtern zogen sie ihre Händchen weg und blieben zurück. Ich konnte meine Pedalarbeit fortsetzen, ohne abzusteigen. Leider wurden solche Vorfälle über die nächsten Tage hinweg zur Routine.

Die kurvenreiche Strecke führte am Fluss Indus entlang und stieg weiter an. Das Tal war eng und tief, Ausblicke gab es kaum. Manchmal wurde ich über Nacht in ein Haus eingeladen. Viele Pakistani sprechen neben der Amtssprache Urdu auch Englisch. Sie sind meistens freundlich, oft bekam ich aber kleine Lektionen erteilt über die Vorteile des Islams gegenüber dem Christentum: »Wir stecken unsere Alten nicht in Altenheime, wie ihr Christen das tut«, wurde mir beispielsweise mehrmals in anklagendem Ton vorgehalten. Ich ließ mich nie auf eine Grundsatzdiskussion über die beiden Religionen ein, sondern lobte die Gastfreundschaft und das schöne Land. Damit fuhr ich gut, denn ich nahm jedem potenziell gefährlichen Gesprächsstoff von Anfang an die Spitze.

Als Zeichen meiner Achtung für Pakistan trug ich einen Shalwar Kamiz, den Nationaldress der pakistanischen Männer. Kurz nach meiner Ankunft im Land kaufte ich für wenige Dollars einen gebrauchten auf einem Markt in Lahore. Ich fuhr sogar damit Rad

Jürgen aus Köln startete am gleichen Tag wie ich mit einer Honda Dax. Am KKH kreuzen sich unsere Wege. Wenig später konfisziert der chinesische Zoll seinen fahrbaren Untersatz. Begründung: Motorisierte Einreise nach China für Laoweis nicht erlaubt.

und ähnelte somit äußerlich ein wenig einem Einheimischen. Auch innerlich war ich ein ganz kleines bisschen zum Pakistani geworden. Nach über sechs Monaten in der moslemischen Welt, in der alle Gespräche und Kontakte nur mit Männern stattfinden, war ich zu einem »Frauen-Anstarrer« geworden. Die wenigen Frauen auf der Straße waren verschleiert, bestenfalls wurde mein Blick erwidert und sie nahmen für den Bruchteil einer Sekunde diesen »intimen« Kontakt auf. Manchmal folgte ihr Blick mir auch kurz, wobei sie den Kopf aber weiterhin in Laufrichtung hielten.

Bei Einladungen war ich immer nur Gast in dem Teil des Hauses, in dem sich die Männer aufhielten. Das Einzige, was ich von Frauen zu sehen bekam, waren die Hände, nachdem sie die Tür einen Spalt weit geöffnet hatten, gerade weit genug, um Essen hereinzureichen oder das gebrauchte Geschirr wieder in Empfang zu nehmen. Ich versuchte dann immer, einen kurzen Blick, nicht nur auf Hände, sondern auch auf einen oder im besten Fall zwei nackte Frauenfüße zu erhaschen. Diskret schob ich meinen Körper ein wenig zur Seite, und wenn es mir gelang, einen Teil eines nackten Fußes zu sehen, verharrte ich und meine Pupillen wurden starr. Nach Monaten war ich es leid, nur Kontakte mit Männern zu haben, und sehnte mich nach einer sanften Frauenstimme.

In der Hauptstadt Islamabad hatte ich einmal eine Touristin gesehen, die kein Kopftuch trug. Sie hatte zudem auch noch lange blonde Haare. Ich konnte meinen Blick nicht von ihr wenden. Ich wollte sie nicht belästigen und ansprechen, obwohl ich das nur allzu gerne getan hätte, ging aber hinter ihr her. Als sie über einen belebten Markt schlenderte, ergriff ich meine Chance und schloss zu ihr auf. Unauffällig versuchte ich, ihrem goldenen Haar näher zu kommen, Schritt für Schritt, immer etwas dichter. Dann endlich der große Moment, ich konnte sie riechen, frisch gewaschene, blonde lange Haare, nur 50 Zentimeter von mir entfernt. Ich atmete tief ein und schloss dabei kurz die Augen … aaahhhhhhh, stöhnte ich, so leise ich nur konnte, das ist das Paradies! Erlebte Sekunden wurden zu gefühlten Minuten. Ohhh, ist das schön, dachte ich, eine Frau!

Nur sechs Monate in der islamischen Welt hatten mich so verändert. Ich versuchte, mir vorzustellen, wie es den einheimischen Männern ergehen mochte, die viele Jahre ohne Kontakt zu Frauen sein müssen. Ein für mich tief deprimierender Gedanke. Wie sexuell frustriert die Männer hier waren, wurde mir durch die zahlreichen Begegnungen immer wieder klar. Kein Gespräch endete ohne die Frage nach deutschen Frauen und insbesondere nach den Amerikanerinnen. Die Filme Hollywoods haben in den Köpfen der Männer ein unerschütterliches Bild von der sexgierigen weißen Frau entstehen lassen, die es mit jedem und überall treibt. Ich sollte oftmals, umringt von zehn oder mehr Männern, detailliert berichten, wie es ist, Sex mit so einer Frau zu haben.

Ich erzählte, dass wir in Europa unsere ersten Erfahrungen mit dem anderen Geschlecht als Teenager machen, dass Junge und Mädchen dabei natürlich aus Sympathie frei ihren Partner wählen und dass sie nicht erst durch ihre Eltern zwangsverheiratet sein müssen, bevor Zärtlichkeiten ausgetauscht werden dürfen. »I want to go to your country, very good, I like much.« Sie klebten an meinen Lippen. Die Männer und Jungen gehen hier und in vielen anderen islamischen Ländern Hände haltend durch die Straßen. Sie sind nicht homosexuell, sondern zeigen auf diese Weise öffentlich ihre Freundschaft. Dennoch berichteten mir nicht wenige, dass sie erste »Experimente«, wie sie es nannten, mit gleichgeschlechtlichen Freunden gemacht haben. Mehrheitlich nicht, weil sie schwul sind, sondern weil es keine Möglichkeit gibt, sexuelle Erfahrungen mit dem anderen Geschlecht zu machen, denn das Geld, um zu Prostituierten zu gehen, haben die meisten nicht.

Die eigentlichen Verlierer des Islam, wie er hier gelebt wird, sind aber die Frauen. Von Geburt an sind sie weniger erwünscht und weniger wert als ein Junge und bekommen das sehr schnell zu spüren. Die Mädchen müssen im Haushalt helfen, Wäsche waschen, einkaufen gehen, während ein Junge die Schule besuchen darf. Mit dem Einsetzen der Pubertät dürfen die Mädchen nur noch verschleiert das Haus verlassen, und selbst dafür müssen sie sich die Genehmi-

1 Abfahrtstag: Ein letztes Foto zusammen mit meinen Eltern
2 100% UV-Schutz: Schlammbad in Dalyan, Türkei

3 Satteltausch: Mit zwei
  Australiern vor den Pyramiden
  von Gizeh, Ägypten

4 Ein Erdrutsch erschwert das
  Vorankommen auf dem
  Karakorum-Highway, Pakistan

5 Speichenaustausch im spärlichen
  Schatten bei 45 Grad Hitze
  nördlich von Lahore, Pakistan

6 Auffahrt zum Khunjerab-Pass
  (4733 m) über den Karakorum-
  Highway

7

7 Spektakuläre Bergland-
schaft in Nordpakistan

8 Neugierige Nomaden-
kinder verkaufen den
gewöhnungsbedürftigen
Yak-Buttertee, Provinz
Xinjiang, Westchina

9 »Tierischer Verkehr« am
Tian Shan-Gebirge kurz
vor Kashgar

10 Straßenschild auf den
Philippinen. Im Hinter-
grund der »Jeepney«, ein
Sammeltaxi

11 Akama jingu-Schrein in
Shimonoseki, Japan, kurz
nach meiner Ankunft
aus Pusan in Südkorea

8

9

10

11

12 Halong Bay, Vietnam

13 Irgendwo zwischen Hanoi und Saigon …

14 Mariko am Strand, Muang Thai Nationalpark in Thailand

15 Mit Mariko in Kobe, Japan

16 Die aus Holz und Stein erbaute Burg Himeji-jo diente einst als Festungsanlage

14

15

16

17 *Mit einem englischen Kollegen, zwei Sekretärinnen und*
einigen meiner Schülerinnen: Sprachschule in Osaka, Japan

18 *Sultan Omar Ali Saifuddin-Moschee in Bruneis Hauptstadt*
Bandar Seri Begawan – extrem hohe Preise vertrieben mich
schnell aus dem kleinen Sultanat

gung einholen. Ihr Vater verheiratet sie mit einem oftmals wesentlich älteren Mann, den sie bei der Hochzeit erstmalig sehen und möglicherweise gar nicht mögen. Ein Ehemann, der sie nicht schlägt, ist als eine gute Wahl zu betrachten. Ohne Bildung, weggesperrt in einem Haus, um dem Gatten zu dienen, bleiben sie chancenlos.

Nur zu gerne wäre ich einmal in den Teil des Hauses gegangen, in dem die Frauen leben, um nachzuprüfen, ob es stimmt, dass eine Frau wenigstens zu Hause das Sagen hat, und auch, um etwas über ihre Gedanken zu erfahren. Einmal wurde ich von einem wohlhabenden, zeitweise in England lebenden »Paki« zum Übernachten eingeladen. Dass sich die vielen jungen Frauen im gleichen Zimmer wie wir Männer aufhielten, überraschte mich und machte mich fröhlich. Doch auch in diesem vergleichsweise westlich orientierten pakistanischen Haushalt blieb es bei Mini-Kontakten. Ich wurde den Mädchen nicht vorgestellt, sie saßen in einer anderen Ecke und unterhielten sich leise. Ich wurde nicht beachtet. Sie waren in feinster Seide gekleidet und trugen Kopftücher, die ihre langen schwarzen Haare bändigten. Nasenringe verschönern ihre feinen Gesichtskonturen.

Eine dieser orientalischen Schönheiten servierte mir Tee. Mit ihren langen, schlanken, mit Gold beringten Fingern hielt sie das Glas mitsamt Untersatz sanft fest. Ihre großen, braunen Augen folgten dem Glas, als sie es vor mir abstellte und sich dabei leicht nach vorn beugte. Dabei lächelte sie kaum wahrnehmbar. Der Duft ihres Parfüms stieg mir in die Nase. Mein Kompliment über ihr schönes Kleid ignorierte sie und wandte sich wieder ab. Die geheimisvoll anmutende Begegnung war beendet, bevor sie überhaupt begonnen hatte. Um diese Frau näher kennenzulernen, hätte ich zum Islam konvertieren und sie heiraten müssen. Die zu zahlende Mitgift wäre für mich als reichen Europäer ziemlich hoch ausgefallen. Nein, diese Welt blieb mir verschlossen.

Höhenmeter für Höhenmeter stieg ich bergan. Manchmal verlor ich die gewonnenen Meter sofort wieder bei der nächsten Abfahrt.

Die Täler waren so eng und steil, dass sie keinen Fernblick zulie-
ßen. Zu essen bekam ich ohne Probleme in den vielen kleinen
Dörfern entlang der Strecke. Das Angebot war klein. Dreimal täglich aß ich Dal (Linsen) und Chapati in einer Straßenküche. Zusätzlich kaufte ich Kekse in Geschäften, die außerdem nur noch
Seife, Waschmittel, Nüsse, Datteln und noch mehr Linsen anboten.
Wasser filterte ich oder kaufte es in Flaschen. Obst gab es kaum
und ich griff auf Multivitamin-Tabletten zurück.
In Besham konnte ich das erste Mal auf schneebedeckte Berge blicken. Etwas abgelenkt von dieser Pracht, bemerkte ich erst im letzten Moment, dass ein entgegenkommender Autofahrer direkt auf
mich zuhielt, obwohl die Strecke sonst leer war. Ich fuhr so weit links
hinüber, wie es mir möglich war, denn in Pakistan herrscht Links-
verkehr. Erst im allerletzten Moment wich mir der Wagen aus und
verlangsamte die Fahrt. Die Fensterscheiben waren heruntergekur-
belt. Ich erkannte vier junge Männer, die lachten, offensichtlich
zufrieden darüber, mich in den Staub neben der Straße abgedrängt
zu haben. Der hinten rechts Sitzende fauchte mich mit »Angresi« an,
das allgemeine Wort für Ausländer in diesem Land (wörtlich: Engländer), und bespuckte mich. Ich wusste gar nicht recht einzuord-
nen, was gerade passiert war, denn bis jetzt hatte ich mich eigentlich
willkommen gefühlt. Noch am selben Tag erblickte ich allerdings auf
den Felsen am Straßenrand Parolen wie: »Down with the USA« oder
»I like being islamic fundamentalist«. Mir schwante Böses.
    Wieder flogen Steine, diesmal von Jugendlichen geworfen. Das
»Wurfschema« war dasselbe. Sie grüßten mich, warteten, bis ich vorbei war und ihnen den Rücken zuwandte, erst dann bewarfen sie
mich mit aller Kraft. Die Steine waren größer geworden und ich
bekam erstmalig seit dem Beginn meiner Reise vor 40 Wochen
Angst. In einem Restaurant in dem kleinen Dorf Dassu gab der
Besitzer mir nur zögerlich etwas zu essen, dabei verzog er sein
Gesicht, als ob er gerade eine Zitrone verschluckt hätte. Hastig
schlang ich meine Linsen hinunter, denn hier war ich offensichtlich
nicht willkommen! Immer wieder hörte ich das Wort »Angresi«. Die

anderen Linsenesser und Teetrinker sprachen allem Anschein nach über mich. Dass es keine freundlichen Worte waren, merkte ich am Tonfall und an ihrer Körpersprache. Mein Versuch, mit einem Mann ins Gespräch zu kommen, wurde mit Nichtbeachtung erwidert. Schnell verabschiedete ich mich und verließ die Straßenküche. Mein ungutes Gefühl verstärkte sich noch durch die zahlreichen Waffenläden. Munition und Gewehre sind hier so häufig wie Dönerbuden bei uns in Deutschland. Viele Männer tragen Gewehre umgehängt am Körper. Diese Region nennt sich Kohistan und ist offensichtlich voller Fundamentalisten mit einer extremen Ideologie. Ich steckte als allein reisender westlicher Mann mitten drin. Angestrengt suchte ich nach einer Lösung für diese unangenehme Situation. Mein Körper war komplett mit Kleidung bedeckt, das konnte also in keinem Fall provozieren, im Gegenteil, ich trug weiterhin den typischen Dress der Männer hierzulande. Ich war bis dahin gern mit einer Baseballmütze auf dem Kopf gefahren, dem typischen Kennzeichen eines US-Amerikaners. Die nahm ich ab und wechselte zu einer Bandana. Die Steine flogen weiter. Ich grüßte wirklich jeden Menschen am Straßenrand überfreundlich mit »Salam alaikum« und legte meine rechte Hand aufs Herz. Die Steine flogen. Eine deutsche Fahne hatte ich nicht im Gepäck, um sichtbar zu machen, dass ich kein US-Bürger bin. Es hätte meiner Meinung nach auch nicht geholfen, denn Deutsche gelten hier als Freunde der USA. Andere Reisende, mit denen ich mich hätte verbünden können, traf ich erst später wieder. Rad und Ausrüstung wollte ich nur ungern auf einen Laster verladen. Doch die Situation wurde immer gefährlicher.

An einer langen Steigung kamen sechs junge Männer auf mich zu. Als sie mich sahen, bildeten sie eine menschliche Kette, hakten sich untereinander ein und blockierten mir die Durchfahrt. »Angresi mortale!«, riefen sie wütend, »Stirb, Ausländer!« Durch die vielen Steinwürfe an diesem Tag war ich entsprechend aggressiv. Wie ein Stier, der vor seinem Kampf in der Arena mit Messern wild gemacht wird, fühlte ich mich, als ich weiter auf die sechs zuradelte. Keiner von ihnen trug ein Gewehr. Immer näher kam ich an sie heran. Mein Pfefferspray schlummerte versteckt unter meinem linken Handballen, der Zeigefinger ruhte auf dem Sprühkopf. Nur noch wenige Meter. Ich hielt auf die drei Kerle links von mir direkt zu, ohne äußerlich Furcht zu zeigen. Plötzlich wurde ich zur speienden Königskobra und schoss mit Pfeffer, was die Dose hergab. Ein kraftvoller Strahl traf die drei direkt ins Gesicht. Sie rissen ihre Hände hoch, um sich vor der geballten Ladung Schärfe zu schützen, doch umsonst. Schreiend sackten sie zusammen. Die anderen drei lösten den Block auf, um ihren Verbündeten zu helfen. Und da war sie, die Lücke für mich und mein Rad. Ich nutzte den Moment ihrer Verwirrung, stach durch und trat mit voller Kraft, um schnell Distanz zwischen mir und den Angreifern zu schaffen. Es gelang mir, keiner von ihnen nahm die Verfolgung auf. Ich guckte allerdings ständig beunruhigt zurück, um den Steinen auszuweichen, die mir hinterher geworfen wurden. Dann endlich erreichte ich die nächste Rechtskurve, die Schreie verstummten langsam. Zitternd fuhr ich weiter. Dabei machte ich mir Mut und brüllte laut:»Yeah, yeah, yeeaahhhh, not with me, never mess with a cyclist«, erst dann nahm ich das Tempo zurück, holte tief Luft, ballte meine rechte Faust und reckte sie triumphierend gen Himmel.

Gewalt mit Gegengewalt zu beantworten, ist keine gute Lösung. In dieser Situation sah ich aber keinen anderen Ausweg. Hätte ich diese Auseinandersetzung verloren, wäre ich hinterher bestenfalls ohne Rad und Ausrüstung, vielleicht blutend, am Straßenrand liegen geblieben. Ich verteidigte mich auch nur, weil meine Gegner keine Schusswaffen bei sich hatten. Sonst hätte ich mich ergeben. Das Pfefferspray rettete mich, denn bei einem Kampf gegen sechs – auch ohne Waffen – wäre ich natürlich ohne jegliche Chance gewesen. Das Spray ist etwa 800-mal so stark wie Tabascosoße. Jeder, der sich einmal versehentlich Tabasco in die Augen gerieben hat, kann sich vorstellen, welche Schmerzen dieses Spray verursacht, egal ob bei Mensch oder Tier. Eines ist jedoch zu beachten für jeden, der es ebenfalls in einer Notsituation einsetzen will. Er oder sie sollte sehr

genau wissen, wie weit es sprüht, ob es einen Punkt- oder Fächer-
strahl auswirft, dass es funktioniert und binnen Sekunden einsatz-
bereit ist und wie es sich bei Gegenwind verhält. Deshalb unbedingt
vor der Abfahrt zwei Dosen kaufen und eine beim Notsituations-
Training zu Hause leer sprühen. Wer im Umgang damit nicht absolut sicher ist, sollte lieber darauf verzichten, Pfefferspray einzuset-
zen, wenn es ernst wird. Denn versagt es aus irgendeinem Grund
und macht die Gegner, ob Mensch oder Tier, nicht kampfunfähig,
wird das wahrscheinlich katastrophale Folgen haben oder sogar mit
dem Tod enden.

Ich hatte zwar diese Attacke überstanden und nichts von meinen
Besitztümern verloren, die üble Situation, in der ich mich befand,
blieb jedoch unverändert. Im nächsten Dorf sprach ich einen Lastwagenfahrer an, der auf seiner offenen Ladefläche Passagiere beförderte. 40 oder mehr »Fahrgäste« standen eng gedrängt und guckten
böse auf mich herab. Der Fahrer tat so, als ob er mich nicht verstün-
de, als ich ihn bat, mich mitzunehmen, und fuhr ohne mich ab. Wieder wurde ich angespuckt, diesmal vom Lastwagen aus, begleitet von
einem Allahu-Akbar-Geschrei.

Vor meiner Abreise hatte ich mir nur drei Gründe zugestanden,
aus denen ich eventuell ein Fahrzeug anhalten dürfte, um damit vor-
wärtszukommen: 1. Ich werde schwer krank, 2. das Fahrrad ist
defekt und nicht zu reparieren und 3. ich fahre durch feindliche
Gebiete mit Überfall- und (oder) Entführungsgefahr. Grund drei
war jetzt gegeben. Ich wollte durch Kohistan hindurchtrampen, um
mich wieder sicherer zu fühlen, doch niemand nahm mich mit. Die
Angst blieb. Ich kramte eine zweite Dose Pfefferspray aus meinem
Gepäck, und auch meine Reitgerte kam wieder zum Einsatz, doch
am meisten hätte ich für ein Schutzschild gegeben, wie es die Polizei bei Demonstrationen verwendet. Die Steine, die meistens von
hohen, steilen Berghängen auf mich herabflogen, wurden so groß,
dass sie mich hätten töten können. Ein faustgroßer Gesteinsbrocken
zischte nur wenige Zentimeter an meinem Kopf vorbei, als ich einen
Moment lang mein Rad ausrichtete. Er hätte meinen Kopf zer-

schmettert. Ich fuhr so viele Tageskilometer, wie ich in dem schwierigen Gelände schaffen konnte. Auf wildes Zelten verzichtete ich komplett, und beim Einchecken in die einfachen Gasthäuser versuchte ich, freundlich zu bleiben. Ich schilderte dort die Gefahr, der ich ausgesetzt war, aber ich wurde stets mit den Worten »alles nicht so schlimm, wir sind freundliche Menschen« vertröstet.

Vier lange Tage dauerte dieser Spießrutenlauf an, dann erreichte ich endlich die Hauptstadt der Region, Gilgit. Erleichtert stellte ich im Garten eines Gasthauses für umgerechnet eine Mark mein Zelt neben denen anderer Traveller auf. Ich erzählte von den furchtbaren Erlebnissen der vergangenen Tage, was mir guttat. Es gab leckeres Gemüsecurry mit Reis zu essen, die Besitzer waren freundlich und ich blieb drei Tage, um zu verdauen, was hinter mir lag. So hatte ich mir die Traumstraße Karakorum Highway nicht vorgestellt. Der Gedanke, wieder aufzusitzen, ließ mich erschauern. Deshalb holte ich Erkundigungen über die Sicherheitslage auf der Strecke bis hoch zum Pass ein. Mir wurde von freundlichen Menschen im Hunza-Tal berichtet. Ich war aber nur mit viel Glück und Entschlossenheit bis hierher durchgekommen, und deshalb hielt ich Ausschau nach jemandem, mit dem ich ein Team bilden konnte. Nach zwei Tagen intensiven Suchens in den Gasthäusern Gilgits wurde ich fündig. Ich begegnete einem ähnlich verzweifelten französischen Radler. Auch er hatte schmerzhafte Erfahrungen mit Steinen gemacht, war aber nicht überfallen worden und glücklicherweise auf Motorrad fahrende Reisende gestoßen, die ihm Geleitschutz durch Kohistan gegeben hatten.

Wir wollten gemeinsam bis an die chinesische Grenze fahren. Mir fielen alle Steine, die mich in den letzten Tagen hatten treffen sollen, vom Herzen. Dass wir uns menschlich von Anfang an nicht sehr gut verstanden, war in Anbetracht der Situation nebensächlich. Regis war ein introvertierter, sehr schweigsamer Mensch, der das Wort »lachen« nicht buchstabieren konnte, und ich das genaue Gegenteil. Entscheidend war aber, dass er konditionell stark und ein geübter Tourenfahrer war.

Wir kauften Proviant ein und verließen die 10000-Einwohner-Stadt Gilgit am nächsten Morgen über eine schwankende Hängebrücke. Wir kletterten von 1600 Metern Höhe bis auf 2250 Meter. Der Straßenbelag wurde schlechter, dafür war die umgebende Landschaft umso beeindruckender. 6000 und 7000 Meter hohe Bergriesen zeigten ihre weiße Schönheit. Sie türmten sich direkt neben dem Highway auf. Jede Kurvenfahrt endete mit einem neuen »Wow!«-Erlebnis. Der Autoverkehr beschränkte sich auf vielleicht 15 Fahrzeuge am Tag und ich konnte meine Blicke ungestört wandern lassen. »Das ist also der KKH, von dem alle schwärmen«, dachte ich, »endlich –«.

Am Straßenrand nervten uns die »Hello-one-pen«-Kinder weiter, aber sonst blieb es nicht nur friedlich, die Menschen waren auch wieder freundlich. Nur ein einziges Tal trennte Hölle von Himmel, aggressives Allahu-Akbar-Geschrei von lächelnden Gesichtern, Angespucktwerden von Einladungen zum Tee. Nur ein einziges Tal, auch das ist Pakistan.

Aufgetürmte Schneemassen kündigen den Khunjerab-Pass an. Nur in den Sommermonaten ist er befahrbar.

Ich hätte nun solo weiterfahren können, war aber, obwohl wir sehr verschieden waren, froh, für ein paar Tage einen Partner bei mir zu haben. Regis sprach kaum Englisch und kein Deutsch, ich kaum Französisch. In den wenigen Kurzgesprächen, die wir führten, entdeckten wir unsere gemeinsame Liebe zu Lateinamerika, wo wir uns beide schon einmal länger aufgehalten hatten, und wir einigten uns darauf, Spanisch miteinander zu sprechen.

Der Blick auf den Nanga Parbat, einen von fünf Achttausendern auf pakistanischem Boden, war mir aufgrund einer Wolkendecke verwehrt geblieben. Jetzt hatten wir mehr Glück mit dem Wetter. Am 7788 Meter hohen Rakaposhi legten wir einen aktiven Erholungstag ein und stiegen 1300 Höhenmeter ins Basislager hinauf.

Der nächste Morgen begann mit einem Dal-Bat-Frühstück (Linsen mit Reis) und juckender Haut. Linsen und Chapati gehören ebenso zu Pakistan wie lebende Matratzen. Wanzen hatten sich ihr Frühstück bei mir geholt, wie lange Reihen von Bissspuren auf meiner Haut bezeugten. Sie juckten wie verrückt, besonders als ich wieder schwitzend im Sattel saß, um die nächsten Höhenmeter zu erklimmen. Kühlendes Japanisches Heilpflanzenöl aus meiner Reiseapotheke verschaffte Linderung.

Über Passu erreichten wir Sost, den letzten Ort vor der chinesischen Grenze. Hier findet die pakistanische Pass- und Zollkontrolle statt, bevor es hoch auf den Kunjerab geht. Am nächsten Tag erschienen wir pünktlich um neun Uhr. Es kommen wenige Reisende auf diesem Weg nach China, und doch dauerte es stundenlang, bis wir den Ausreisestempel in unserem Ausweis hatten. Ich musste alle meine sieben Gepäckstücke ab- und auspacken. Für jede Tasche wurde ein Formular ausgefüllt. Der Inhalt war interessant. »Wat is tat?«, fragte der Officer mit unüberhörbarem Akzent. »Das ist ein Wasserfilter.« – »Wat is tat?« – »Das ist ein Stativ.« – »Wat is tat?« – »Das ist eine Luftpumpe.« – »Wat is tat?« – »Das ist eine Peitsche.«

Ein großer, schlanker Mann mit langen Haaren und Badelatschen an den Füßen, auch er ein Reisender, kam auf mich zu. Er beobachtete schon länger belustigt dieses Frage-und-Antwort-Spiel. Ich erzählte dem Beamten, dass ich mir immer den Po versohlen würde, wenn ich müde sei, um mich wieder anzutreiben. Der Beamte wirkte nachdenklich, war aber mit der Antwort zufrieden, und der Mann in Badelatschen lachte laut auf. Es war niemand anders als Hans Kammerlander, einer der größten Höhenbergsteiger unserer Zeit, der gerade mit einer Expedition zum Mustagh Ata, einem Siebentausender in Westchina, unterwegs war. Er hielt das Rad fest, als ich meine Taschen wieder anbrachte, und wir kamen ins Gespräch. In den nächsten 15 Minuten, die wir uns unterhielten, schloss sich für mich ein weiterer kleiner Lebenskreis. Viele Jahre lang hatte ich die spannenden Erzählungen von Bergsteigern wie Reinhold Messner und eben Hans Kammerlander gelesen und deren Vorträge besucht. Sie erzählten von den Vorbereitungen ihrer Expeditionen, der Anreise, der Durchführung mit all ihren Gefahren und Strapazen, dem Scheitern und auch davon, wie wichtig es ist, seinen individuellen Weg zu gehen. Das motivierte mich und gab mir Anregungen für mein eigenes Leben. Ich wollte kein professioneller Bergsteiger werden wie sie, obwohl ich auch sehr gerne versuche, den einen oder anderen Gipfel zu erklimmen, aber ich wollte ebenso wie sie unbedingt meine Leistungsgrenzen erfahren, viel von der Welt sehen und vor allem erfüllt leben. Jetzt war ich mit meinem Projekt seit zehn Monaten dabei, meinen ganz persönlichen Everest zu besteigen. Ich war, was die gesamte Weltumrundung anging, gerade einmal im Basislager angekommen, aber ich war unterwegs. Ich hatte meinen Platz gefunden, mir ein hohes Ziel gesetzt und arbeitete nun mit aller Energie an dessen Verwirklichung. Kammerlanders Anerkennung und Wertschätzung machten mich stolz und gaben mir auf meinem weiteren Weg viel Kraft.

Hinter dem kleinen Dörfchen Dih schlugen Regis und ich am Abend die Zelte auf und stärkten uns mit Teigwaren, die wir uns aufgespart hatten, um für den Passtag genügend Kraft zu haben. Wir waren auf 3800 Metern Höhe angelangt. Es war kalt und windig geworden, und über Nacht schneite es. Am nächsten Morgen ging es 17 Kilometer über Serpentinen hinauf auf den Pass. Ich fuhr trotz des vielen Gepäcks mit sechs Stundenkilometern. Ein Erdrutsch blockierte die Straße, wir schoben die Räder über den Schutt, dabei mussten wir immer wieder stoppen und Luft holen. Die Serpentinen waren mit acht bis zehn Prozent Steigung flach und deshalb konnten wir die Räder am Laufen halten, auch wenn das Herz raste und nach Pausen schrie. Links und rechts der Straße türmten sich Schneeberge auf und kündigten den Pass an. Endlich waren wir oben, auf 4733 Metern. Es war stürmisch, und der Ort lud nicht gerade zum Verweilen ein.

Die ersten Kanji-Schriftzeichen kündigten ein neues Land an. Wir rollten hinunter zum chinesischen Checkpoint.»Ni hao zhonghua.« Hallo, China.

Laoweis besichtigen: eine chinesische Leidenschaft

»Drink this and you are strong with lady.«

(Schlangenblutverkäufer in Hongkong)

»Meio laowei!« (Keine Ausländer)

(Vielfach beim Versuch, in ein Hotel einzuchecken)

An das mit 1,3 Milliarden Einwohnern bevölkerungsreichste Land dieser Erde grenzen 14 Staaten, das in vielerlei Hinsicht als Land der Extreme gelten kann. Umgeben ist es von 20 000 Kilometern Landesgrenze, 5000 Kilometer werde ich kurbeln müssen, um es von West nach Ost zu durchqueren. »Zhonghua« heißt es auf Hochchinesisch – die Volksrepublik China.

Von meinem französischen Reisepartner hatte ich mich bereits wieder getrennt, was mich nicht im Geringsten traurig stimmte. Wir waren menschlich einfach zu verschieden und es war für uns beide leicht, diese Zweckgemeinschaft aufzulösen.

Mein Selbstbewusstsein war in den ersten Reisemonaten um einiges gewachsen, denn ich hatte bereits vieles überstanden: Europa und den Nahen Osten durchquert, den Tod meines Vaters verdaut, Steinwürfe und einen Überfall vereitelt, wütende anatolische Hirtenhunde in die Flucht geschlagen und mit Rad und Ausrüstung einen 4700 Meter hohen Pass erklommen. Das gab mir Zuversicht für die Fahrt durch das gewaltige »Land der Mitte«. Ich hatte genug vom Islam. Ich wollte endlich wieder in kurzen Hosen und T-Shirt fahren, meinen Augen den Anblick schöner Frauen gönnen, westliche Musik hören, wieder einmal in eine Bar gehen und ein paar Bier kippen und nicht ständig Fragen bezüglich meiner Religionszugehörigkeit beantworten müssen.

In Tashgurghan, der ersten kleinen Ortschaft hinter dem Grenzübergang, bekam ich nicht nur den Einreisestempel, sondern auch das erste Bier, Nudeln mit verschiedenem Gemüse und Schweinefleisch, lecker in einem Wok mit Sojasoße zubereitet. Ich sah chinesische Frauen, die ohne jegliche Kopfbedeckung durch die Straßen gingen und sich mit Männern unterhielten. Sie trugen kurze Röcke mit langen, baumwollenen Strumpfhosen darunter, aber auf mich wirkten sie halb nackt. Ich konnte mich nicht sattsehen. Stunden verbrachte ich an einer Straßenküche, trank Bier, füllte meinen immer hungrigen Magen mit köstlichem Essen und guckte mit

Nach 200 km Anstieg kann ich das Rad endlich wieder laufen lassen. Vorbei am Bergriesen Mustagh Ata, dem Ziel des Bergsteigers Hans Kammerlander, rolle ich in Richtung Kashgar.

einem zufriedenen Grinsen den Frauen nach. Als eine von ihnen dann auch noch im Vorbeigehen fröhlich lächelnd »ni hao« (hallo) sagte, konnte ich mein Glück kaum fassen. »Ni hao piaoliang« (Hallo, Hübsche), erwiderte ich begeistert. Der Koch der Straßenküche hatte mein Interesse längst bemerkt und lehrte mich, das Wort »hübsch« halbwegs korrekt zu sagen.

Obwohl Kashgar, die erste größere Stadt in der Autonomen Region Xinjiang, die ich vier Tage später erreichte, aufgrund der hier lebenden Uiguren vorwiegend moslemisch ist, war ich erleichtert, als ich nach grandioser und extrem verkehrsarmer Abfahrt aus dem Tianshan-Gebirge entlang des tiefblauen Karakol-Sees müde dort ankam.

Kashgar ist eine jahrtausendealte Handelsstadt fernab westlicher Zivilisation. Eine haushohe Statue von Chairman Mao grüßt im Zentrum jeden Besucher, dahinter wehen zahlreiche rote Fahnen mit Hammer und Sichel im staubigen Wind. Ein geschäftstüchtiger Einheimischer hat ein Restaurant eröffnet, das auf die Bedürfnisse westlicher Besucher zugeschnitten ist, die Speisekarte ist mehrsprachig, das Angebot reichhaltig. Es gibt Eier und Speck, Burger, Pommes Frites, Filterkaffee und Bananenpfannkuchen. Der Besitzer des Lokals spricht etwas englisch und nennt sein ausländerfreundliches Reich »Home away from home«. Ich bestellte nur aus dem ebenfalls breiten Angebot chinesischer Küche und staunte über die verschiedenen Völker, die – an einem Sonntag – auf mit Waren vollgepackten Fahrrädern, dreirädrigen Rikschas oder Eselskarren an mir vorbeizogen. Alle mit dem gleichen Ziel: dem Markt von Kashgar. Jeden Sonntag treffen sich hier Uiguren, Kirgisen, Kasachen, Tadschiken und Usbeken. Ich erlebte das Treiben in seiner ursprünglichen Form, denn diese Stadt ist noch weitestgehend unbekannt auf dem »Speiseplan« der Reiseveranstalter, obwohl sich auch das sicherlich mit zunehmender Öffnung Chinas ändern wird.

»Wüste ohne Wiederkehr« wird die Takla Makan auch genannt. Entlang ihres nördlichen Randes folgte ich der alten Seidenstraße. Nach den kalten Tagen im Karakorum-Gebirge war es nun unglaublich heiß hier im Tarim-Becken. Ich hoffte, dass ich nicht einer von denen sein würde, die aus dieser Wüste nicht zurückkehren. Meine jahreszeitliche Reiseplanung war optimal für die Überquerung des Kunjerab-Passes gewesen, aber äußerst ungünstig für eine Radtour durch diese Wüstenregion im Juni und Juli. Die zum Teil starken Winde wehten aus östlicher Richtung und verlangsamten meine Fahrt, es bildeten sich Sand- und gefährliche, kleine Wirbelstürme, vor allem aber war es unglaublich heiß. Täglich brannte die Sonne auf mich herab. Das am Rad montierte Thermometer zeigte über 50 Grad an.

Da die einzelnen Oasen oftmals 200 Kilometer voneinander entfernt liegen und man bei starkem Gegenwind auf teilweise schlechten Straßen nur mühsam vorwärtskommt, wurde der Wassertransport zu einem Problem. Vor dem Ausfahren aus einer Oase lud ich so viel Wasser auf wie ich konnte. Ich füllte die drei 0,9-Liter-Trinkflaschen, die ich am Rahmen mitführte, sowie zwei Trinksäcke, die jeweils vier Liter fassten und die in den beiden hinteren Packtaschen verschwanden, einen Zwei-Liter-Trinkbeutel, den ich an den Lenker hängte und zwei Plastikflaschen mit zusammen noch einmal drei Litern, die oberhalb der hinteren Packtaschen auf dem Zelt festgezurrt wurden. Machte zusammen 15,7 Liter des kostbaren Nasses, mit denen ich auskommen musste. Zusätzlich versuchte ich, vor der Ausfahrt möglichst viel Wasser zu trinken. 15,7 Liter, das klingt nach einer großen Menge Flüssigkeit. Bei dieser trockenen Hitze benötigte ich jedoch acht Liter pro Tag, wollte ich die volle Leistung erbringen. Sechs Liter täglich waren machbar, wenn es sein musste, verursachten aber Kopfschmerzen. Am Abend wollte ich mir, wenn irgend möglich, jeweils eine warme Mahlzeit gönnen und meine Zähne putzen, und morgens genehmigte ich mir einen Becher Kaffee, obwohl dieser die Nierentätigkeit anregt, was den Flüssigkeitsverbrauch zusätzlich erhöht. Deshalb musste ich manchmal auf eine oder mehrere dieser luxuriösen Gewohnheiten verzichten. Waschen konnte ich mich natürlich nicht. Wenn einmal ein Auto oder Lastwagen hielt und man mir Wasser oder ein Stück Obst gab, konnte ich ohne Angst am Abend kochen und Zähne putzen. Ein Glücksfall, der nicht oft eintraf.

Schwierigkeiten bereitete es außerdem, das Wasser in großen Mengen hinunterzuschlucken, denn bereits um die Mittagszeit war es so heiß geworden, dass ich es wie Tee schlürfen musste. Ein grauenhaftes Gefühl, wenn die Kehle staubig ist und der Körper Flüssigkeit fordert. Deshalb kramte ich meine Rettungsdecke aus dem Erste-Hilfe-Beutel, durchtrennte sie und wickelte einen Teil des Wasserproviants darin ein, damit er einigermaßen kühl blieb. Ich versuchte, regelmäßig zu trinken, um nicht bei einer Durstattacke zu viel auf einmal hinunterzustürzen. Das etwas kältere Wasser mischte ich mit dem heißen, so wurde es einigermaßen trinkbar. Außerdem salzte ich jede Flasche leicht mit Kochsalz oder mischte,

Menschenleere Weiten sind die »Touristenattraktionen« eines Fernradlers aus dem engen Westeuropa. Hier finde ich sie in Westchina.

wenn möglich, etwas Limonade oder Cola mit ein, um meinem Körper die Flüssigkeitsaufnahme zu erleichtern.

Den Versuch, während der heißesten Stunden des Tages, zwischen 14 und 16 Uhr, zu rasten, gab ich schnell auf. Schatten war nur ganz selten zu finden, meistens in Form eines Schildes, das die Distanz zur nächsten Oase angab, doch dessen Schatten reichte gerade einmal aus, um mein Gesicht zu schützen. Um der Sonne zu entfliehen, nahm ich die Reste der Rettungsdecke zu Hilfe oder ich versuchte, meine Zeltunterlage über das Rad zu legen und abzuspannen, doch nichts verschaffte Erleichterung. Deshalb hielt ich das Rad am Laufen, solange ich konnte. Der starke Wind pfiff mir wie ein gewaltiger, auf die heißeste Stufe gestellter Föhn ins Gesicht. Mein Schweiß vermischte sich mit Sonnenmilch (Schutzfaktor 30) und Wüstensand, der mir, wenn es stürmisch war, hart auf den Körper peitschte. Er kroch überall hin: unter meine Kleidung, in die Augen, in die Ohren, in den Mund, in die Taschen, in die Kette, ja sogar unter meine Vorhaut. Doch letztlich blieb das Problem sekundär angesichts der beiden Fragen, die mich ständig beschäftigten: Habe ich genug Wasser? Und: Bleibt mein Rad heil?

Die Temperaturunterschiede zwischen Tag und Nacht waren gewaltig, oftmals lagen sie bei 50 Grad. Am Nachmittag sehnte ich mich nach dem Sonnenuntergang, der mir endlich Abkühlung verschaffen würde, und früh morgens im Daunenschlafsack bei Minusgraden freute ich mich auf den Sonnenaufgang, weil ich erbärmlich fror. Je länger ich unterwegs war, desto mehr reduzierten sich meine Gedanken. Nachts hatte ich Albträume und sah Menschen mit Maomütze vor mir, die meine Wassersäcke in den Sand schütteten. Als ich hochschreckte, um meine Reserven zu verteidigen, wurde ich wach. Einschlafen konnte ich erst wieder, nachdem ich nicht nur alle Flaschen und Säcke durchgezählt, sondern mich auch noch einmal vergewissert hatte, dass alle Verschlussdeckel fest zugeschraubt waren. So quälte ich mich 2000 Kilometer auf den Spuren Marco Polos die alte Seidenstraße entlang. Erreichte ich eine Oase oder eine Stadt wie Aksu, Kuqa, Korla, Turpan oder Shan Shan, fühlte ich mich jedes Mal wie John Wayne, wenn er in einem Western nach langem, staubigem Ritt als Erstes in den Saloon stürzt. Nur, dass ich keinen doppelten Whisky orderte, sondern Wasser, Coca Cola oder Melonen.

Die Oase Hami ist im ganzen Land bekannt für ihre Wasser- und Honigmelonen. Als ich sie in der Ferne erblickte, waren meine Wasservorräte bereits völlig aufgebraucht. Ich war sehr, sehr müde, denn in der Nacht zuvor hatte ein Sandsturm unaufhörlich an meinem Zelt gerüttelt. Mehrfach war ich hinausgekrochen, hatte im Licht der Taschenlampe den Boden nach Spinnen oder Skorpionen abgesucht, um es dann neu abzuspannen. Und auch heute plagte mich wieder starker Gegenwind. Ich schlich trotz hohen Pedaldrucks mit nur acht Stundenkilometern dahin. Immer wieder bildeten sich kleine Wirbelstürme mit ihren markanten Rüsseln. Sie hatten zwar nicht die Kraft, Häuser oder Autos aus den Angeln zu hebeln, aber für einen Radfahrer hätte es allemal gelangt.

Wieder kam so ein Rüssel in rasendem Tempo auf mich zu. Er fegte etwa 100 Meter vor mir von rechts nach links über die Schotterstraße und machte wieder kehrt, als ob er auf mich gewartet hätte. »Hau ab«, fluchte ich, müde, ausgebrannt und gereizt von schlaflosen Nächten und langen Tagen auf der heißen Straße. Doch er dachte nicht daran, auf mich zu hören, und kam immer näher. »Scheiße!«, schrie ich laut, als ich hinter einer Düne Schutz suchte und mein Rad fallen ließ. Der Rüssel war bis auf zehn Meter herangeschnellt. Als ob er mich ärgern wollte, wirbelte er ein altes Nummernschild auf, das am Straßenrand gelegen hatte. Wie ein Geschoss zischte es nur wenige Meter an mir vorbei. Die aufgewirbelten Sandkörner schmerzten genauso wie die Steinwürfe in Pakistan. Ich kauerte mich hinter dem Sandhaufen zusammen und ließ den Sturm über mich ergehen. Der Rüssel wedelte knapp an mir vorbei und verschonte mich und mein Rad vor einem Freiflug.

Im doppelten Sinne zähneknirschend saß ich wieder auf. »Melonen-Hami« wollte und wollte nicht näher rücken, die bereits aus der Ferne sichtbaren grünen Pappeln wurden einfach nicht größer. Obwohl ich nur noch etwa 20 Kilometer zu fahren hatte, verzweifelte ich schier. Fortwährend stöhnte ich irgendwelche Wortfetzen: »Ah, ah, ah« oder »Melone, Melone, Melone …« Ich sah das rote Fleisch der Wassermelonen vor mir, immer und immer wieder. Drei Stunden nach meiner Beinahe-Köpfung passierte ich die ersten Bäume am Straßenrand, die Schatten spendeten. Mein Schädel hämmerte vor Schmerz und mich überkamen Schwindelanfälle, als ich Verkäufer an der Straße sitzen sah, jeder umringt von Melonen, so groß wie mein hämmernder Kopf. Ich eierte auf den erstbesten Verkäufer zu, stoppte das Rad und lehnte es so ungeschickt an einen Baum, dass es umfiel. Die ersten Menschen versammelten sich, um den merkwürdigen Fremden zu betrachten, während ich kniend nach meinem kleinen Portemonnaie in der Packtasche kramte. Nachdem ich es gefunden hatte, zog ich es heraus, nahm ein paar Yuan und torkelte wie ein Betrunkener auf den Chinesen zu, der gelangweilt dasaß.

»Jigga«, sagte ich in bestimmendem Ton, was in etwa der Aussprache von »das da« ähnelt. Ich verlieh meiner Forderung Nachdruck, indem ich mit dem Zeigefinger auf eine Melone zeigte. Zigarette rauchend und desinteressiert guckte der Händler mich an, dabei saß er in der so typischen chinesischen Hocke, also ungefähr so wie eine Frau, die sich im Busch zum Pipimachen hinhockt, während die Ellenbogen auf den Knien ruhen. »Jigga«, herrschte ich ihn abermals an, als er sich nicht bewegte und wieder einen Zug aus der Zigarette nahm. »You stupid Chinese«, schrie ich, kniete nieder, griff eine Wassermelone, die doppelt so groß war wie mein Kopf, und legte sie vor mich hin. Ich machte eine Handbewegung wie bei einem Karateschlag, um ihm zu erklären, dass er das Teil öffnen sollte, damit ich endlich an das Fleisch gelangen konnte. Immer wieder schlug ich auf die Melone. Er nahm erneut einen Zug aus der Zigarette.

»Wu kwai«, sagte er, als er den Rauch ausatmete, »fünf Yuan« (»kwai« ist der alte Ausdruck für Geld, der fast überall benutzt wird). Er hielt die fünf Finger seiner rechten Hand hoch. »Hao«, antwortete ich, »hao, hao« (gut, gut), obwohl der Preis natürlich viel

zu hoch für diese Melone war. Ich hatte nicht mehr die Kraft zu feil-
schen. Es war mir völlig egal, was das Ding kosten sollte, wenn ich
nur endlich meine Zähne in das saftige rote Fruchtfleisch schlagen
konnte. Wieder hieb ich mit der Handkante auf die Melone ein. Er
verstand immer noch nicht oder wollte mich ärgern. Verkäufer von
der anderen Straßenseite kamen bedächtig herübergeschlendert.

Ich hielt es nicht mehr aus, torkelte völlig nass geschwitzt zu
meinem Rad, holte mein Schweizer Offiziersmesser hervor und
begann verzweifelt auf die Melone einzustechen. Die vielen Schaulustigen, die sich inzwischen im Kreis um mich versammelt hatten
und lachend »laowei« (Ausländer) riefen, hatten ihren Spaß. Ich
musste an den Horrorfilm »Halloween« denken, als ich immer wieder mein Messer in die Melone rammte. »Laowei, laowei«, lachten
die Umstehenden weiter. Ich war wie von Sinnen. Ich konnte die
Melone mit einem so kleinen Messer natürlich nicht in zwei Stücke
teilen, aber etwas öffnen konnte ich sie. Es gelang mir, ein kleines
Stück herauszuschneiden, das ich sofort gierig in den Mund steckte. Erst jetzt erbarmte sich ein Verkäufer, kniete sich mit einer großen Machete zu mir nieder, nahm die Melone und teilte sie in vier
gleich große Stücke.

Ich schmatzte und stöhnte, die Kerne aß ich mit, zum Ausspucken
war keine Zeit. Ich grub mein ganzes Gesicht in das Fleisch, der Saft
der köstlichen Melonen tropfte mir vom Kinn. Gerade hatte ich die
eine halb aufgegessen, bestellte ich schon die nächste. »Jigga« ... Erst
nach der dritten Riesenmelone und ein paar Schlucken Wasser, die
mir ein Schaulustiger inzwischen gereicht hatte, konnte ich wieder
ein wenig lachen. Meine Lebensgeister kehrten Melonenstück für
Melonenstück zurück. Ich versuchte, mich beim Verkäufer für mein
Geschrei zu entschuldigen, aber er verstand mich nicht. Ein rüder
Umgangston gehört in China zum Alltag und wird nicht so krumm
genommen wie zum Beispiel in Thailand.

Gesättigt von den wohlschmeckendsten Melonen, die ich jemals
gegessen habe, machte ich mich auf Hotelsuche, um den Dreck der
Wüste abzuwaschen und Vorbereitungen für die Etappe zur nächs-

Orientierung schwierig gemacht. Später, im stark bevölkerten Osten des Landes, verzweifele ich oft an diesen Straßenschildern.

ten Oase zu treffen. Mein Ziel hieß Dunhuang. Bei der Touristenpolizei hatte ich mein 30 Tage gültiges Visum um weitere 30 Tage verlängern können. Meine anfängliche Euphorie darüber, die islamische Welt endlich verlassen zu haben, relativierte sich nach etwa einem Monat äußerst anstrengenden Radfahrens in China. Auch in diesem Land gab es Schwierigkeiten, wenn auch ganz anderer Art, wie sich in den nächsten zwei Monaten auf der Strecke nach Peking und ans Gelbe Meer herausstellen sollte.

Spätestens nachdem ich die Industriestadt Langzhou in Zentralchina hinter mir gelassen hatte, war es vorbei mit dem Alleinsein und dem wilden Campen unter der unendlichen Ruhe des Sternenhimmels. Hatte ich in den riesigen Provinzen Xinjiang und Gansu noch etwas von dem alten, vorwiegend armen China kennengelernt, sah ich nun riesige Reisfelder links und rechts der Straße, die es unmöglich machten, das Zelt irgendwo in die Landschaft zu stellen. China schien eine einzige Baustelle zu sein, auf der riesige Projekte realisiert wurden. Flughäfen, Bahnhöfe, Straßen und westliche Shoppingcenter, in denen natürlich auch Mai Dan Glao (Mc Donald's) nicht fehlen durfte, wurden überall gebaut. Vor allem aber wurde es eng. Kein einsames Radfahren in der Wüste mehr, bei dem ich mich meinen Gedanken hingeben konnte, sondern Menschen überall.

Die Situation wurde für mich schnell zur psychischen Zerreißprobe. Wo immer ich auch anhielt, ich war innerhalb weniger Minuten von 30, 40 oder noch mehr Neugierigen umzingelt, die mich anstarrten. Einige redeten unentwegt in Mandarin auf mich ein, anscheinend nach dem Motto: Wenn ich 20-mal dasselbe zu ihm sage, dann muss er mich doch verstehen, das gibt's doch gar nicht. Aber mehrheitlich wollten sie mich anglotzen. Völlig emotionslos glotzen. Und das bei allem, was ich tat: essen, trinken, einen platten Reifen flicken, ausruhen, bezahlen, pinkeln, fragen. Sie gafften sogar, wenn ich mein großes Geschäft erledigen wollte.

Ich war in einem Ort, wo die Männer in einer offenen Gemeinschaftstoilette »Pupu« machen. 20 Männer pressten mit schmerzverzerrten Gesichtern und einer Zigarette im Mund heraus, was sie am Vorabend gegessen hatten. Mich drückte es so stark an diesem Morgen, dass ich meine Scham überwand. Ich betrat den übel riechenden Raum, zog meine Shorts runter und hockte mich auf die Klokante, die einen großen, kreisrunden Zirkel aus Beton bildete, mit Platz für ein Dutzend Männer. Einen Sichtschutz gab es nicht. Meine Leidensgenossen direkt links und rechts von mir starrten mich an, wobei sie ständig »laowei, laowei« sagten. Dabei furzten sie heftig. Der rechts räusperte sich so ausgiebig wie geräuschvoll und spuckte neben meine Füße, bevor er wieder einen Zug von seiner Zigarette nahm. Das alles geschah mit völliger Selbstverständlichkeit. Als sich dann auch noch Neugierige vor mich hinstellten, um mich genauestens zu inspizieren – wann kann man schon mal einen nackten Laowei-Popo begutachten – blockierte ich und klemmte ab, riss meine Hose wieder hoch und rannte unverrichteter Dinge hinaus. Erst 60 Minuten später fand ich einen Ort neben einem Reisfeld, wo ich mich auf die Schnelle unbeobachtet erleichtern konnte, bevor ich wieder das bekannte »laowei« hörte und sich der nächste Pulk aus Gaffern bildete.

Dieses Gestarre war anfangs noch ganz witzig und ich war es von Pakistan her gewohnt, aber im Gegensatz zu Pakistan konnte ich mich hier überhaupt nicht verständigen. Englisch sprechende Chinesen gibt es nur in den Großstädten im Osten, ansonsten musste ich versuchen, Mandarin, oder später, im Südwesten des Landes, Kantonesisch zu sprechen. Ich lernte, die 20 für mich wichtigsten Wörter: »Hallo«, »auf Wiedersehen«, »ja«, »nein«, »wie viel kostet es?«, »das da«, »zu teuer«, »gut«, »nicht gut«, »wo ist?«, »Hotel«, »verstehe nicht«, »Deutscher«, »Fahrrad«, »links«, »rechts«, »Essen«, »Wasser« und »ich liebe dich«, glaubte ich sagen zu können, außerdem die Zahlen bis zehn mit den entsprechenden Fingerzeichen. Doch die Tonsprache Mandarin ist eine harte Nuss, denn wenn ich ein Wort nur leicht falsch betonte, also am Ende z. B. nicht die Stimme anhob, sondern senkte, verstand mich niemand. Sagte ich also »Hotel, wo ist?«, »binguan, zai nali?«, mit der falschen Betonung, schickte man mich wie selbstverständlich zum Eisverkäufer, denn »binguan« heißt auch »Eis« und nicht nur »Hotel«.

Peking rückte immer näher. Längst hatte ich das westliche Ende der Chinesischen Mauer bei Jiayuguan und auch die erst vor wenigen Jahrzehnten entdeckten Terrakotta-Krieger von Xian hinter mir gelassen. War es in der Takla Makan noch einfach gewesen, die richtige Straße zu finden, gabelte sich nun die Strecke immer öfter. Die Schriftzeichen konnte ich nicht lesen, und die Städtenamen auch nur halbwegs verständlich auszusprechen war eine Herausforderung. Manchmal wiederholte ich den Namen der Stadt, in die ich gerade reisen wollte, zehnmal hintereinander in unterschiedlichen Betonungen, dennoch verstanden mich bestenfalls zwei von zehn Befragten. Mehrmals versuchte ich aus einer Stadt hinauszufinden, indem ich Passanten fragte, nur um nach einer vierstündigen Irrfahrt wieder am Hotel, dem Ausgangspunkt, anzukommen.

Das Allerschlimmste aber war es, nach einem langen Tag unterwegs ein Hotel ausfindig zu machen, den Aufenthalt darin zu ertragen und die Arien des Ein- und Auscheckens zu erdulden. Entdeckte ich nach vielem Fragen und Suchen ein Quartier, war noch lange nicht sicher, dass ich darin auch würde nächtigen können. Oftmals wurde ich mit den Worten »meio laowei« (keine Ausländer) schon an der Rezeption abgespeist, und auch mein gelerntes »wo ei ni« (ich liebe dich) half nicht, bei den vielen jungen Rezeptionistinnen das Eis zu brechen. Hatte das Hotel keine Lizenz, Ausländern ein Zimmer zu vermieten, dann gab es auch keine Ausnahme. Dass ich, erschöpft vom Tag, endlich einchecken wollte, interessierte verständlicherweise niemanden. In der Regel hatten die Billigabsteigen keine Lizenz, und je weiter ich nach Osten gelangte, desto tiefer musste ich in die Tasche greifen.

Fand ich dann ein Hotel, wurde mir ein Zettel zum Ausfüllen gereicht, natürlich in Mandarin. Ich schrieb wahllos meinen Namen,

Die Karstberge von Yangshuo, Südostchina, nahe der Grenze zu Vietnam.

Beruf und Nummer des Passes in die Spalten. Meistens war das okay, wenn nicht, wurde jemand zur Polizei geschickt, der dann mit einem einzigen in Englisch geschriebenen Formular zurückkam. Würde also ein anderer »laowei« auftauchen, dann würde wieder jemand zur Polizei gehen müssen. Jetzt ging es an die Zimmerbesichtigung und an das mühsame Aushandeln des Preises, den ich oft um 50 Prozent drücken konnte. Nachdem ich mein Zimmer bezahlt und eine zusätzliche Kaution hinterlegt hatte, fing die Diskussion um mein Fahrrad an, das ich nun abpacken wollte. Meistens durfte ich es mit auf das Zimmer nehmen, sonst fand sich oft ein Käfig, in dem die Räder eingeschlossen wurden. Ich sicherte meines aber immer zusätzlich mit der Kette und nahm stets den Bordcomputer und die Trinkflaschen ab, manchmal sogar den Sattel. Fahrstühle gab es nur selten, und oft bekam ich ein Zimmer im vierten oder fünften Stock. Wenn der Tag mich nicht zu sehr ermüdet hatte, astete ich die 35 Kilogramm Gepäck auf einmal nach oben. Die Trinkflaschen kamen in den Rucksack, den ich auf den Rücken schnallte, in die Hände nahm ich jeweils zwei Taschen, unter die Arme klemmte ich die beiden noch verbleibenden Gepäckrollen und schleppte unter den Augen der Bediensteten los. Hilfe bekam ich selten, auch dann nicht, wenn ich mal wieder über einen Spucknapf stolperte, der am Boden aufgestellt war. Oben angekommen, wartete ich auf den stets weiblichen »floor attendant«, eine Art Etagenconcièrge, die meist am Anfang des Flurs ihr armseliges Gemach hat und mit einem großen Ring bewaffnet ist, an dem Massen von Zimmerschlüsseln hängen. Sie schließt dem Gast auf, sooft er es möchte, einen eigenen Zimmerschlüssel bekommt man nicht.

Die Prozedur des Eincheckens hatte ich nun glücklich hinter mich gebracht, doch hieß das noch lange nicht, dass nun Entspannung angesagt war. Zwar stand auf dem Zimmer eine große Thermoskanne mit heißem Wasser zur Verfügung, sodass ich mir einen Tee aufgießen konnte, aber manchmal flogen kleine Steinchen ans Fenster, begleitet von einem hochgezogenen »helooooo« oder »laowei, laowei …« Kinder wollten mich sehen, oft klingelte das Haustelefon und eine Prostituierte sagte »amor«, sonst nichts, nur »amor«, und legte wieder auf, wenn keine Antwort kam. Häufig klingelte es bis in die Nacht hinein, sodass ich den Hörer von der Gabel nehmen musste. Auch Polizisten klopften gelegentlich an die Tür und kontrollierten mit aufreizender Geduld meine Papiere, denn jeder Ausländer muss gemeldet werden. Währenddessen qualmten sie mein Zimmer mit Zigarettenrauch zu. (Gibt es auch Chinesen, die nicht rauchen?) Erst nachdem ich sie mehrfach dazu aufgefordert hatte, machten sie ihre Glimmstengel widerwillig aus. Hatte ich all das überstanden, blieb mir, wollte ich endlich schlafen, oft nur die Flucht zu den Ohrstöpseln. Chinesen lassen ihre Hotelzimmertüren gerne offen stehen und schreien sich einander über den Flur hinweg alles Mögliche zu.

Am nächsten Morgen wurde ich dann zuverlässig von lautstarkem Gespucke auf dem Flur geweckt. Manchmal wurde ins dafür vorgesehene Töpfchen auf dem Boden gespuckt, sonst halt in irgendeine Ecke. Ich wuchtete mein Gepäck wieder hinunter zur Rezeption, die Rezeptionistin telefonierte mit der Etagenconcièrge, die daraufhin das Zimmer kontrollierte und über dessen Zustand Bericht erstattete. War alles okay, bekam ich mein »yajin«, meine Kaution, zurück. Andernfalls begannen Diskussionen um die Schadenshöhe und darum, wie viel »yajin« einbehalten werden sollte. Erst dann begab ich mich wieder zu meinem angeketteten Rad, wo schon viele Laowei-Gucker aufgeregt meine Ankunft erwarteten, und packte auf. Etwa acht bis zehn Stunden später fragte ich in der nächsten Stadt nach einem »binguan«. Das Spiel begann von vorn.

»Thank you for teaching, Carl-sensei« – Als Lehrer in Japan

» You can fix a puncture all by yourself? That's cool!«

(Japanischer Radfahrer)

»Oh, you can eat rice!«

*(Japaner, die dachten,
dass wir Weißen nur Kartoffeln essen)*

Meine Route durch Asien war wenig strukturiert. Sie ergab sich wie von selbst. Südostasien erreicht ein mit dem Rad Reisender auf dem Landweg nur über China. Die andere Möglichkeit wäre, bis Indien oder Bangladesh zu fahren, um dann beispielsweise nach Thailand oder Vietnam zu fliegen und die Reise von dort fortzusetzen. Ich wollte auf dieser Weltreise möglichst viele Länder durchqueren, die ich noch nicht kannte. Eines rangierte ganz weit oben auf meiner Wunschliste: Japan.

Wie die meisten Menschen, verband ich bestimmte Dinge mit dem Land der aufgehenden Sonne: Fuji, Sumo, Geisha, Karate, Samurai, Kendo, Onsen, Kamikaze, Sushi, Kimono sind Begriffe, von denen wir alle eine bestimmte Vorstellung haben. Die Japaner kannte ich bis dahin nur als im Rudel auftretende, mit Kameras bewaffnete umherhetzende Touristen in den reichen Länder der westlichen Welt. Die wenigen Einzelreisenden, die ich getroffen hatte, sprachen meistens keine Fremdsprache, wirkten schüchtern und etwas verschlossen, aber immer sehr angenehm auf mich.

Bei den typischen abendlichen Treffen mit Globetrottern aus verschiedenen Ländern stellte ich immer wieder fest, dass nur wenige von ihnen Japan bereist hatten. Diejenigen, die dort gewesen waren, hatten nach wenigen Tagen im Tempo des Hochgeschwindigkeitszuges Shinkansen wieder die Flucht ergriffen.»Unbezahlbar«, hörte ich immer wieder. Japan gehört nicht zu den Stationen des Traveller-Wanderzirkus wie Thailand, die Philippinen, Malaysia, Indien, Nepal oder Indonesien, und es war genau das, was mich dort hinzog.

Mit der Fähre von Pusan in Südkorea kam ich in Shimonoseki an. Innerhalb von 24 Stunden konnte ich nur zu gut nachvollziehen, warum so viele Reisende Japan möglichst schnell wieder verlassen. Ich war umgerechnet 100 US-Dollar los und hatte nur geschlafen und gegessen. Sonst nichts. Ein untragbares Budget für einen Langzeitreisenden. Was tun? Mit der nächsten Fähre zurück ins etwas preisgünstigere Korea oder direkt auf die Philippinen fliegen? In einem Zimmer eines billigen Business-Hotels sitzend, das gemütlich, aber nicht größer war als bei uns ein großzügig angelegtes WC mit Dusche, zerbrach ich mir den Kopf darüber. Bei einem Asahi Super Dry Bier entschied ich mich für eine Erkundung. Nun war ich schon mal hier und wollte zumindest einen kleinen Eindruck vom hiesigen Leben bekommen. Ich nahm mir aber vor, flott zu radeln.

Vorbei an Nagasaki und Fukuoka fuhr ich bis Kagoshima auf Kyushu. Kosten sparte ich, indem ich grundsätzlich wild campte und mich mit meinem Kocher selbst beköstigte. Ich schlug mein Nachtlager auf Golfplätzen, unter Brücken, an Stränden, im Wald oder ganz frech auf den Parkplätzen der Supermärkte auf. Die Japaner streben nach Harmonie und ließen mich gewähren. Nur etwa alle fünf Nächte nahm ich eine Unterkunft, um mich und einige Kleidungsstücke zu waschen. Ich mied die Großstädte und fand eine wenig befahrene Nebenstrecke durch das bergige Kyushu. Japan und seine Kultur blieben mir bei dieser Art des Reisens aber weitgehend verschlossen.

Mit einer Fähre fuhr ich auf die Inseln von Okinawa. Ich wunderte mich über die vielen weißen Männer, als ich durch die Straßen Nahas, des Hauptortes des Archipels, lief. Den Grund dafür erfuhr ich, als ich in der Umgebung des Ortes an endlosen Stacheldrahtzäunen entlangfuhr: Hier befindet sich die größte amerikanische Militärbasis Asiens. Auf meiner Runde um die Insel wurde ich anfangs nicht sehr freundlich behandelt und fühlte mich bei den Okinawern nicht willkommen. Man hielt mich überall für einen US-Soldaten, und die sind dort nur geduldet. Sowie ich aber klarstellte, dass ich »doitsu-gin« (Deutscher) bin und nicht Amerikaner, wendete sich das Blatt schlagartig. Deutsche sind beliebt in Japan. Oft bekam ich Sushi geschenkt, sogar abends beim Zelten am Strand wurde ich versorgt. Der Fisch, den die Dorfbewohnerinnen mir überreichten, wurde nicht einfach vor mir hingeknallt, nein, wie in Japan üblich, knieten sich die Frauen vor mich in den Sand, dabei entschuldigten sie sich, mich zu stören, indem sie »sumimasen« (Entschuldigen Sie) sagten. Der im Nori und gesäuerten Reis gerollte Fisch, bei uns als Sushi bekannt, wurde mir mit beiden Händen hingehalten, dabei beugten sie ihren Oberkörper so weit hinunter, dass ihre gestreckten Hände oberhalb des Kopf verharrten. So zeigten sie mir ihren Respekt. Erst dann nahm ich die in Sojasoße getränkte köstliche Speise in Empfang. Langsam erhoben sie sich wieder und verbeugten sich noch einmal vor mir, bevor sie wieder in ihr Dorf verschwanden.

Japaner verbeugen sich generell tiefer und länger als Koreaner. Der im sozialen Leben Niedrigerstehende verneigt sich gegenüber dem Höherstehenden tiefer: also der Angestellte vor seinem Chef, der Junge vor dem Alten, das Kind vor einem Erwachsenen, der Verkäufer vor dem Käufer. Auch vor dem Ausländer verbeugt man sich, um Respekt zu bezeugen. Ich erlebte mehrfach, dass Schulkinder, die mich heranfahren sahen, sich am Straßenrand vor mir verneigten, bis ich vorbeigefahren war, und erst dann weiterliefen. Ein Kontrast zu den Kindern Pakistans oder Westafrikas, der größer nicht sein konnte.

Die ungewöhnlich hohe Anzahl sehr alter Menschen fiel mir auf. Auf Okinawa werden die Bewohner im Durchschnitt älter als in anderen Teilen der Welt. Die Gründe hierfür liegen klar auf der Hand. Es herrscht ein ganzjährig stabiles Klima ohne extreme Hitze oder Kälte, die Menschen bewegen sich regelmäßig, denn sie arbeiten vorwiegend in der Landwirtschaft und bestellen ihre Felder oder sie gehen dem Fischfang nach, ohne dabei gehetzt zu wirken. Sie sind sehr gesellig und lachen und reden überall miteinander und sie ernähren sich größtenteils von dem, was das Meer hergibt – Fisch, Muscheln, verschiedene Algen – und von Goya, einer sehr vitaminreichen Kürbisart. Das Ergebnis: viele Menschen, die älter als 100 Jahre sind, mit Gesichtsfalten, tief wie ein Canyon. Sie zeigen uns Westeuropäern, wie man richtig alt wird und dabei agil bleibt.

Vier Wochen, nachdem ich in Japan angekommen war, verließ ich es schon wieder und flog nach Hongkong zu einer Schulfreundin, die jetzt mit ihrer Familie dort lebt. Ich wäre gern länger in Japan geblieben, »wenn es doch bloß nicht so teuer wäre«, erzählte nun auch ich herum.

Die Entscheidung etwa ein Jahr später, doch noch einmal dorthin zu reisen, war schnell gefällt: Ich hatte mich verliebt. Mariko Tonochi hieß die zierliche Schönheit, und sie kam aus Osaka. Dass sie, gemessen an anderen japanischen Frauen, eine Rebellin war, wurde mir erst später klar. Sie reiste alleine durch Südostasien, jobbte in Japan nur, um es wieder verlassen zu können, und liebte wie viele Japanerinnen Paris, weil es so romantisch ist und viele historische Gebäude hat. Sie genoss ihre wiedererlangte Freiheit, denn sie war von einem Mann geschieden, der bedingungslosen Gehorsam gefordert hatte.

Ich traf Mariko in Südthailand, als ich auf einem sogenannten »visa run« war. Mein Visum für Thailand war abgelaufen und ich fuhr mit einem Bus für zwei Tage hinüber nach Malaysia, um danach weitere drei Monate in Thailand bleiben zu können. Ich hatte meine temporäre Basis auf der Tropeninsel Ko Samui aufgeschlagen und trainierte Muay Thai (Thaiboxen), den Nationalsport der Thais. Es war mein erster langer Aufenthalt. Nach 144 Wochen unterwegs war ich des ewigen Weiterfahrens müde und verspürte das Bedürfnis, länger an einem Ort zu bleiben und etwas anderes zu tun, als immer nur Rad zu fahren. Auf diese Weise wollte ich mir die Lust am Tourenfahren zurückholen. Thailand bot sich für solch eine Auszeit an. Die Thais sind ebenso wie die Japaner sehr sanfte, tolerante Menschen mit einer interessanten Kultur. Beide Nationen legen Wert auf Etikette und Erscheinungsbild, doch in Thailand verbeugt man sich nicht, sondern faltet die Hände vor der Brust oder, je nach Respekt, vor dem Kopf zusammen. Beides sind buddhistische Nationen und beide haben eine fantastische Küche. Etwas, das sie nicht gemeinsam haben, gab den Ausschlag für Thailand: Der Thai Baht kostet erheblich weniger und das Land bietet dem Reisenden ein super Preis-Leistungs-Verhältnis.

Seit drei Monaten verweilte ich auf Ko Samui, wo ich eine billige Hütte direkt am Strand von Lamai gemietet hatte. Wochenmiete ca. 40 US-Dollar, Wellenrauschen und Meerblick inklusive. Die umherlaufenden Kakerlaken sah ich als meine Haustiere an. Ich hatte mich an die flinken Läufer gewöhnt und haute sie nur platt, wenn sie mit mir kuscheln und ins Bett kommen wollten.

Mariko, die ursprünglich nach Malaysia und Singapur wollte, änderte ihre Reisepläne und kam mit mir zurück nach Thailand, und ich änderte die Haustierordnung, denn Mariko geriet in Panik, wenn mal wieder eine Schabe mit ihren langen Fühlern auf Tour ging. Entschlossen stürmte ich heran, wenn ich einen Aufschrei hörte, zog einen meiner Latschen aus und schlug zu. Es knackte und eines meiner Tierchen war Matsch.

Abgesehen von den Krabblern genoss auch Mariko diesen Flecken Erde, und wir verbrachten romantische Wochen hier. Wir badeten viel, redeten stundenlang am Strand, wo wir den auf und ab pendelnden Verkäufern Essen abkauften, erkundeten die Insel per Fahrrad, guckten Videos in den offenen Restaurants, während wir auf das Essen warteten, und vergnügten uns in den vielen Bars des Ortes. An einem Tag ging ich joggen und den nächsten Tag zum Muay-Thai-Training. Ich joggte gern zu einem Aussichtspunkt, der Heavens Garden hieß und auf dem ein Mönch Getränke verkaufte. Ich wusste nicht, was gefährlicher war: beim Sparring gegen einen Thaiboxer im Ring zu stehen oder hier hochzujoggen. Im Ring drohten Fäuste, Knie und Ellenbogen, mich auf den Boden zu befördern, und beim Joggen drohten mächtige Kokosnüsse, mich auszuknocken. Für Ausländer sind die herabfallenden Kokosnüsse eine der größten Gefahren in den Tropen. Oftmals belächelt, aber durchaus tödlich beim Aufprall auf den Kopf. Die vielen Schlangen dagegen waren in der Regel ungefährlich, sie verschwanden meistens schnell im Gebüsch. Blieb eine lässig am Wegesrand liegen, wusste ich, dass Vorsicht geboten war, denn langsame Schlangen gelten als giftig.

Im Muay Thai machte ich Fortschritte. Ein 60-minütiges Training erschöpfte mich mehr als ein ganzer Tag auf dem Fahrrad. Im Sparring, bei dem ich Tritte und Schläge gegen meinen gut gepolsterten Trainer auszuführen hatte, japste ich nach drei Runden so nach Luft, als wäre ich gerade nach Alpe d'Huez hochgeradelt. Mein Trainer war einer der Wenigen, die es geschafft haben, mit dieser Kampfsportart der bitteren Armut der Isaan-Provinz im Nordosten Thailands zu entkommen. Im berühmt-berüchtigten Lumpini-Stadion in Bangkok gewann er viele Kämpfe und die Kasse klingelte. Dort finden die richtigen Kämpfe statt, nicht in den Touristenzentren. Im Lumpini geht es für viele um top oder flop. Nur die Besten können von den Siegerprämien gut leben, die anderen gehen zurück auf die Reisfelder ihrer Väter. Entsprechend heißblütig werden die Kämpfe geführt. Die Zuschauer wetten auf ihren Kämpfer und feuern ihn frenetisch an. Wie beim Hahnenkampf auf den Philippinen wird auch bei den Muay-Thai-Kämpfen jeder Treffer bejubelt, nur geht es hier weitaus wilder zu.

Mein Trainer kaufte nach Beendigung seiner Karriere von den Siegerprämien ein Haus für seine Eltern und für sich selbst eine kleine Kampfschule. Er unterrichtete nun jeden, der das Thaiboxen lernen wollte, sogar einen Radfahrer aus Hamburg. »You have good punch«, feuerte er mich in gebrochenem Englisch an, »bald bist du bereit für deinen ersten Kampf.«

Es gibt in Thailand regelmäßig Kämpfe zwischen »falangs« (hellhäutigen Ausländern) und Thais. Dabei ist immer mächtig was los, denn es geht ja für die Thais um die Verteidigung der Ehre ihres Nationalsports, der auch im Ausland immer beliebter wird. Ich willigte zu einem Sparring gegen einen Thai ein, der zwar mit Handschuhen, aber ohne Kopf- oder Bauchschutz geführt wurde. Was für eine törichte Entscheidung! Innerhalb einer Minute bekam ich ein blitzschnell hochgezogenes Knie in die Magengegend, was mich fast in die ewigen Jagdgründe befördert hätte. So musste sich jede von mir zerquetschte Kakerlake fühlen. Erst Minuten später konnte ich, neben dem Ring liegend, wieder flach, aber halbwegs schmerzfrei atmen. Zum Glück guckt Mariko nicht zu, dachte ich nur, leicht beschämt. Dieser Kampf beendete im wahrsten Sinne des Wortes schlagartig die Karriere des Rad fahrenden Muay-Thai-Boxers Janz. Kein gutes Zureden meines Trainers half. In einem richtigen Kampf wäre ich wohl zu Brei gehauen worden. Zwei Tage vergingen, bis mir mein Khao pat gai (Reis mit Hühnchen) wieder schmeckte. Ich beließ es von nun an beim Training.

Mit jedem Sonnenuntergang, den ich mir am Strand zusammen mit Mariko anschaute, wurde sie trauriger. Das Datum ihres Rückfluges nach Osaka rückte unaufhaltsam näher. Als sie mir vorschlug, mit ihr zu kommen, überlegte ich nicht lange. Ich würde bei ihr wohnen können und somit Geld sparen, würde nun endlich einmal das richtige Leben in einer japanischen Großstadt kennenlernen, hätte einen Dolmetscher dabei, der mir helfen würde, mich zurechtzufinden, und könnte weiter mit ihr zusammen sein. Außerdem bestünde für mich die Chance, eine Arbeit zu finden, ermutigte sie mich.

Drei Tage später schlürfte ich die erste Schüssel Ramen (Nudelsuppe) in einem Restaurant in Osaka. Wir besuchten die nahe gelege-

19

20

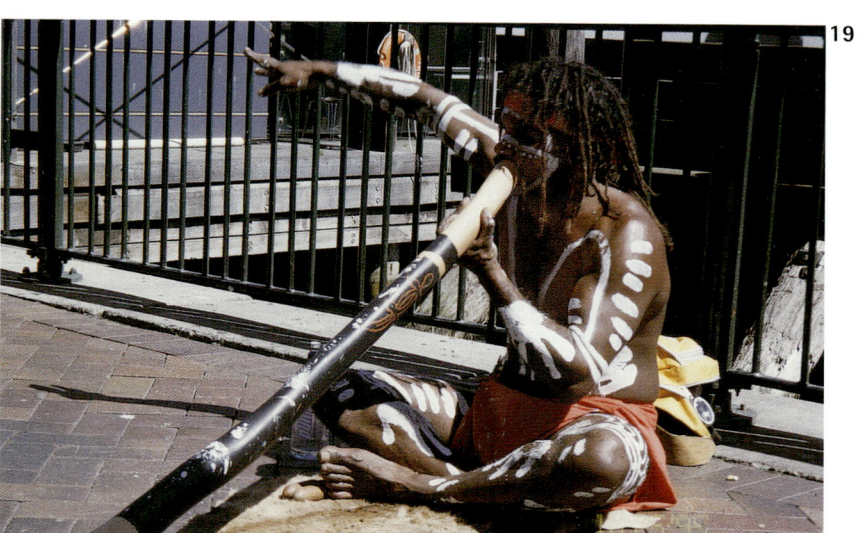

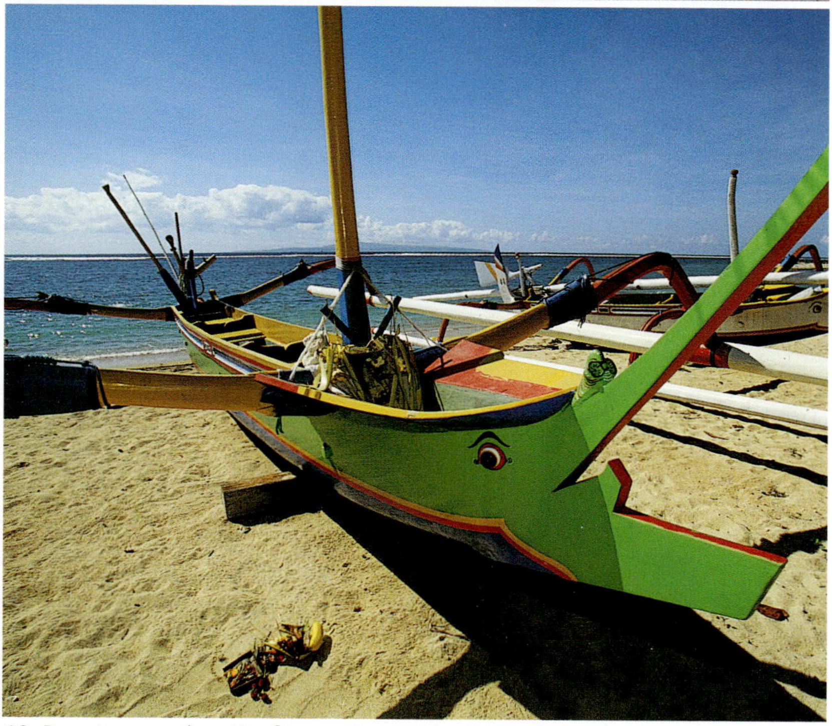

19 *Der etwas andere Straßenmusikant: Aboriginae in Perth, Australien*

20 *Fischerboot auf Bali*

21

22

23

21 »Straßen-Zug«: austra-
lischer Roadtrain

22 Halbzeit meines Rad-
ausflugs: Sydney im
Dezember 2003. Von
hier aus fliege ich
nach Auckland auf
Neuseeland

23 »Wait a minute, Mister
Postman!«: Die vielen
abgelegenen Farmen
erhalten ihre Post an
einem zentralen Ort

24 »Twelve Apostels«: Great
Ocean Road, Australien

24

25

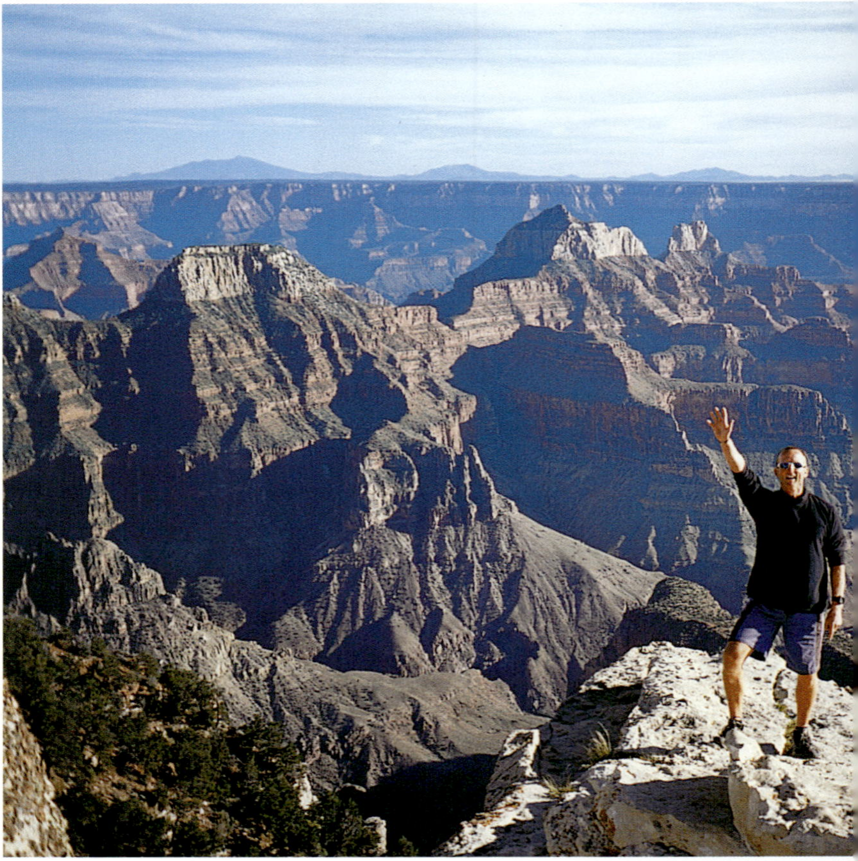

25 Man muss einfach einmal selbst hinunterstarren: North Rim, Grand Canyon

26 Pffffffffffffff ... – eine von insgesamt 83 Reifenpannen, hier am Yukon, Kanada

27 Nur noch wenige Tage bis zur am schnellsten wachsenden Stadt der USA: Las Vegas

28 Warten auf die Fähre in La Paz, Baja California/Mexiko

29 »Go West!« – Monument Valley, Utah/USA

26

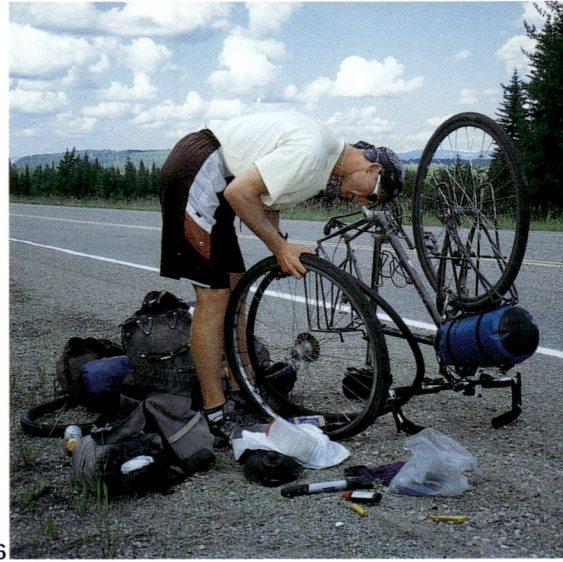

30

31

32

33

34 *Karibische Wärme: mit Rosita in Havanna*

35 *Schneesturm am letzten Radeltag auf dem amerikanischen Kontinent: Feuerland, Argentinien*

36 *Arktische Kälte: Nachtlager im peruanischen Hochland bei Juliaca, auf etwa 4300 m Höhe*

nen Städte Kobe und Kyoto, und eines wurde mir schnell klar: Diese Region war wie geschaffen, um zu arbeiten, aber sicherlich nicht, um abzuhängen und wie auf Ko Samui das Leben eines Aussteigers zu führen. Osaka selbst hat nur 2,5 Millionen Einwohner. Die gesamte Kansai-Region, wie man das Ballungsgebiet um die drei Städte Osaka, Kyoto und Kobe nennt, umfasst jedoch 18 Millionen Menschen. In dieser Region kam ich nie richtig aus der Stadt heraus. Hatte ich gerade das Gefühl, Osaka zu verlassen, baute sich schon Kobe vor mir auf. Der erste Eindruck, den ich in Shimonoseki bei meinem ersten Besuch gehabt hatte, wurde hier wie durch ein Brennglas verstärkt. 18 Millionen Menschen waren Tag für Tag zielstrebig wie von einem Computer gesteuert unterwegs, meistens von der oder zur Arbeit. Ein sehr krasser Gegensatz zu den Ländern, die ich im Jahr zuvor besucht hatte: Philippinen, Südchina, Vietnam, Kambodscha, Thailand und Laos.

Nach nur einer Woche hatte Mariko Arbeit gefunden und begann Geld zu verdienen, und auch ich wollte versuchen, mit dem Strom zu schwimmen und in die Welt der japanischen Arbeitsbienen einzutauchen. Doch wo anfangen zu suchen und was überhaupt arbeiten? Ein »gaijin«, also ein Ausländer (wörtlich: Mensch von draußen), hat drei verschiedene Möglichkeiten, in Japan Yen zu verdienen: als Model, als Barmann oder als Sprachlehrer. Nach einem kritischen Blick in den Spiegel erübrigte sich das Modeln, und nach mehreren fehlgeschlagenen Bewerbungen in einigen Bars, wo sich gern Ausländer aufhalten, auch das Bierzapfen. Es blieb das Lehren einer Fremdsprache, vornehmlich Englisch. Ich bewarb mich bei einigen renommierten Schulen in Osaka, bekam aber als Nicht-Muttersprachler im Englischen zunächst keinen Fuß unter den Lehrertisch.

Ich hatte einen sechswöchigen Aufenthalt in Japan geplant, mein Rückflug nach Thailand war schon gebucht. Sechs Wochen wollte ich mir nun geben, um Arbeit zu finden, nicht mehr. Die Tage und Wochen verstrichen, ich blieb erfolglos. Um mich abzulenken, joggte ich viermal wöchentlich am Mukogawafluss entlang. Dort kam ich eines Tages mit dem Engländer Matthew ins Gespräch, der seit fünf

Jahren genau den Job machte, den ich suchte. Er gab mir den Tipp, mich an kleineren Schulen zu bewerben und dort unbedingt zu lügen, um den Job zu bekommen. »Sag ihnen, dass du hier heiraten möchtest, dann glauben sie, dass du vorhast, lange zu bleiben, und wenn du deine Chancen erhöhen willst, erzähle nichts von deiner Weltreise, sondern dass du als Deutscher jetzt in Australien lebst.« Von Neuem ermutigt, suchte ich weiter und wurde eines Abends von Mariko zu dem Lehrer gebracht, bei dem sie Unterricht nahm. Er erzählte mir von einer Schule, die auch Deutschunterricht anbot. Outdoor Englisch Club hieß sie, oder auch: OEC. »Das ist deine Chance«, sagte er, als er mir die Adresse gab. Ich schrieb also eine Bewerbung und bekam eine Woche vor meinem Abflugtermin eine Einladung zum persönlichen Gespräch. Kurz vor dem Interview investierte ich noch in eine Krawatte für 2500 Yen (50 DM). Eine lohnende Investition, wie sich später herausstellte.

Meine Lügen hatten sehr kurze Beine, als ich mich bei dem in englischer Sprache geführten Interview vorstellte, wie Matthew es mir empfohlen hatte. Ich fühlte mich nicht gut dabei, die Unwahrheit zu erzählen, doch der Manager, der begeistert von meinen Englischkenntnissen zu sein schien, machte mir Hoffnung: »Eventuell könntest du auch Englisch unterrichten, du sprichst sehr gut.« Zwei Tage vor dem Rückflug bestätigte ich meinen Sitzplatz und bereitete mich schon auf den Abschied vor, als ich am Spätnachmittag den positiven Bescheid der Schule bekam. Ich hatte einen Job als Englisch- und Deutschlehrer und mein Training sollte unverzüglich beginnen. Ich entschied mich, diese einzigartige Herausforderung anzunehmen, und mein Platz im Flugzeug nach Bangkok blieb leer. So konnte ich weiter mit Mariko zusammen sein, neue Erfahrungen sammeln und hoffentlich meine Reisekasse auffüllen.

Meine Ausbildung dauerte eine Woche. Während dieser Zeit wurde ich derart mit Informationen zugepflastert, dass mein Kopf rauchte wie ein Schornstein im Ruhrpott. Ich lernte die Lehrmaterialien für die unterschiedlichen Unterrichtsstufen kennen. Die »Levels« waren durch Farben gekennzeichnet: Hellgrün für blutige

Anfänger, Pink, Orange und Rot für die mittlere Stufe und Grün, Blau und Gelb für die Fortgeschrittenen. Die wenigen Schüler der sehr hohen Levels Silber und Gold, die besser Englisch sprachen als ich, unterrichtete ich nicht. Die große Mehrheit der Schüler hatte Levels zwischen Pink und Grün. Die 50-minütigen Unterrichtsstunden gliederten sich in ein Warm-up, also ein Warmreden, eine Lektion und eine Cool-down-Phase, in der Belanglosigkeiten ausgetauscht werden. Ich observierte den Unterricht von erfahrenen Lehrern, um einen Eindruck vom Stundenablauf zu bekommen. Als ich ihn einigermaßen verinnerlicht hatte, lernte ich dasselbe von einem der beiden Manager der Schule, einem Schweizer, der die Deutschklassen unterrichtete. Als ob all das noch nicht genug gewesen wäre, wurde ich ins etwa 60 Kilometer entfernte Akashi geschickt, wo sich eine der vier OEC-Schulen befand. Dort lernte ich alles über das Unterrichten von Kindern. Ich hatte mich beim Interview bereit erklärt, mich auch an diesen kleinen Monstern zu versuchen, nicht ahnend, auf was ich mich da eingelassen hatte.

Nach einer Woche ging alles sehr schnell. Ich unterschrieb einen Teilzeitvertrag und kaufte ein paar salonfähige Klamotten, denn Jeans und T-Shirt waren tabu. Ich musste also in ein paar Stoffhosen, Hemden und Krawatten investieren, und schon stand meine erste Stunde als Lehrer in Japan an.

Natürlich war ich nervös, als ich die beiden ersten Schüler aufrief. Ich bemühte mich, professionell zu erscheinen, und trat nebst neun anderen Lehrern vor die vielen wartenden Schüler. »Igarashi-san« und »Goto-san, please«, sagte ich. »San« ist die persönliche Anrede, wie bei uns Herr oder Frau, und zeigt außerdem Achtung. Bewaffnet mit zwei Ordnern, die die Unterlagen der beiden Green-Level-Schüler enthielten, führte ich diese in einen kleinen Raum, den ich vorbereitet hatte. »Mein Name ist Carl, ich komme aus Deutschland und bin ein neuer OEC-Lehrer«, stellte ich mich vor. (In vielen Ländern nannte ich mich Carl, weil Carsten schwer auszusprechen und zu behalten ist.) Die Schüler machten sich ebenfalls bekannt, erzählten ein wenig von sich und dann ging ich zu meiner eigentlichen

Stunde über. Sie hieß »Stranded in the Desert«, eine Überlebenslektion, in der der Fahrer eines Campervans eine Panne in der Wüste hat und sich zu Fuß durchschlagen muss. Ein Thema, bei dem ich glänzen konnte. Die Zeit verging wie im Flug und nach kurzweiliger Unterhaltung läutete der Gong, der das Ende der Stunde anzeigte. In den nächsten Monaten wurde »Stranded in the Desert« zu einer meiner Lieblingslektionen, die mich mehr begeisterte als meine Schüler. Zehn Minuten hatte ich zwischen den Stunden, um mich zu verabschieden, eine kurze Beurteilung über jeden Schüler in den Ordner einzutragen, die neuen Ordner für die nächsten 50 Minuten zu greifen, wieder hinauszutreten und die nächsten Namen aufzurufen. Ich wurschtelte mich langsam rein.

Gleichzeitig machte ich mich in Akashi ans Kids-Teaching heran. Auch hier gab es verschiedene Klassen: Chicks waren die Dreijährigen, Bunnys die Vierjährigen, Koalas die Fünfjährigen usw. Das Lernen mit den Kindern war oftmals anstrengender als eine Stunde mit Erwachsenen. In einer Klasse waren bis zu sechs Kinder, die häufig einen unterschiedlichen Wissensstand hatten. Ein Lehrer veranstaltet viele verschiedene Dinge innerhalb einer Stunde, denn die Kleinen sind natürlich sehr schnell gelangweilt. Der Unterricht ist eine Art organisiertes Spielen mit Singen, Alphabetbuchstabieren, Malen und Arbeit mit einem Lehrbuch – für die Kids der ödeste Teil der Stunde. Einige Klassen waren eine reine Freude, insbesondere wenn sie nur aus »onnanokos« (Mädchen) bestanden. Sie saßen in der traditionellen Seiza-Position (kniend und auf den Fersen hockend) geduldig da, um die ersten Worte in einer für sie so merkwürdigen Sprache mit einem noch merkwürdiger aussehenden »sensei« (Lehrer) zu üben. Andere Klassen, in denen meist die Jungen dominierten, waren nervtötend und ermüdend, wenn die Schüler sich nicht benehmen wollten. Bevor der Drill des japanischen Schulsystems einsetzt, dürfen Kinder so ziemlich alles tun, ohne von ihren Eltern zurechtgewiesen zu werden.

Tja, und dann war da noch der Deutschunterricht. Sehr schnell wurde mir unbehaglich zumute. Mir stand nur ein superlangweili-

Schüchterne japanische Kinder versuchen sich in einer für sie fremden Sprache – und das mit einem ebenso befremdlich wirkenden »gaijin«.

ges, veraltetes Buch zur Verfügung, im Gegensatz zu den 20 Büchern für den Englischunterricht, aus denen ich Material auswählen konnte. Auch die Schülerinnen, die Deutsch lernen wollten, waren ein besonderer Schlag. Sie interessierten sich für deutsche oder österreichische Kultur, für Opernsängerinnen oder sie spielten Geige.

»Bitte stellen Sie sich vor.«

»Was haben Sie heute gemacht?«

»Was gefällt Ihnen an Deutschland?«

»Haben Sie das Schloss Neuschwanstein schon einmal besucht?«

»Kennen Sie die Uhr?«

Ich mogelte mich durch den Unterricht. Es fiel mir schwerer, meine Muttersprache zu lehren als Englisch. Glücklicherweise gab es nur ungefähr 30 Schüler, die diese für sie schwierige Sprache erlernen wollten. Einige wenige versuchten sich auch in Spanisch oder Französisch, die große Mehrheit aber buchte Englisch. Die ersten Gehälter rollten ein, immer am 20. des Monats und immer in bar in einem Umschlag ausgezahlt. Das hoch technisierte Japan gibt seinen Angestellten Lohntüten in die Hand. Cash ist King. Als Teilzeitbeschäftigter konnte ich von dem Verdienten leben, sparen lag aber nicht drin. Ich zog mit Mariko von ihrer Wohnwabe in ein größeres Apartment in der Stadt Nishinomiya, die genau zwischen Osaka und Kobe liegt, und sah mich in meiner Freizeit nach Lehrmaterial um. Im Verlauf der nächsten Monate suchte ich mir 80 verschiedene Lektionen zusammen, die mir besser lagen als die bisherigen. Lektionen, mit denen ich professionell auftreten konnte und bei denen ich keine Angst vor Fragen haben musste, die ich nicht beantworten konnte. Mit diesen 80 Lektionen konnte ich alle unterschiedlichen Levels unterrichten. Ich behandelte Themen aus den Bereichen Sport, Reisen und Landeskunde, als leichtere Kost bot ich Lektionen an, die den zwischenmenschlichen Umgang zum Gegenstand hatten.

Die Zeit flog dahin, und ehe ich mich versah, saß ich mit Mariko unter einem blühenden Kirschbaum (»sakura« wird diese kurze Zeit genannt) und machte Picknick in wärmender Frühlingssonne. Sie half mir, wo immer sie konnte, denn es war für mich weiterhin schwierig, mich zurechtzufinden. Ich konnte nichts lesen und deshalb auch nichts finden, die Menschen auf der Straße gingen oftmals weiter, wenn ich einmal die Orientierung verloren hatte und sie etwas auf Englisch fragte, denn sie hatten Angst, meine Frage nicht beantworten zu können, und wollten nicht ihr Gesicht verlieren. Ich staunte über die mit weißen Handschuhen bekleideten Taxi- und Busfahrer, über sprechende Rolltreppen und riesige Neonreklamen, über die Keitai-(Mobiltelefon-)Besessenheit, über kichernde Schulmädchen, die hysterisch ausflippten, wenn ich an ihnen vorbeiging, über die vielen Schlips tragenden Business-Männer, die irgendwie alle gleich aussahen, und die vielen gut riechenden Frauen mit strohblond gefärbten Haaren und einer Designerhandtasche in der Ellenbeuge, über die an jeder Ecke aufgestellten Automaten, in denen man nicht nur Getränke und komplette warme Speisen, sondern auch gebrauchte Schlüpfer von Schulmädchen, inklusive eines Fotos, kaufen konnte, und über die in den Schaufenstern der Restaurants ausgestellten Plastikmodelle der erhältlichen Speisen: Sehr praktisch für einen nicht Japanisch sprechenden hungrigen Besucher des Landes. Konnte ich mich in den Lokalen nicht verständlich machen, nahm ich eine der kichernden Serviererinnen am Arm, zog sie vor die Tür und zeigte auf die Speise, die ich bestellen wollte. Das Essen kam exakt in der Form wie im Fenster ausgestellt, begleitet von einer Verbeugung der Kellnerin und einem von Herzen kommenden »Itadakimas« (Guten Appetit).

Vor allem aber staunte ich über das perfekte Bahnsystem, das täglich Millionen Menschen zur Arbeit und zurück nach Haus beförderte. Während einer einzigen Arbeitswoche verbrachte ich zwölf Stunden in öffentlichen Verkehrsmitteln. Der zentrale Bahnhof Osakas heißt Umeda und ist ein Sackbahnhof mit 21 Gleisen und weiteren drei Linien, die hier alle zusammentreffen. Von oben betrachtet ähnelt die Masse der umhereilenden Menschen dem Gewimmel in einem gigantischen Ameisenhaufen. Ich wurde hier zweimal pro Woche ausgespuckt und folgte der roten Farbe des Leitsystems, die mich zur Midosuji-Linie führte, dort stieg ich ein und fuhr bis zur Station Shinsaibashi. Die Namen der Stationen waren auch in lateinischer Schrift angezeigt, diese aber aus einem vor Menschen berstenden Waggon heraus lesen zu können, war manchmal unmöglich. In Spitzenzeiten drücken die »platform assistents« Fahrgäste in den Wagen, damit sich die Türen schließen können. Die aktivste Zeit für männliche Grapscher. Damit ich nicht an meinem Zielbahnhof vorbeischoss, musste ich außerdem aufpassen, dass ich nicht einen Shinkaisoku, einen speziellen Schnell-Service, erwischte, der nur an jeder dritten Station hält. Mit der Zeit wusste ich, bis wohin ich einen Shinkaisoku nehmen konnte und wo ich dann schleunigst in einen lokalen Zug umsteigen musste, war aber bei Unregelmäßigkeiten immer noch aufgeschmissen.

Es grenzt an ein Wunder, dass ich in eineinhalb Jahren nicht ein einziges Mal verspätet zu meinem Unterricht kam. Die Selbstmordrate ist sehr hoch in Japan. »Harakiri« begehen die Menschen häufig, indem sie sich vor einen Shinkaisoku werfen, wenn dieser durch einen Bahnhof rast. Ich erlebte solche Vorfälle öfter, aber immer auf dem Heimweg. Die Toten, oder was von ihnen übrig ist, werden schnell von den Gleisen entfernt, zweimal sah ich nur noch eine Blutlache. Der Zugstau verursacht natürlich innerhalb von wenigen Minuten ein Chaos auf den Bahnsteigen.

Einen Sitzplatz ergatterte ich nur in Umeda, wenn gerade ein Zug abgefahren war. Wie viele andere beschäftigte ich mich dann damit, Musik zu hören, Zeitschriften zu lesen oder zu schlafen. Mehrheitlich wird jedoch telefoniert oder es werden SMS-Nachrichten verschickt. Das ewige »moshi moshi«, mit dem man sich bei einem Anruf meldet, klingt mir noch heute in den Ohren. Es machte mich wahnsinnig und ich flüchtete mich in Musik, die ich laut aufdrehte, sodass ich auch den hochfrequenten Gesprächen der Schulmädchen nicht zuhören musste. Füllte sich der Zug vor der Abfahrt aus dem Sackbahnhof, blieb der Platz neben mir oftmals unbesetzt. War absolut kein anderer Sitzplatz mehr frei, ließ man sich notgedrungen auch neben dem »gaijin« nieder. Häufig blieb dieser unbegehrte Platz aber auch dann noch leer, wenn alle, Kinn an Kinn gequetscht, im Zug stehen mussten. »So fühlt sich also ein Schwarzer, wenn er bei uns Bahn fährt«, dachte ich oft und verspürte Unbehagen. Ich schnupperte unter meinen Achselhöhlen, um festzustellen, ob ich unangenehm roch, aber das konnte es nicht sein. Ich befragte meine Schülerinnen und erfuhr, dass tatsächlich viele Japaner uns »gaijins« für nicht sehr gepflegte Menschen halten, die nicht täglich duschen. Der Hauptgrund aber sei die Angst, dass der Ausländer eine Frage stellt, die nicht beantwortet werden kann, weil man kein Englisch spricht, was einen vor den vielen anderen Fahrgästen bloßstellen würde. Setzte sich also jemand neben mich, bevor alle anderen Plätze besetzt waren, handelte es sich um eine Mutprobe, um jemanden, der der englischen Sprache mächtig war, oder um ein Mädchen, das Kontakt zu »gaijins« suchte.

Zahllose Bewohner von Osaka suchen das Weite, wenn der Kalender die Golden Week ankündigt. Das ist ein Zeitraum von fünf bis sieben freien Tagen, in dem einzelne Feiertage zusammengefasst werden. In diesen fünf kostbaren Tagen unternehmen viele Japaner eine Weltreise, wie sie es nennen, obwohl es sich nur um eine Shoppingtour durch Großstädte handelt: Honolulu, New York, Paris, Hongkong und zurück zur Arbeit. Ich nutzte diese kostbaren Tage, um nach Thailand zurückzufliegen. Mein Touristenvisum hatte ich bereits einmal um drei Monate verlängern können, nun flog ich außer Landes, um bei der Wiedereinreise abermals ein Visum zu erhalten. Außerdem wollte ich Sachen mitbringen, die ich in Thailand zurückgelassen hatte, und checken, ob mein Fahrrad okay war. Sehr japanisch erledigte ich alles in drei Tagen. Mein Rad nahm der Hamburger Bernd Devong, ein auf Ko Samui lebender Deutscher, in sein Haus. Ich vertraute ihm, denn ich hatte ihn oft in seiner Bar besucht und ihn als vertrauenswürdig eingestuft. Er versicherte mir: »Das klaut bei mir im Schuppen keiner, der ist voller Schlangen.« Trotzdem schloss ich das Rad mit einer Kette ab, falls die Schlangen einmal die Bewachung vernachlässigen sollten.

Zurück am Kansai International Airport, gestatteten mir die Immigrationsbehörden erst nach langem Verhör die Einreise. »Beim nächsten Mal lassen wir dich nicht mehr ins Land. Probiere das nicht noch einmal«, entließ mich der Beamte nach zwei Stunden, in denen ich schwerste Überzeugungsarbeit leisten musste. Vom Airport fuhr ich direkt zu unserem zweimonatlichen Lehrermeeting. Ein Treffen, bei dem der Besitzer der Schule, Mister Nakai, den wir »chacho« (Boss) nannten, motivierende Reden schwang, die uns zu noch mehr Einsatz, noch mehr Teamwork, noch mehr Freundlichkeit und noch mehr Professionalität aufrufen sollten. Der australischen Managerin, die mich aufgrund meines australischen Akzents gern mochte, erklärte ich die schwierige Situation, die ich am Flughafen erlebt hatte. Sie ermutigte mich, indem sie vorschlug: »Bring uns die Urkunde eines Universitätsabschlusses, und wir besorgen dir ein Arbeitsvisum für Japan.« – »Mann, Baby, ich hab nur Realschule, soll ich mir einen Universitätsabschluss schnitzen?«

Während einer langen Bahnfahrt berichtete ich einem englischen Kollegen davon, und er gab mir eine Telefonnummer in Tokio. »Ruf den an und du bekommst dein Degree, gefälscht, aber Topqualität«, sagte er lapidar. Fünf Tage nach meinem Anruf in Tokio brachte der Postbote eine Paketrolle, darin eine gefälschte Urkunde von der Monash University in Melbourne, Australien: »Bachelor of Arts Carsten Janz Masters Economics«. Nur 200 US-Dollar kostete mich dieses entscheidende Dokument. Vier Wochen später hielt ich ein drei Jahre gültiges Arbeitsvisum in den Händen. Nun konnte ich wesentlich ruhiger arbeiten und leben, denn ein Illegaler denkt doch immer daran, erwischt und abgeschoben zu werden. Mit diesem Arbeitsvisum bekam ich auch eine Vollzeitposition, denn einige Lehrer beendeten ihren Aufenthalt im Land. Neben den zusätzlich garantierten wöchentlichen Arbeitsstunden erhielt ich ein paar Tage bezahlte Ferien und alle sechs Monate eine Gehaltserhöhung.

Ich feierte mein Glück bei der teuersten Flasche Rotwein meines Lebens, die ich jemals selbst gezahlt hatte, und lud Mariko ins Restaurant »Windows on the World« im 35. Stockwerk des Hilton ein, mit nächtlichem Blick auf Osaka. Mit dem Zeigefinger tippte ich auf die billigste Flasche Wein, die auf der Karte stand – sie kostete 120 US-Dollar. Ich war sehr stolz an diesem Abend, hatte ich es doch von einem deutschen Touristen zum legalen Englischlehrer in Japan gebracht.

Von nun an war meine Lohntüte prall mit den größten Banknoten, den 10 000-Yen-Noten, gefüllt. Ich konnte viel von meinem Gehalt sparen. Endlich, nach sechs Monaten, rollte der Rubel. Meine Geduld zahlte sich nun aus. Viele Schülerinnen wünschten sich Carl-sensei, denn in meinen Stunden konnten sie vielleicht nicht so viel lernen wie bei einem echten Lehrer, doch bei mir wurde viel gelacht. Ich konnte mit den schüchternen Menschen umgehen und ihnen eine andere Sichtweise auf ihren Lebensstil vermitteln. Für Japaner ist der Besuch einer Sprachenschule, den sie als Freizeitgestaltung betrachten, oftmals der einzige Kontakt mit nicht-japanischer Kultur. 80 Prozent der Teilnehmer waren Frauen zwischen 16 und 30 Jahren. Schönes Arbeiten. Sie waren alle modisch gekleidet, geschminkt, parfümiert und wirkten fast unterwürfig. Einige waren völlig überwältigt davon, allein mit einem »gaijin« in einem Raum zu sitzen, und waren dementsprechend so nervös, dass sie sich kaum etwas zu sagen trauten. Andere nutzten die Stunde, um zu flirten und sich zu verabreden, was uns offiziell nicht erlaubt war. Ich musste mich nach so mancher kurzweiligen Stunde wachzwicken, denn ich konnte nicht glauben, dass ich so viele Yen bekam, nur weil ich mit einer schönen Japanerin redete. Ich arbeitete an einer Schule, in der hauptsächlich Konversation, nicht Grammatik gepaukt wurde. In Japan ist derjenige ein guter Lehrer, der einer Frau die Schüchternheit nimmt zu erzählen, auch wenn ihre Aussprache falsch ist, der ihr etwas vom Ausland berichtet, ihr sagt, dass sie hübsch ist, und sie zum Lachen bringt. Sie soll Spaß in der Schule haben, und wenn dann noch ein paar neue Worte hängen bleiben, ist der Lehrer am Ziel und wird gemocht. Wenn eine Schülerin am Ende der 50 Minuten freudestrahlend sagte: »Carl-sensei, omoschiroi kata!« (Lehrer Carl, das war sehr interessant!), und dabei ihren Oberkörper nach vorn beugte, war ich happy. Ich hatte eine gute Englischstunde gegeben.

Leider gab es auch merkwürdige Männer und Frauen. Einige hatten Angst vor mir, andere einfach kein Talent zum Erlernen einer Fremdsprache. Am schlimmsten waren aber diejenigen, die einfach nicht sprechen wollten oder alles mit »yes« oder »no« beantworteten. Dann führte ich 50 Minuten lang Selbstgespräche und brauchte hinterher viel Wasser, weil ich mich heiser geredet hatte. Es gibt in Japan das Phänomen des Hikkikomori. Es tritt bei Menschen auf, die eine krankhafte Angst vor jeglicher Form gesellschaftlichen Zusammenseins haben. Sie schließen sich in ihr Zimmer ein und lassen sich das Essen vor die Tür stellen. Die vorwiegend jungen Leute meiden jeglichen Kontakt zu anderen Menschen, auch den zu ihren Eltern. Vielleicht ist es ein Produkt der zahlreichen gesellschaftlichen Zwänge, die das Zusammenleben in Japan regeln, oder es ist eine Folgeerscheinung der allgemeinen Enge, wie ich eher vermute. An dem Hikkikomori-Syndrom leidende Schüler hatten wir natürlich keine, aber dennoch einige, die sich offensichtlich unwohl in der Öffentlichkeit fühlten, insbesondere, wenn sie mit einem »gaijin« in einem klitzekleinen Klassenraum sitzen mussten.

Hier ein typisches Warm-up-Gespräch zu Beginn einer Stunde mit einer durchschnittlichen Studentin:

»Good evening, Yuki.«

»Ähhh … good evening, Carl-sensei.«

»How are you today, Yuki?«

»Ähhhh …ummm … I very fine … ähhh … I am very fine.«

»What did you do today?«

»I went to working.«

»›I went to work‹ is correct, Yuki.«

»Ah, okay, sensei, thank you.«

»What do you do?«

»I am an office lady.«

»What is the work of an office lady?«

»I answer the phone and welcome business men in our house and I make many tea or coffee.«

»›I make a lot of tea or coffee‹, Yuki.« – »Do you like it?«

»Ummm … ähhh … hai (yes).«

Dem Tonfall nach kann »hai« also »ja«, aber auch »nein« bedeuten, ohne nein zu sagen. In diesem Fall lässt das wenig enthusiastische »hai« auf ein »geht so« schließen. Das direkte Wort »nein« wird möglichst vermieden und umschrieben mit »vielleicht später«, »ich denk mal darüber nach«, oder es wird Luft zwischen den Zähnen eingesogen, um ein Problem anzuzeigen, aber nicht nein sagen zu müssen.

»Yuki, please ask me one question.«

»Ähhhh … what is your favourite japanese food?«
»Tendon and Ramen.«
»Ohh … oishi desu ne?« (Schmeckt gut, nicht wahr?)
»What is your hobby, Yuki?«
»I like to shopping.«
»Correct is: ›I like to shop‹, but it is not really a hobby.«
»Okay, no problem, sensei, I like to drinking coffee with my friends.«
»›I like to drink some coffee with my friends‹, Yuki, but it also isn't really a hobby. – For example, Yuki, my hobby is cycling.«
»Okay, sensei, my hobby is to sleeping.«
»Yukiiiiiii! … ›My hobby is to sleep‹, but sleeping is not really a hobby either, you know? A hobby is something active, something we enjoy doing.«
»But Carl-sensei, I am always tired. I work so much. I like to sleeping.«
»Okay, Yuki, let us start with our lesson today …«

Die nächsten Monate vergingen mit viel Arbeit. Im August kündigte die Feuerwerk-Saison Hanabi das Ende des Sommers an. Während dieser Zeit laufen die Mädchen in Yukatas (leichten Sommerkimonos aus Baumwolle) und Holzschuhen herum und schauen sich zusammen mit ihren Freunden gigantische Feuerwerke an. Von all den verschiedenen Nationaldresses, die ich in den Jahren meiner Reise sehen konnte, gefielen mir diese am besten. Den zweiten Platz gebe ich den vietnamesischen Mädchen, die in ihren seidenen Ao dais durch die Straßen laufen. Ein Ao Dai sieht aus wie ein pakistanisches Shalwar Kamiz, ist sind aber aus Seide gefertigt und liegt eng am Körper an. Traditionell und dennoch sexy. Doch die bunten Yukatas mit ihrem breiten Gürtel, dem Obi, und den Holzschuhen bekommen den ersten Preis. Bei allem Streben nach technischem Fortschritt und Wachstum pflegen die Japaner ihre Traditionen. Japan ist eines der homogensten Länder der Welt. Ich liebte es, trotz aller moderner Shoppingcenter, Hochhäuser und Restaurants auch immer wieder rote Shinto-Tempel zu sehen, in die der Japaner geht, wie wir in die Kirche. Ich durfte mich dort frei bewegen.

Ein Jahr war ich nun schon im Land. Japanisch sprach ich aber immer noch wenig. Ich war mehr damit beschäftigt, gute Englischstunden zu geben, und hatte keine Zeit und auch keine Lust, mich nun auch noch mit dieser schwierigen Sprache zu beschäftigen. Mehr als 50 Worte kannte ich nicht. Sogar Kollegen, die eine Japanerin geheiratet hatten und schon fünf Jahre oder länger hier lebten, hatten ihre Mühe. Drei verschiedene Alphabete, die alle gleichzeitig angewandt werden, wollen erlernt werden: Kanji, Hiragana und Katakana. Insbesondere mit den Schriftzeichen des Kanji, zeichnerischen Meisterwerken, muss man sich viele Jahre beschäftigen. Ein einziges Wort hat bis zu acht verschiedene Bedeutungen und es werden, je nachdem, mit wem man spricht, entsprechende Redewendungen und Wortbedeutungen benutzt. Das Wenige, was ich konnte, lernte ich spielerisch von den Kindern in meinem Unterricht.

Als Lehrer kam ich in den Genuss des japanischen Respekts. Jedem, der etwas lehrt in Japan, wird er entgegengebracht. Der Begriff »sensei« hat einen hohen Stellenwert. Das machte meine Zeit hier angenehm. Mir wurde als Ausländer immer vergeben, wenn ich einmal wieder einen Fauxpas begangen hatte. Um einige der Regeln zu nennen: Man zeigt nie mit dem Finger auf jemanden, sondern mit der offenen Hand; die Stäbchen werden nach dem Essen niemals in den übrig gebliebenen Reis gesteckt, das ist ein Symbol des Todes; Geld wird immer mit beiden Händen entgegengenommen, ebenso das Essen, das in Japan einer kultischen Handlung gleicht; ein Tatami-Boden wird nur barfuß oder mit Strümpfen betreten; es werden in der Öffentlichkeit keine Wut und keine Aggression gezeigt.

Ich liebe die Japaner für ihren sanften Umgang miteinander und für ihre Fähigkeit, Dinge zu kopieren, um sie zu perfektionieren, wie z. B. das Brotbacken oder die Herstellung von Torten. Auch konnte ich mich auf sie verlassen. Sie erklärten mir mit Begeisterung und viel Geduld von ihrem arbeitsamen Leben, aber auch von ihrer Kultur und ihrer Denkweise. Auch Erwachsene haben einen geradezu kindlichen Humor. Die Frauen besitzen eine Anmut und Würde, wie ich es später nur noch selten sah, und sie waren dankbar, etwas über uns »gaijins« zu erfahren. Ich war natürlich nicht der einzige Ausländer dort, aber die »gaijin-community« ist überschaubar und fällt auf. Manchmal wurde ich von anderen Ausländern gefragt, ob ich denn auch schon, wie so viele andere weiße Männer hier, das »Gelbfieber« bekommen habe, ob ich mich also in eine Einheimische verliebt habe, heiraten und mich in Japan ansiedeln wolle. Aber obwohl auch ich eine japanische Freundin hatte, war Bleiben keine Option.

Nach einem Jahr kehrte in wöchentlichen Abständen meine Sehnsucht nach einem freien Leben zurück. Die Sehnsucht, weiter an meinem Projekt zu arbeiten und unterwegs zu sein, neue Regionen zu erkunden und mir die Sonne auf meinen Körper brennen zu lassen. Auf einem viertägigen Kurzausflug mit dem Rad zur Insel Shikoku wurde dieses Gefühl stärker. Mariko verstand mich, sie wollte mit mir kommen und auch probieren, mit dem Fahrrad zu fahren, denn unsere Kurztrips gefielen ihr.

Auf Shikoku besuchten wir ein Love Hotel. Wie der Name schon sagt, ist das ein Hotel, in dem Beckengymnastik betrieben wird. Wie alles in Japan, so haben auch diese Hotels ein hohes Niveau und sie sind sehr diskret. Am Wochenende, zur »Hauptsaison«, kaum zu bezahlen, sind sie an Wochentagen halbwegs finanzierbar. Mit unseren Rädern fuhren wir auf einen Hof und in eine enge Einfahrt, hinter uns schlossen wir einen Vorhang, der dazu dient, Auto oder Fahrrad zu verdecken, damit die Anonymität gewahrt bleiben kann. Im Vorraum hing ein Anschlagbrett, an dem das Paar je nach Vorliebe ein bestimmtes Zimmer aussuchen konnte. Ein grünes Licht zeigt, dass es frei ist, ein rotes das Gegenteil. Das Zimmer war größer als unser Apartment und mit einer herzförmigen Badewanne ausgestattet. Das King-Size-Bett war rundherum von Spiegeln umgeben, auch an der Decke waren welche angebracht, damit man seine eigene Leistung beurteilen konnte. Es gab Getränke, Essen, Kondom- und Dildoautomaten im Zimmer, die gegen Scheine ihre Klappen öffneten, im Fernseher wurden verschiedene Pornokanäle übertragen. Das Licht im Raum war verschiedenfarbig einstellbar und konnte nach Belieben gedimmt werden. Wir hatten gerade unsere Erkundung beendet, da klopfte es an einer langen schmalen Klappe am Ende des Raums. Wir öffneten sie und Mariko zahlte durch diesen Schlitz die Zimmermiete. Klappe zu, Hosen auf und volle Fahrt voraus hieß es nun, bis nach zwei Stunden das Telefon klingelte und das Besucherrecht endete.

Love Hotels sind in Japan sehr erfolgreich, denn viele Jugendliche leben aufgrund enorm hoher Mieten lange bei den Eltern, und junge Lover nutzen diese Liebesgrotten, um ungestört zu sein. Dazu gesellt sich das außereheliche Kopulieren der Business-Männer, die auf dem Nachhauseweg zur Frau noch einmal schnell mit der Geliebten Gas geben möchten. Diese Love Hotels gibt es auch in Südkorea und lateinamerikanischen Ländern, sehr zahlreich z. B. auch in Mexiko und Chile.

Nach etwa 14 Monaten im immer gleichen Rhythmus konnte mich auch das dicke Bündel der Yen-Noten am 20. jedes Monats nicht mehr zum Bleiben motivieren. Ich hatte viele Lehrerkollegen überlebt, und neue potenzielle Angestellte observierten nun meine Unterrichtsstunden, um etwas über deren Ablauf zu lernen. Es waren insbesondere die langweiligen Schüler und Schülerinnen, die mir zusetzten, ihre Besessenheit von Shopping und Markenartikeln und das nie endende Mobiltelefonieren. Es kam mir vor, als würde es hier nirgends Leute geben, die gegen den Strom schwimmen. Die meisten machten das Gleiche wie alle anderen und hatten Angst vor vielen Dingen, insbesondere vor Tieren und Insekten jeglicher Art. Das Wort »kowai« lernte ich schnell, es bedeutet »unheimlich«, »angsteinflößend«. In der riesigen Bahnstation Umeda sah ich einmal eine große Menschentraube, die schnell größer wurde. Ich gesellte mich dazu, um dem Schausteller, wie ich dachte, zuzugucken oder zuzuhören. Doch es war niemand in der Mitte des Kreises, den die Menge gebildet hatte. Erst beim genaueren Hinschauen entdeckte ich zwei Kakerlaken, die am Boden krabbelten. »Kowai, kowai«, riefen einige Mädchen angeekelt, andere schrien. Ich konnte es nicht fassen, eine Menschentraube für zwei Cucarachas! Ich drängelte mich durch, hinein in den Kreis, und führte die in meiner Strandhütte auf Ko Samui eintrainierte Bewegung aus. »Knack«, machte es unter dem entsetzten Gejohle der Gucchis, Louis Vuittons und Armanis. Ich war der Held von Umeda, der eiskalte Killer, Carl »the Rambo« Janz. Ohne mit den Schultern zu zucken, setzte ich mein U-Bahn-Abenteuer fort, begleitet von bewundernden Blicken. Auch die hohe Bevölkerungsdichte plagte mich. Es war kaum möglich, den Menschen zu entfliehen. Enge überall: in den Bahnen, in der Schule, beim Einkaufen, während der Ausflüge, auf den Fähren, der Straße und in den Bars. Immer öfter ging ich mit Peter, einem befreundeten Arbeitskollegen, der mir Tipps für einen guten Unterricht gegeben hatte, in bestimmte »Gaijin«-Bars, wo wir Ausländer bei westlicher Musik ein bisschen normal sein konnten, und mutierte im Laufe des Abends vom Schlipsträger zum Schwipsträger. Ich war ein Nervenbündel geworden und hatte genug. Genug von der Erfahrung Japan und auch genug Geld, um die nächsten zwei Jahre von den gesparten Yen, die ich nach Hause geschickt hatte, reisen zu können. Als dann im Spätherbst nur wenige Meter vor unserem Apartment ein Haus abgerissen wurde, um weiteren Apartmentblocks Platz zu machen, und der Presslufthammer für die nächsten sechs Monate meinen Wecker zu ersetzen drohte, griff ich, ohne weiter nachzudenken, zum Hörer, wählte die Nummer meiner Schule und kündigte.

Am 20.11.2002, 20.50 Uhr, ertönte für mich in der Schule in Akashi zum letzten Mal der Gong. Obwohl ich nur noch wegwollte, wurden die letzten Tage emotional. Einige meiner Schülerinnen weinten, ich bekam Geschenke, Blumen und eine Abschiedskarte, unterschrieben von allen Kollegen, mit den besten Wünschen für meine weitere Weltreise, denn ich hatte inzwischen allen die Wahrheit erzählt. Auch beim Manager entschuldigte ich mich für meine

Notlüge zu Beginn meiner Teacher-Karriere. Ich hoffe, er hat sie mir verziehen. Besonders schwierig war der Abschied von meiner Lieblingskids-Klasse. Die fünf- und sechsjährigen Mädchen umarmten mich zum Abschied alle zusammen, nachdem sie mir Blumen geschenkt hatten.

In nur einer Woche lösten Mariko und ich unser Apartment auf, ich verschenkte meine auf zwölf Exemplare angewachsene Krawattensammlung an Kollegen und wir fuhren zum KIX, dem Kansai International Airport von Osaka. Ziel: Ko Samui, Thailand.

Bodycheck – Überfall auf Borneo

»*I am Dolfin, you Dolfin?*«

(Balinese, der einen Delfinausflug verkaufen möchte)

Ich bin unterwegs auf Borneo, genauer: auf Kalimantan, dem indonesischen Teil dieser riesigen, zumeist aus undurchdringlichem Dschungel bestehenden Insel in Südostasien. Straßen gibt es hier nur wenige, und die wenigen, die es gibt, haben offenbar schon seit Jahrzehnten keine Instandhaltungsarbeiten erfahren. Auf der einzigen Überlandverbindung Westborneos, die den malaysi-

Die Fahrrad-Rikscha ist allgegenwärtig in Südostasien. Millionen von Menschen sichern sich damit ihr Überleben.

schen mit dem indonesischen Teil der Insel verbindet, trete ich in die Pedale. Mein Ziel ist die Hafenstadt Pontianak, von wo aus ich mit einer Fähre in die Hauptstadt Jakarta zu kommen hoffe. Zwei Dinge beschäftigen mich heute. Zum einen: Wie kann ich am geschicktesten die vielen Schlaglöcher und Straßenrisse umfahren? Zum anderen: Wie verhalte ich mich am besten gegenüber den ständigen Zurufen der fröhlich-aufgeregten Einheimischen am Straßenrand, die mir mit ihrem ewigen »Hello Mister« und »Where you go?« langsam auf die Nerven gehen? Die Schlaglöcher umfahre ich, oft auf den Pedalen stehend, indem ich mein Gewicht wie beim Skifahren von links nach rechts verlagere, und die Zurufe ignoriere ich. Ich bin es satt, mich den Leuten zuzuwenden, Blickkontakt herzustellen, zu lächeln und in möglichst freudigem Ton »hello« zu erwidern. »Bin doch kein Papagei«, denke ich, als ich zum hundertsten Mal verbal bombardiert werde. So ignoriere ich auch das »Hello Mister« eines bebrillten, glatzköpfigen Einheimischen, der auf seinem knatternden Moped neben mir herfährt, um mich mit ausreichend CO_2 zu »versorgen«. Ich sollte ihn einige Stunden später noch besser kennenlernen.

Es wurde Nachmittag und ich hatte an diesem heißen Tag – es waren weit über 30 Grad – schon 100 Kilometer zurückgelegt, als urplötzlich Gefahr hereinbrach. Ein für indonesische Verhältnisse großer und kräftiger Kerl rannte, vom Straßenrand kommend, auf mich zu und rammte mich mit einem klassischen Bodycheck. Zweifelsohne wollte er mich vom Rad werfen, stieß aber auf den Widerstand eines fitten Radlers. Ich konnte gegenhalten und behielt so die Balance. Dank eines enormen Adrenalinschubs war ich binnen Sekunden hellwach. Das musste ich auch sein, denn auf der anderen Straßenseite knatterte ein Moped aus dem Gebüsch heraus und auf mich zu. Zwei mit abgerissenen Klamotten bekleidete Einheimische nahmen die Verfolgung auf.

Ein Überfall, und ich mittendrin! Zeit zum Nachdenken hatte ich nicht, ich musste jetzt agieren und vor allem reagieren. Die Banditen wählten für ihren Angriff eine ansteigende Straße, die durch ein

Waldgebiet führte, Häuser waren weit und breit nicht in Sicht. Mit dem Moped fuhren sie direkt in meinen Radlaster, um mich aus der Balance zu bringen, mich umzustürzen und dann an meine Habseligkeiten zu gelangen. Der Soziusfahrer lehnte sich raus, versuchte, meine hinteren Packtaschen zu greifen oder trat mit dem linken Bein dagegen, um mich umzuwerfen. Sie überholten mich und versuchten mich auszubremsen. Indem ich Zickzack fuhr, plötzlich abbremste und erneut beschleunigte oder schnell die Fahrbahn wechselte, konnte ich sie mir vom Leib halten. Ein Auto kam uns entgegen. Ich schrie: »Help!! … Help!!!!«, und winkte heftig. Anstatt zu stoppen, winkten die Insassen des Wagens zurück, lachten und fuhren weiter. Mein Herz raste vor Angst und Erschöpfung. Über mehrere Hundert Meter ging dieses böse Spiel zwischen dem müde gewordenen Opfer und den entschlossenen Tätern, zwischen Gazelle und Gepard. Was tun?, schoss es mir durch den Kopf. Mein Pfefferspray war irgendwo ganz unten in einer meiner Packtaschen verstaut und konnte mir jetzt nicht helfen. Die relative Sicherheit meiner vorherigen Reiseländer wie Malaysia, Thailand oder Japan hatte mich eingelullt. Ein Fehler, wie sich jetzt herausstellte. Nur zu gern hätte ich mein Rad gestoppt, das Spray herausgezogen und den Bösewichten eine gehörige Lektion erteilt. Mich einem Faustkampf zu stellen, erschien mir, obwohl ich mehrere Monate Muay Thai gelernt hatte, ziemlich riskant. Meine Muskeln brannten schon zu sehr, als dass ich noch mit Schnellkraft hätte schlagen und treten können. Außerdem wusste ich nicht, ob die Angreifer vielleicht Stichwaffen bei sich führten. Dass sie keine Schusswaffen besaßen, schien mir sicher, denn die hätten sie sonst schon lange einsetzen können, um die Gazelle zu erlegen.

Was tun, was tun?? Plötzlich erwischte der Beifahrer meinen rechten Arm und packte zu, ich kam ins Schwanken. Würde ich jetzt zu Boden gerissen werden? Ich biss die Zähne zusammen, dann lehnte ich mich mit einem Aufschrei gegen ihn, indem ich das Rad in Richtung Moped lenkte, verpasste ihm mit der Faust einen Schlag gegen seine Brust, zog mit letzter Kraft meinen Arm zurück und schlug mit dem Lenker eine andere Richtung ein. Kaum freigekommen, bremste ich abermals und wechselte wieder die Straßenseite. Es war sicher nur eine Frage von wenigen Minuten, bis ich zu Boden gehen würde. Schweiß rann über die Gläser meiner Sonnenbrille. Ich war verzweifelt. Die Straße machte eine Rechtskurve. Ich täuschte abermals einen Fahrbahnwechsel an, als ob ich die Kurve schneiden wollte, sie fielen darauf hinein und ich fuhr den langen Weg. Die höhere Beweglichkeit eines Radfahrers rettete mich auch um diese Kurve.

Ein Haus? Ich hob die Sonnenbrille kurz an, um klare Sicht zu haben. Ja, da war tatsächlich ein Haus. Ich schöpfte Hoffnung, besonders als ich Menschen davorstehen sah. Ein letztes Mal beschleunigte ich, fuhr eine Schlangenlinie und pedalte direkt auf das Gelände. »Help, help, robbery, robbery!«, schrie ich aufgeregt. Ich war in Sicherheit, denn die Angreifer fuhren am Haus vorbei und die Hausbewohner, eine Großfamilie, waren freundlich gesinnt. Ich erzählte mit überschlagender Stimme, was mir zugestoßen war. Erst jetzt überkam mich ein Zittern, das ich nicht kontrollieren konnte. Dieser Nachmittag hatte einmal mehr bewiesen, wie verwundbar ein tourender Radfahrer im fernen Ausland ist und wie plötzlich man in Gefahr geraten kann.

Im Nachhinein bin ich davon überzeugt, dass es sich bei diesem Überfall nicht um Abneigung oder gar Hass gegen den Westen, die USA und deren Freunde, handelte, nein, die Jungs wollten ganz einfach an meine Besitztümer in den Packtaschen gelangen. Drei offensichtlich arme Indonesier ergriffen die Chance, ihr Leben für einen gewissen Zeitraum erheblich zu verbessern, indem sie den reichen weißen Mann auszurauben versuchten. Die weiße Hautfarbe ist in Indonesien wie vielen anderen Teilen der Welt immer der hundertprozentige Indikator für Reichtum. Ich war zur falschen Zeit am falschen Ort.

Viele Menschen versammelten sich und die Dorfpolizei erschien. Mit ihr fuhr ich zurück auf die sieben Kilometer entfernte Polizeistation, wo die Beamten mich wiedererkannten, hatte ich doch hier vor etwa einer Stunde meine Wasserflaschen aufgefüllt. Mein Rad blieb in der Obhut der Bewohner des Hauses, in dem ich Zuflucht gefunden hatte. Auf der Wache versuchte ich zu erklären, was sich zugetragen hatte, doch das war eine »schwierige Geburt«. Ich sprach kein Bahasa, die Landessprache Indonesiens, und die Beamten kannten auf Englisch nur die Worte »hello Mister«. Die Station glich einem Massenauffanglager. Hunderte Menschen standen um das Gebäude herum und diskutierten wild. Das Büro war spartanisch eingerichtet: ein Stuhl, eine Sitzbank, ein Tisch mit übergroßer Schreibmaschine, ein Aschenbecher, in dem so viele Zigarettenstummel lagen wie Schaulustige ums Haus herum standen, ein altes, kaum noch mit Stoff bedecktes Sofa und eine Nationalflagge neben einem Porträt der Präsidentin an der Wand. Drei hilflos und müde wirkende Beamte gesellten sich dazu und rundeten das traurige Bild ab, unterstützt von einem Weißen, der in verdrecktem T-Shirt und Shorts dastand und sich fortwährend den Schweiß von der Stirn wischte. Elektrizität gab es nicht und somit auch keinen Ventilator. Ein Junge wurde angewiesen, mir mit einem Blatt Papier Luft zuzufächeln.

Ich durfte auf dem Sofa Platz nehmen, mein Hinterteil drückte sich in die quietschenden Sprungfedern. Langsam entspannte ich mich etwas, das Adrenalin baute sich ab. Nach einiger Zeit, die wir uns jeweils abwechselnd, mit Pantomimeübungen verbrachten, wurde der Lehrer des Dorfes herbeigebeten. Er sollte Licht ins Dunkel bringen, denn er war der englischen Sprache mächtig. Viele Hundert Fächerbewegungen später – der Junge verlor sichtlich die Lust, mir Kühlung zu verschaffen – schälte sich ein glatzköpfiger Mann aus der Menge heraus. Ich erkannte ihn wieder. Es war der Moped fahrende CO_2-Vergifter vom Mittag. Er wirkte ernst und unzufrieden. »You didn't greet me today« (Du hast mich heute nicht gegrüßt), sagte er mürrisch. Ich entschuldigte mich und versuchte zu erklären, warum. Ich bin mir nicht sicher, ob er meine Argumente verstand, aber ich hatte nun einen Dolmetscher. Aufgeregte Diskussionen folgten, vergleichbar nur mit der Unruhe in einem Affenhaus. Vor allem versuchte ich klarzustellen, dass ich Angst vor einem weiteren Überfall am nächsten Tag hätte, denn die Bösewichte seien ja weiterhin auf der Flucht. Eine Suchaktion folgte. Das von den Angreifern zurückgelassene Moped wurde am Straßenrand gefunden und später von mir identifiziert. Ich erkannte die Farbe und die Beulen am Tank wieder. Zu mehr reichte es nicht. Am Ende meines mehrstündigen Aufenthalts bekam ich eine Kopie des Schreibmaschinenprotokolls, welches mit Blaupapier vervielfältigt worden war, natürlich in Bahasa geschrieben. Ich unterschrieb das Protokoll und verabschiedete mich. Man sicherte mir für den nächsten Tag eine Polizeieskorte zu.

Inzwischen war es dunkel geworden und mein Dolmetscher lud mich über Nacht in sein Haus ein. Ich lernte seine Frau und seine vier Kinder kennen. Er war jetzt nicht mehr mürrisch wegen meiner Unhöflichkeit am Mittag, im Gegenteil: Voller Enthusiasmus sprach er auf mich ein, sichtlich zufrieden, mein persönlicher Dolmetscher zu sein.»Ich habe nicht oft die Möglichkeit, englisch zu sprechen, hier kommen nur selten Touristen vorbei«, meinte er wenig später. Ich durfte mich in den hinteren Teil des Hauses begeben, um den Dreck des Tages abzuwaschen. Geduscht wird in ganz Indonesien mittels»Mandi«. Diese Wasser sparende Art der Körperreinigung habe ich schon am Beispiel der»Eimerdusche« beschrieben. Nur benutzt man hier eine hölzerne Schöpfkelle, mit der man das Wasser aus einem badewannengroßen Trog herausnimmt.

Zum Abendessen gab es klitzekleine Fische, etwa von der Größe eines halben Ringfingers, die lecker salzig schmeckten, genau das Richtige für einen Radfahrer. Dazu natürlich Reis und Tee. Zuvor sprachen die gläubigen Christen ihr Tischgebet, auch ich senkte meinen Kopf und hörte, wie mein Gastgeber Gott bat:»Please, let Carl the good hearted cyclist reach Pontianak safely.« Indonesien ist das Land mit den meisten Moslems weltweit, aber hier auf Kalimantan herrscht das Christentum vor.

Nach dem bescheidenen Abendessen wurde die noch bescheidenere Bleibe zum»Haus der offenen Tür« umfunktioniert. In zehnminütigem Schichtwechsel konnten jeweils etwa 20 Einheimische auf bereitgestellten Stühlen Platz nehmen und einen Blick auf mich, den »orang puti« (Bahasa für: orang = Mensch, puti = weiß), werfen. »Orang Utan« heißt folglich »Mensch aus dem Wald«.

In dem malaysischen Teil Borneos gibt es nahe der Stadt Kuching in der Provinz Sarawak ein Camp, wo Touristen halbwilde Orang Utans sehen und beim Fressen beobachten können. Dort hatte ich mich vor nur wenigen Tagen gefreut, einem Menschenaffen beim Verdrücken einer Banane zusehen zu dürfen und etwas über diese rotbraunen Tiere zu lernen. Heute aber schlüpfte ich in deren Rolle. 20 Augenpaare inspizierten mich genau, jede Bewegung von mir wurde kommentiert und auch hier kam Freude auf, als ich etwas aß, zwar keine Banane, aber einen Keks. Viele freuten sich kindisch, als ich das Gebäck zwischen meinen Zähnen zermalmte und runterschluckte. Sie stellten mir auch die üblichen Fragen nach dem Woher und Wohin, aber hauptsächlich ging es ihnen um Äußerlichkeiten.

Stundenlang ließ ich mich so betrachten und musste allerletzte Kräfte mobilisieren, um meine Ungeduld nicht zu zeigen. Ich war todmüde. Dann endlich, 20 Schichtwechsel später, hatte mein Hausherr Erbarmen mit mir und beendete die Vorstellung. Ich rollte meine Isomatte auf dem Boden aus und legte mich kurz vor Mitternacht in einem immer noch über 30 Grad heißen Raum nieder. Kurz bevor ich in den Schlaf fiel, den ich so dringend benötigte, bemerkte ich noch einige aufgeregt umherlaufende Kakerlaken, die den weißen Mann etwas genauer inspizieren wollten.

Am Morgen des nächsten Tages ging es nach einem einfachen Frühstück mit etwas trockenem Brot zum Dorfältesten. Ich bedankte mich für die Gastfreundschaft. Es war dem alten Mann wichtig, noch einmal festzustellen, dass nicht alle Indonesier so seien wie die drei, die mich überfallen hatten. Die versprochene Polizeieskorte stand tatsächlich bereit, na ja, sie bestand aus einem Beamten auf einem Moped, der mich etwa 20 Kilometer weit knatternd begleitete. Dann drehte er wieder um und ich fuhr die letzten 130 Kilometer voller Angst bis Pontianak. Mein Pfefferspray klemmte jetzt selbstverständlich wieder griffbereit am Gepäck. Bei jedem vorbeifahrenden Moped zuckte ich leicht zur Seite und observierte genau das Geschehen. Oft blickte ich über meine Schulter und kontrollierte die Straße. Es blieb freundlich. Erschöpft erreichte ich Pontianak.

Goin' walkabout in Down Under

»Where's your esky, mate?«

(Australischer Surfer)

»There's only one thing good about Germany, mate
– the beerfest in Munich.«

(Australier)

» O wya goin', mate?«
»She's apples.«
»Ripper time.«
»Fair dinkum.«
»How they hangin'?«
»Bloody Sheila.«
»Beauty Cobber.«
»She'll be right, mate.«
»Lucky bastard.«
»No worries, mate.«

Zwar lässt sich durchaus erahnen, dass es sich bei diesen Redewendungen um die englische Sprache handeln muss, wer jedoch noch nie seinen Fuß auf australischen Boden gesetzt hat, der wird sehr schnell feststellen, dass er »in trouble« ist. Schulenglisch genügt, um sich im Land verständlich zu machen und sich irgendwie durchzuschlagen. Etwas ganz anderes aber ist es, die Antworten, die einem gegeben werden, auch zu verstehen, denn wenn der Reisende einmal die sechs großen Metropolen des fünften Kontinents verlassen hat, trifft er auf eine besondere Gattung Mensch. Das Outback ist bewohnt vom »Aussie Jobo«, einem Männerschlag, der stets Shorts, Baseballmütze und Muskel-Shirt trägt, niemals rasiert ist, meist barfuß oder in Badelatschen herumläuft, auf gar keinen Fall Sonnenschutzmittel aufträgt, weil ihm das zu schwul ist, der ein hartes Leben im Busch führt und oft einen extremen Saisonjob hat, wie z. B. Minenarbeiter unter Tage. Er pflegt einen äußerst rauen Umgangston, in dem jeder Satz mindestens einmal das Wort »fuck« enthält.

Dieser Typ Mann ist gedanklich sehr einfach gestrickt. Er liebt »Aussie rules« (australisches Rugby), »sheilas« (Schlampen), das Outback und »grog« (Alkohol). Jeder Staat dieses Kontinents braut sein eigenes Bier. Der Aussie Jobo trinkt nur Bier aus seinem Staat, und das literweise und täglich, oftmals schon zum Frühstück. Es muss eiskalt sein und nicht »too fuckin' warm«, wie wir Deutschen es angeblich lieben. Er hat deshalb natürlich einen Bierbauch – nicht selten so groß wie ein Fußball – der sich unter seinem vom roten Wüstensand verschmutzten Hemd deutlich abzeichnet. Seine Faust sitzt locker und er redet gern rassistisches Zeug, am liebsten gegen die Aborigines gerichtet, doch wer sich auf ihn einlässt und ehrliches Interesse an seinem Down Under zeigt, der kommt aus dem Lachen nicht mehr heraus, wird schon nach dem zweiten Bier zum »best mate« (besten Kumpel) und hat kaum die Chance, auch einmal einen »jug« (Liter Bier) oder ein »meat pie« selbst zu bezahlen.

Im Outback traf ich einige dieser rauen, aber auf ihre Art herzlichen Typen. Eine typische Anfangskonversation verlief folgendermaßen:

Jobo: »Owya goin', mate?«

Ich: »All right, yourself?«

Jobo: »Yeeaaaaaa! – Where 'r 'u off to, mate? … Chasin' the bloody sheilas, ey …«

Ich: »Yeah, might give it a try in Sydney.«

Jobo: »Sydney, mate, on your pushy? How long is that gonna take?«

Ich: »Don't know, couple of months, doesn't matter.«

Jobo: »Beauty mate.«

Ich: »Bloody flies are killing me.«

Jobo: »Ah, c'm on you wuzz, all part of it!«

Ich: »Got some water?«

Jobo: »Naaa, mate.«

Ich: »Where can I get some?«

Jobo: »The gas station, I suppose … Feel like a beer, mate?«

Ich: »Don't know, thought of goin' a bit further …«

Jobo: »Mate, my shout, crush out at my place later …«

Ich: »All right, mate.«

Jobo: »Ripper stuff, mate.«

Begegnung zweier Reisender mit wenig PS: Pferdeliebhaber Bill durchquert die Nullarbor-Ebene. Er hat zumindest immer etwas Schatten dabei.

Irgendwann nach 8, 10 oder 15 Bieren und 6 »meat pies«, schlenderte ich dann Arm in Arm mit meinem neu gewonnenen mate aus dem Pub, um irgendwo in seinem Haus meinen Rausch auszuschlafen. Mir machten diese Begegnungen einen Riesenspaß, doch nahm ich nicht jedes Mal solche Aufforderung zum gemütlichen Beisammensein auf Australisch an.

Meine allererste lange Reise, die ich allein unternommen habe, hat mich 1985 hierher geführt. Ich war 23 Jahre alt. Sechs Monate blieb ich damals, reiste als Tramper durch die Lande und jobbte in einer Baumschule. Ich sprach damals noch nicht so gut Englisch, lernte aber schnell dazu, denn als »hitchhiker« (Tramper) verbrachte ich meine Zeit fast aus schließlich mit anderen Australiern. Jeder, der im Ausland eine Fremdsprache erlernt, nimmt den Akzent des Landes an, ohne es selbst zu bemerken, so auch ich. Das wurde mir auf meiner zweiten Fernreise schnell klar. In Kanada und Alaska hielten mich viele für einen Australier, denn ich benutzte deren Redewendungen, sprach leicht nasal und hob am Satzende die Stimme an. Für mich war das normal, auf viele Reisende, die ich in den nächsten 20 Jahren treffen sollte, insbesondere auf Englisch-Muttersprachler, wirkte der Deutsche, der wie ein Aussie spricht, eher belustigend.

Mariko und ich landeten im westaustralischen Perth, der abgeschiedensten Großstadt der Welt, nachdem wir einige Wochen auf Bali und Lombok in Indonesien zusammen verbracht hatten. Sie war zuvor aus Malaysia eingeflogen.

Die nächste Großstadt, Adelaide, ist 2845 Kilometer entfernt. Ich freute mich sehr, nach knapp 18 Jahren wieder einmal hier zu sein. Diesen Teil des Landes kannte ich jedoch noch nicht, konnte ihn also nicht mit früher vergleichen. Leider war ich Ende Juli unterwegs, einem der ungünstigsten Monate für einen Besuch hier an der Küste. Es war kalt und regnete, und das in einer Stadt, die etwa 300 Sonnentage im Jahr vorweisen kann.

Ich war heilfroh, endlich wieder in Ruhe gelassen zu werden. Niemand rief »hello, Mister« und die Preise waren fix. Perth, obwohl eine Millionenstadt, nahm ich als Kleinstadt wahr, so leise floss der Autoverkehr auf den gut ausgebauten, mit Fahrbahnmarkierungen versehenen Straßen an mir vorbei. Es war sauber und alle Menschen hatten ein Ziel, wenn sie auf der Straße oder in der U-Bahn unterwegs waren. Ich schmunzelte über den Akzent der Einheimischen und liebte es, ihren Gesprächen zuzuhören. Nach vier Jahren in Asien verwirrte es mich, nun in einem mehrheitlich von Weißen bewohnten Land zu Gast zu sein. Ich brauchte Wochen, um mich daran zu gewöhnen. Zwei Wochen blieb ich mit Mariko in Perth und Fremantle. Sie suchte sich eine Arbeit in einem japanischen Restaurant, und ich freute mich auf die Nullarbor-Wüste im Süden des Landes, den Schlüsselabschnitt meiner Australiendurchquerung. Wir trennten uns mit dem Versprechen, uns in sechs Monaten in Neuseeland wieder zu treffen.

Ich fuhr ans Cape Leeuwin, den südwestlichsten Punkt des australischen Festlandes, und dann über Albany und Esperance nach Norseman, wo ich mit der Durchquerung des Outback beginnen wollte. Die 500 Kilometer lange Strecke von Albany bis hierher konnte man bereits als authentisches Trainingsgelände betrachten, denn die Distanzen, die ich zwischen den kleinen Ortschaften zu überwinden hatte, waren schon ziemlich groß gewesen. Bevor ich die 1200 Kilometer nach Ceduna, mit 2300 Einwohnern der nächste größere Ort, in Angriff nahm, machte ich einen Tag Pause, checkte mein Rad und kaufte reichlich Proviant ein.

Am nächsten Morgen rollte ich aus Norseman hinaus, vorbei an einem Schild, das die Entfernung bis Adelaide mit 1800 Kilometern angab. Ich fand schnell einen guten Tritt und hatte »gute Beine«. Während der ersten beiden Tage fuhr ich jeweils knapp 200 Kilometer und konnte damit den längsten Abschnitt, der ohne Versorgungsmöglichkeiten war, hinter mir lassen. Ich schlief am ersten Abend im Balladonia Roadhouse und radelte am zweiten Tag bis zum Caiguna Roadhouse. Von nun an hatte ich jeweils nur 60 bis 100 Kilometer zu fahren, bis die nächste Tankstelle kam. An diesen Tankstellen gibt es viel mehr als nur Benzin. Der Besucher kann auch in einem rustikalen Restaurant gut essen und in einem Mini-laden das Nötigste kaufen, es gibt einen Campingplatz und Zimmer verschiedener Preisklassen – von einem Mehrbettraum bis zum gemütlichen Motelzimmer –, eine Autowerkstatt, Duschen, Telefon, Internetverbindung und natürlich eine Bar mit einem Billardtisch. Selbstverständlich sind die Preise hoch, denn die angebotenen Waren werden von weit her angeliefert, und auch die Schlafplätze kosten so viel, dass ich mir nur einmal ein Zimmer leistete. In den anderen Nächten schlief ich im Wüstensand, ungestört von starten-den Autos und Road Trains, die bis spät abends an der Tankstelle stoppen.

Tagsüber trug ich ein giftgrünes T-Shirt, um auf langen geraden Strecken von den Fahrern der Road Trains frühzeitig gesehen zu werden. Diese riesigen Lastwagen-Kombinationen können für einen Radler sehr gefährlich werden. Sie sind bei vier Anhängern bis maxi-mal 53,50 Meter lang, haben einen Bremsweg von 1 bis 1,5 Kilome-tern und produzieren beim Überholen einen enormen Sog. Auf dem Eyre Highway bretterten ausschließlich Road Trains mit nur zwei Hängern an mir vorbei. Wer die ganz langen Züge hautnah spüren möchte, fährt den Stuart Highway von Port Augusta über Alice Springs nach Darwin. Die vielen toten Kängurus am Straßen-rand zeigen vor allem eines: Die Road Trains machen vor nichts halt, nicht vor einen Besoffenen, der achtlos über die Straße torkelt, nicht vor einem Radfahrer, und auch nicht vor Skippy. Der Verwesungs-geruch der vielen Beuteltiere zählt zu meinen Haupterinnerungen aus dem Outback.

Ich flog förmlich durch die Nullarbor. Zum einen, weil ich in der letzten Zeit viel gefahren war und Kraft in den Oberschenkeln hatte, und zum anderen, weil um diese Jahreszeit, Ende August, die South-Westerlies bliesen, also die Hauptwindrichtung von West nach Ost verlief. Die Tagestemperaturen waren mit 18 bis 20 Grad perfekt und ich lud täglich nur 6 bis 8 Liter Wasser, was ausreichend war, denn viele ältere Caravanfahrer hielten an und gaben mir Obst, Wasser, Coke oder ein Bier. Von den Australiern werden sie in Anspielung auf ihr Alter liebevoll, aber auch etwas abwertend »graue Nomaden«

Was ist schon eine neunjährige Weltreise gegen 550 Millionen Jahre alten Granit? Die »Remarkable Rocks« auf Kangaroo Island, Südaustralien, sind wahrhaftig bemerkenswert!

genannt. 60000 von ihnen, so wird geschätzt, sollen kreuz und quer durchs Land fahren. Viele, mit denen ich Gespräche führte, reisten schon seit mehreren Jahren umher und besserten ihre Rente auf, indem sie sich als Pflücker verdingten. »In Australien gibt es ständig irgendwo etwas von den Bäumen zu holen«, sagte mir einer dieser grauen Nomaden, der mit seiner Frau seit 22 Jahren immer wieder Australien umrundet.

Auf schnurgerader Strecke, der mit 146,3 Kilometern längsten geradeaus verlaufenden Straße Australiens und wahrscheinlich der Welt, sah ich in der Ferne etwas langsam auf mich zukommen. Ich dachte erst, es sei ein Radfahrer, dann verwarf ich den Gedanken und glaubte an einen Motorradfahrer mit einer technischen Panne. Es dauerte mehrere Minuten, bis ich ausmachen konnte, was es war.

Ich schob meine Sonnenbrille auf die Stirn, rieb mir die Augen und lachte. Mir kam eine Pferdekutsche entgegen. Hoch oben auf dem Kutschbock saß ein Mann um die 60, mit langem Bart, die Zügel hielt er lässig, und schon von Weitem rief er: »G' day, mate, feel like a beer?« Er kramte zwei Dosen Bier aus seinem Cooler, nach der Firma, die ihn herstellt, »Esky« genannt, und wir setzten uns in den Sand, beide sichtlich erfreut, unerwartet jemanden zum Reden zu haben. Er hieß Bill Murray, und viele Outbackreisende sind ihm schon begegnet. Bill ist seit acht Jahren mit seinem Pferd unterwegs, »goin' walkabout« (ein bisschen Rumgucken). Erstmalig allerdings wollte er nun nach Westaustralien, um sich mal den Sand dort anzusehen, wie er meinte.

In seinem vorherigen Leben war er Gefängniswärter und später Swingerclub-Besitzer in Sydney. »Wenn wir (er und sein Pferd) einmal in der Stadt sind«, sagte er fröhlich, »dann gönn ich mir immer einen Club-Besuch«, dabei hielt er ein Vegimite-Glas hoch, das mit Viagra-Pillen gefüllt war. Ansonsten, erzählte er weiter, genieße er das einfache, billige Leben im Outback. Er schaue sich immer wieder gern den Sternenhimmel an, bevor er sich in seinen »swag«, seine Schlafrolle, lege, und die Zweisamkeit mit einem Tier sei sowieso viel unkomplizierter als die mit einer Frau.

Auf meine Frage, wie lange er denn noch unterwegs sein wolle, antwortete er sachlich: »Bis ich tot vom Kutschbock falle. Meine einzige Sorge ist mein Pferd, wer versorgt es, wenn ich tot bin?« Ich fütterte das Tier noch mit einen Apfel und wir verabschiedeten uns. Er rief »hü« und irgendwas, was sich wie »klaklakla« anhörte, und seine Kutsche setzte sich in Bewegung. 30 Kilometer schafft er täglich mit seinem treuen Freund. Ich guckte ihm noch lange nach, bevor auch ich »hü« sagte und mich auf meinen Kutschbock schwang.

Und wie lange willst DU das noch machen, Carstili?, fragte ich mich, als ich wieder meine Reisegeschwindigkeit von 23 Stundenkilometern erreicht hatte. »Bis ich durch bin«, antwortete ich mir selbst. Auch ich fühlte mich so frei wie Bill und genoss die Einfachheit meines Daseins. Mich plagten hier in Australien keine Sorgen.

In einigen Monaten würde ich Sydney erreichen und damit ungefähr meine Halbzeit. Die Durchquerung der Nullarbor war viel einfacher als zum Beispiel die Reise durch China, was mir Selbstvertrauen gab. Ich fühlte mich nach fünfjähriger Reisezeit als erprobter Tourenfahrer, den nichts und niemand so schnell kleinkriegt, meine Reisekasse war seit Japan wieder gut gefüllt, ich war in einem westlichen Land unterwegs, in dem ich mich problemlos verständigen konnte und mich sehr wohl fühlte, und die Landschaften waren gewaltig.

Es war einfach schön, nach einem halben Tag auf dem Rad durch Ortschaften zu fahren, in denen nur 20 oder 60 Menschen leben, wie die Schilder an den Ortseingängen jeweils bekanntgaben. Ich konnte wieder frei atmen und meinen Gedanken nachhängen. Genau das hatte ich in den meisten dicht besiedelten asiatischen Ländern vermisst, wo es schwierig ist, den Menschenmassen zu entkommen, weil sich das Leben vieler Asiaten an oder neben der Straße abspielt, die Lebensader und Kommunikationsplattform zugleich ist. Hier, in diesem riesigen Land, konnte ich psychisch Kraft tanken, obwohl ich täglich viele Kilometer zurücklegte. Ich fühlte mich zu Hause hier. Nach nur sieben Tagen waren die 1200 Kilometer bis Ceduna »weggefressen«, und wenige Tage später erreichte ich über den Flinders-Range-Gebirgszug Adelaide.

Vier Dinge schrien nach Erledigung in dieser Millionenstadt, die dennoch provinziellen Charme ausstrahlt: 1. sich erholen von harter Radelarbeit, 2. Fahrrad überholen, 3. Flugticket nach Neuseeland kaufen, 4. Visum verlängern. Die ersten beiden Punkte ergaben sich fast von selbst. Ich schlief viel, aß gut in asiatischen Food Halls, und mein Rad wurde von einem ehemaligen australischen Radprofi, der eine Werkstatt unterhielt, zum Vorzugspreis wieder flottgemacht. Ich brauchte eine neue Hinterradnabe, denn drei von mir zu stark gespannte Speichen hatten die Speichenlöcher herausgerissen, und das Hinterrad eierte schon seit 600 Kilometern. Die Ersatzteile wurden aus Sydney bestellt, und zwei Tage später traf die neue Nabe ein, eine Hügi, hergestellt in der Schweiz, mit der ich aufgrund ihrer Langlebigkeit sehr zufrieden war.

Ein günstiges Flugticket nach Auckland zu erstehen dauerte länger. Das machte aber nichts, denn Kopfzerbrechen bereitete mir viel eher die sehr strikte australische Immigrationsbehörde. Dort wollte die Beamtin nicht nur ein Flugticket für die Wiederausreise sehen, sondern auch meine finanzielle Situation kontrollieren. Ich zeigte ihr meine MasterCard, aber das genügte ihr nicht. Sie forderte eine Bankers Reference von meiner Bank in Deutschland. Als ich ihr diese vorlegte – sie war vor eineinhalb Jahren zuletzt ausgestellt worden –, meinte sie: »Die hier aufgeführte Summe hättest du doch schon längst ausgeben können. Ich benötige etwas Aktuelles.« Ich nahm Kontakt mit meiner Bank in Hamburg auf, und mir wurde per Fax eine neue Reference zugeschickt.

Ein Flugticket hatte ich auch gekauft, und drei Tage später erschien ich abermals bei der Behörde, bewaffnet mit einem Ausreiseticket, meinem Pass, meiner Kreditkarte, einem Visumsverlängerungsantrag, Bargeld für die hohen Gebühren und meiner Reference. »Das Fax können wir nicht akzeptieren«, erklärte mir die Beamtin in bestimmtem Ton, »wir brauchen das Original.« Diskussionen begannen, zwei höhergestellte Beamte wurden hinzugezogen. Eine von ihnen war selbst Radfahrerin, und nachdem ich von meiner Tour berichtet hatte, nahm sie mich mit in ihr Büro. Männer wie ich, meinte sie, müssten unterstützt werden. Sie heftete alle Unterlagen zusammen, und während wir zusammen einen Kaffee tranken, erhielt ich meinen Ausweis zurück, darin den Stempel für eine dreimonatige Verlängerung meines Aufenthalts.

Ich verließ die Stadt über die Adelaide Hills, wo sich ein kleines Stück Deutschland, oder vielmehr: ein Klischee von Deutschland, erhalten hat. Hahndorf heißt diese Touristenstätte, benannt nach dem Hamburger Seefahrer Dirk Hahn, der 1838 nach endloser Seefahrt mit Siedlern an Bord hier im Hafen von Adelaide festmachte. Ich hatte es nicht auf Kuckucksuhren abgesehen, wie die Horden chinesischer Pauschaltouristen, die in diesem Dorf fotografierend durch die Straßen bummelten, sondern auf Schwarzwälder Kirschtorte, die ich vor der Konditorei hastig im Stehen verschlang, und deutsches Brot. Mit einem Kilo Vollkornbrot und ein paar Hahn-dorf-Würsten im Gepäck suchte ich schnell das Weite.

Es gibt zahlreiche Windräder in Südaustralien – gut für die Ener-giegewinnung, schlecht für einen Radler, denn auf der Great Ocean Road, die rund 250 Kilometer entlang der australischen Südküste verläuft, bläst ein tosender Wind. Sie ist zusammen mit dem Chap-man's Peak Drive südlich von Kapstadt und dem Pacific Coast Highway zwischen San Francisco und Los Angeles zweifelsohne eine der spektakulärsten Küstenstraßen der Welt. Die Nähe zur Antark-tis ist spürbar. Es herrscht ein raues Klima, der Ozean ist eiskalt und wild. Wasser und Wind sind auch hier die Baumeister, die in Millio-nen von Jahren eine beeindruckende Steilküste geformt haben.

Seit meinem ersten Aufenthalt 1985 hat sich zu meiner Zufrie-denheit nicht sehr viel verändert. Die langen Holzstege, die zu den Aussichtspunkten hinaus führen, sind heute mit Geländern gesi-chert, einige Touristenzentren informieren und verkaufen Souve-nirs, und die kleinen Orte entlang dieser Strecke sind sehr stark auf Tourismus ausgerichtet. Aber auch mein zweiter Besuch hier begeis-tert mich. Die Wildheit dieser Landschaft ist und bleibt trotz steigen-der Besucherzahlen unzähmbar, stelle ich als Naturliebhaber mit Genugtuung fest, als ich stundenlang auf die Twelve Apostles schaue, bis zu 60 Meter hohe Kalksteinfelsen im Meer. Einzig der London Bridge genannte Felsbogen hatte sich gegenüber 1985 ver-ändert. Fünf Jahre nach meinem ersten Besuch musste er sich der Natur ergeben und die Landverbindung brach ab. Zwei Touristen, die gerade auf dieser Felsenbrücke standen, mussten für kurze Zeit ein Robinson-Crusoe-Dasein führen, bis ein Helikopter sie von der neu entstandenen Insel zurück aufs Festland flog. Nach diesem Ereignis wurde die London Bridge zu London Arch umbenannt.

Drei Wochen verbrachte ich auf Tasmanien und drehte eine 1000-Kilometer-Runde, die mich auch zum Cradle Mountain und in den Freycinet National Park mit der perfekt geformten Wineglass Bay führte. »Tassi« ist wie Neuseeland vor allem aus einem Grund so herrlich grün: Es regnet oft. Das tat meiner guten Stimmung keinen Abbruch. Was dem Regen nicht gelang, schaffte allerdings die Polizei, die mich hier zum zweiten Mal seit meiner Ankunft auf dem australischen Kontinent stoppte, weil ich keinen Helm trug. Beim ersten Mal, in Westaustralien, hatte ich vorgegeben, kein Englisch zu sprechen und auf Deutsch unsinniges Zeug auf die verwirrten Beamten eingeredet. Sie hatten mich in einen Fahrradladen begleitet, mir einen Fahrradhelm ausgesucht und ihn mir auf den Kopf gesetzt. »Hier in Australien bist du gesetzlich dazu verpflichtet, so etwas beim Radfahren zu tragen«, hatten sie mich ermahnt. Ich hatte den gebrauchten Helm für zehn australische Dollar gekauft und war davongekommen, ohne das Bußgeld von 60 Dollar zahlen zu müssen. Durch die Nullarbor-Ebene war ich dann nackt gefahren, und niemanden hatte das interessiert. Hier, zurück in der Zivilisation, war das wieder anders. Diesmal konnte ich mich nicht zurückhalten und fing eine Diskussion über die Helmpflicht an, was natürlich auf Unverständnis stieß. Man ließ mich abermals ohne Strafzahlung ziehen, ich wurde aber schriftlich verwarnt und meine Daten wurden in den Computer eingegeben. Beim dritten Mal würde ich mit Sicherheit die 60 Dollar zahlen müssen. Mürrisch setzte ich meinen gebrauchten Helm auf, den ich auf das Gepäck geschnürt hatte, und fuhr weiter.

Ich befürworte grundsätzlich die Helmpflicht für Kinder, Straßenrennfahrer (beständig hohe Geschwindigkeit) und Mountain Biker (unwegsames, steiles Gelände). Einen Tourenfahrer dazu zu verdonnern, finde ich dagegen lachhaft. Meine Durchschnittsgeschwindigkeit auf einer asphaltierten Straße beträgt um die 18 Stundenkilometer, auf schlechten Abschnitten weniger. Berücksichtigt man dies, müsste ja auch jeder schnelle Jogger einen Helm tragen, um einen Sturz zu überleben. Ich bin auf meiner gesamten Strecke um die Welt mehrmals in den Straßengraben abgedrängt worden oder musste mich dorthin retten, oft bei Geschwindigkeiten von 20 bis 25 Stundenkilometern. Ich schlug nicht ein einziges Mal mit dem Kopf auf.

Davon abgesehen ist ein Helm denkbar unpraktisch in Australien, denn jede Menge fliegendes Ungeziefer verfängt sich zwischen den

Helmrippen und sticht in die Kopfhaut. Das Helmtragen auf dem Tourenrad zu empfehlen, wie z. B. in Westeuropa und Nordamerika, finde ich okay, einen dazu per Gesetz zu verpflichten und gegebenenfalls zu bestrafen, wie in Australien, Neuseeland und Namibia, ist albern. Im neuseeländischen Christchurch verschenkte ich meinen gebrauchten Helm, bevor ich in den Flieger nach Kanada stieg.

Der Frühling war da und brachte Gefahr aus der Luft mit sich, die mich meine Meinung über die Helmpflicht noch einmal kurzfristig überdenken ließ. Der hier heimische Vogel namens Australian Magpie stürzte sich wie ein japanischer Kamikazeflieger auf mich herab und versuchte, mich mit seinem Schnabel am Kopf zu verletzen. »Doch nicht schlecht, so ein Helm«, dachte ich, als einer von ihnen meine Kopfhaut knapp verfehlte. Besonders gefährlich war, dass er immer von hinten attackierte. Der böse gefiederte »Unfreund« flog flach über der Straße und war plötzlich da. Die ersten Male verriss ich in der Schrecksekunde den Lenker und wäre einmal beinahe von einem Auto erfasst worden.

Von nun an beobachtete ich diese Vögel genau, wenn ich sie wieder auf den Telefonleitungen oder Zäunen sitzen sah, und wandte mich im Vorbeifahren möglichst oft zu ihnen um. Immer wenn ich sie ganz plötzlich in den Blick nahm, brachen sie ihren Angriff ab, flogen wieder auf eine Leitung und warteten, bis ich wieder wegschaute. Dann griffen sie wieder an, bis ich ihr Territorium verlassen hatte und ihrer Brut keine Gefahr mehr drohte. Fußgänger, Auto- und Motorradfahrer blieben zu meinem Unmut von Angriffen verschont. Einige Radler malen sich Augen auf die Rückseite ihrer Helme oder kleben sich Lametta an den Helm. Auch ich wurde zum Lametta-Boy, das konnte zwar einige Vögel abschrecken, nicht aber die mutigen. Mir blieb nichts anderes übrig, als sie genau zu observieren und oft über die Schulter zu gucken. Das große Aussie-Rules-Finale bestritten in diesem Jahr zwei Teams, die die Spitznamen Lions und Magpies tragen. Meine Wut auf den Vogel war so groß, dass ich schon deshalb für die Lions war.

Über die Bundesstaaten Victoria und New South Wales erreichte ich mein Ziel Sydney. Auf dem Weg dorthin kletterte ich durch die einzigen Skiregionen des Landes. 30 Kilometer schwitzte ich mich bergauf beim Anstieg nach Falls Creek, und einige Tage später schnaufte ich 25 Kilometer hoch bis nach Thredbo auf das Dach Down Unders, das mit dem höchsten Berg, dem Mount Kosciusko, wenig mehr als 2000 Meter über dem Meeresspiegel liegt.

Einige meiner ehemaligen Schweizer Kollegen arbeiteten manchmal während der kurzen, zweimonatigen Saison in diesem Gebiet, und einmal hatten wir in Saas-Fee auch Besuch von einem Aussie. Ich hatte ihn damals betreut, denn ich war einer der wenigen, die Englisch sprachen. Mick Kuhn war ein Australier, wie man ihn sich vorstellt: groß, provozierend im Tonfall, nie ohne Baseballmütze, in alten Klamotten, immer bereit, ein Bier zu kippen, und ständig einen witzigen Spruch auf den Lippen. Jetzt wählte ich seine Telefonnummer und tatsächlich, zwölf Jahre nach unserem letzten Zusammensein, nahm er den Hörer ab. Ich sagte:»Ey, Kumpel, erinnerst du dich an diese Stimme? Ist schon lange her ...« Er lachte so laut auf, dass ich den Hörer auf Abstand zu meinem Ohr halten musste, und antwortete:»Ey, Cooosten, wie könnte ich dich vergessen, wo bist du, Mann?« Keine zehn Minuten später saßen wir im Pub, als ob die zwölf Jahre nicht den Bach hinuntergeplätschert wären, und lachten über gemeinsame Erlebnisse in den Schweizer Bergen. Ich blieb fünf Tage bei ihm, seiner holländischen Frau, zwei Kindern und drei Wallabybabys, die im Haus rumhüpften.

Es war heiß geworden im Land. Der Sommer war da und mit ihm schweißtreibende Fahrtage – und die Fliegen. War ich in den letzten Monaten aufgrund starken Windes und relativ niedriger Temperaturen weitgehend verschont geblieben, kannten sie jetzt kein Erbarmen und zeigten zu Dutzenden ihre Begeisterung für das schwitzende, radelnde Wesen. Ich war viel auf unasphaltierten Nebenstrecken und entsprechend langsam unterwegs, das freute die kleinen schwarzen Monster besonders. Sie surrten um meinen Kopf herum und zeigten sich furchtlos: Nasenlöcher, Mund, Ohren und Augen wurden ausführlich inspiziert. Versuchte ich während der Fahrt eine von ihnen totzuschlagen, flog sie nur kurz hoch, um sich auf einem anderen Teil meines Gesichts erneut niederzulassen. Je mehr ich schwitzte, desto aufgeregter und gieriger saugten sie. Aus Dutzenden wurden im Laufe des Tages Hunderte.

Glaubte ich sie einmal auf einer Abfahrt abschütteln zu können, wurde ich schnell eines Besseren belehrt. Die »Schwarzfahrer« setzten sich im Windschatten auf meine vorderen und hinteren Packtaschen und vor allem auf meinem nass geschwitzten Rücken ab. Verlangsamte ich die Fahrt, waren sie wieder in meinem Gesicht. »Bbbssssssss …«, so ging es Stunde um Stunde, »bbbsssssssssss …« Ich wurde zunehmend gereizter und schlug immer öfter auf sie ein, was mir einen Sturz auf einer mit Steinen übersäten Schotterpiste bescherte. »Bbbssssss«, surrte es weiter, als ich im Sand lag. Ein Logging Truck (Holztransporter) raste, eine Staubfahne hinter sich herziehend, an mir vorbei. »Ha ha ha«, lachte ich höhnisch, in der Hoffnung, dass der Sog sie wegwehen würde. Die Staubfahne verzog sich langsam, nicht aber meine schwarzen Feinde. »Bbbssssssss …«

Ich versprühte Moskitospray auf meinem Körper und auf den Packtaschen, schmierte mich mit verschiedenen Lotionen ein, doch diese Maßnahmen verschafften nur meinem Geldsack Erleichterung. Ich schwitzte zu stark, der Schutz hielt nur kurzfristig, ich konnte die Fliegenwolke nicht abschütteln.

Ich zog meine letzte Waffe aus dem Gepäck: ein feinmaschiges Netz, das ich mir über den Kopf stülpen und am Hals zuziehen konnte. So ein Netz hilft nur, wenn es über einen Hut gelegt wird, der einen Abstand zwischen Gesicht und Netz schafft, sonst ist die Wirkung gleich Null. Also setzte ich eine Baseballmütze über mein Kopftuch, und Nasenlöcher, Mund und Ohren wurden verschont. Das Gesumm blieb. Die Fliegen nahmen jetzt auf dem Netz Platz. Mein Blick auf den Bundesstaat New South Wales war von nun an vergittert. So stelle ich mir den Blick einer Burka tragenden afghanischen Frau vor. Ich hatte zwar etwas Schutz, fühlte mich aber eingesperrt. Legte ich eine Pause ein und wollte essen oder trinken, musste ich das Netz lockern, und das genügte den Monstern, um unter das Netz oder mitsamt der Nahrung in den Mund zu gelangen. Ich brauchte in diesen Monaten kein Fleisch kaufen, denn Proteine nahm ich in Form von Fliegen ausreichend zu mir.

Ich fragte einige Männer um Rat, denn so lächerlich es auch klingt, diese Mengen an Fliegen verdarben mir den Genuss am Unterwegssein. »Kumpel«, meinte ein im Busch arbeitender Australier zu mir, »die Fliegen gehören zu Australien wie die Bratwurst zu Deutschland. Lerne das zu akzeptieren oder bleibe in der Stadt.« Ich tat mich schwer mit dem Akzeptieren und war froh, als ich die Oper im Hafen von Sydney erblickte. Die Fliege ist in der Tat so sehr Teil dieses Landes, dass die Sterne auf der Nationalflagge durch Fliegen ausgetauscht werden sollten.

In Sydney angekommen, zog ich Bilanz zwischen dem Australien von 1985 und dem von 2003. Meine Rucksacktour vor 18 Jahren war für mich die erste weite, mehrmonatige Reise gewesen. Ich war jung, wollte auf die andere Seite der Erde fliegen und dort möglichst lange durchhalten. Sehr zu meiner eigenen Freude hatte ich keine Mühe damit, auf mich selbst gestellt zu sein, fast ohne Kontakt zu meinen damals noch vielen Bekannten in Hamburg.

Es war das Zeitalter vor dem World Wide Web und ich hatte nur ganz selten Verbindung mit Deutschland. Ich schrieb Briefe und besprach eine Kassette, die ich mit Musik mixte und nach Hause schickte. Nur einmal in den sechs Monaten meines Aufenthalts telefonierte ich mit meinen Eltern, was mein bescheidenes Tagesbudget so stark belastete, dass ich tagelang nur Peanutbutter-Sandwiches aß, um mich finanziell zu erholen. R-Gespräche waren damals von Australien nach England möglich, aber noch nicht nach Deutschland. Briefe erhielt ich postlagernd. Es war ein großer Moment, als ich im Postamt von Melbourne endlich fündig wurde, nachdem ich alle Buchstaben, unter denen meine Briefe hätten aufbewahrt sein können, durchgekämmt hatte. Ich durchsuchte den Ordner »J« für meinen Nachnamen Janz, dann »C« für Carsten, später in anderen Ländern auch »D« für Deutschland oder »A« für Alemania, um wirklich alle Möglichkeiten der Briefeinsortierung auszuschöpfen, falls ein Brief nicht korrekt abgelegt worden war. Endlich hielt ich ein Stück Heimat in den Händen, einen Luftpostbrief von meinen Eltern, wie immer war auch ein kleiner Dollarschein beigelegt und eine besprochene Kassette von meinen beiden besten Freunden. Ich war damals mit einer Inderin unterwegs, die in Australien aufgewachsen war. Sie ließ mich an diesem Tag völlig in Ruhe und ich konnte meine Post still für mich genießen. Die Kassette begann mit einem Lied:»This is Germany calling ... dadadada ... This is Germany calling, all over the world«. Ich konnte es kaum fassen, am anderen Ende der Welt auf einem Campingplatz zu sitzen und Post aus Hamburg erhalten zu haben. Ich zelebrierte alles, vom Öffnen des Umschlags bis zum langsamen Lesen oder wiederholten Hören der Kassette. Bei allen Vorteilen, die das WWW heute den Reisenden bietet, und der Leichtigkeit, mit der man mittels einiger Mausklicks Kontakt halten kann: Ich werde nie diese kribbelnden Tage an den Poste-Restante-Schaltern von Melbourne, Alice Springs, Cairns, Sydney oder später Vancouver, Fairbanks, Tegucigalpa, Panama oder Quito vergessen.

Es machte mich stolz, so fern der Heimat allein klarzukommen und meinen Freunden daheim darüber zu berichten. Ich war zum ersten Mal in einem Land mit endlosen Weiten unterwegs, trampte durch den Kontinent, begegnete anderen jungen Reisenden aus verschiedenen Teilen der Welt, lernte schnell das australische Englisch und arbeitete in einer Baumschule. Ich staunte über die Great Ocean Road, Ayers Rock, die gute Livemusik in den zahlreichen Pubs, die Aborigines, das Silvesterfeuerwerk über der Oper von Sydney und die Mengen an Fliegen und bewunderte die Weiten, die Sterne, die Wombats, Koalas, Krokodile und Kängurus, die leeren Strände und das Barrier Reef. Vor allem aber überraschte mich die lustige, unbefangene Lebensart der Menschen hier. Bei den hart arbeitenden Einheimischen kam der Spaß nie zu kurz. Alles und jeder wurde durch den Kakao gezogen, am meisten die»Pommys«, wie die Engländer hier genannt werden. Eine Erinnerung daran, dass die ersten Engländer als Strafgefangene hierher kamen, als »prisoners of her Majesty« (POM). Aber auch ich als »Kraut«, also als Sauerkrautesser, bekam täglich mein Fett ab. Bei der Arbeit in einer Baumschule in den Dandenong Hills galt das Motto »work hard, play hard«, hart arbeiten, aber auch feste Partys feiern. Es war eine wilde Bande, mit der ich bei 40 Grad im Schatten in gebückter Haltung kleine Obstbäume beschnitt. Oft kam jemand mit einer toten Tigerschlange zurück, die er gerade erschlagen und lässig über die Schulter gelegt hatte, oder sie setzten dem »Kraut«, gespannt auf seine Reaktion, unbemerkt eine giftige Redbackspinne ans Bein. Ein raues, aber herzliches Volk.

Es war mir schon vor meiner Landung in Perth klar gewesen, dass ich das Australien von 2003 nicht mehr genauso wie das von 1985 erleben würde. Die erste lange Reise bekommt immer einen besonderen Platz im Leben eines Travellers, so wie vielleicht »das erste Mal«. Australien veränderte mein Leben nachhaltig. Ich hatte von den Aussies gelernt, meinen eigenen Lebensweg zu finden und auch zu gehen, unabhängig von der Erwartungshaltung meines Umfeldes. Erst viele Jahre später wurde mir klar, dass meine erste Australienreise den Grundstein für mein Reisedasein und meine veränderte Denkweise gelegt hatte.

18 Jahre später hatte ich alle Kontinente mehrere Monate lang mit allen möglichen und unmöglichen Verkehrsmitteln bereist und war nun auf dieser Radwelttour auch schon seit fünf Jahren unterwegs. Ich war ein weit gereister Mann geworden und mein Horizont hatte sich entsprechend erweitert. Ich konnte Australien mit zahlreichen anderen Ländern vergleichen und hatte nun, mit 41 Jahren, eine veränderte Sichtweise auf die Dinge. Ein 20-Jähriger reist selbstverständlich anders als ein 40-Jähriger, und dieser anders als ein 60-Jähriger. Der 20-jährige männliche Backpacker will in erster Linie geile Partys feiern und viele Frauen flachlegen, der 40-Jährige will sich noch mal so richtig mit der Natur messen, seine Grenzen kennenlernen, bevor er zu alt wird, und viele Frauen flachlegen, und der

Orientierung leicht gemacht: immer geradeaus, und treten bis der Arzt kommt!

60-Jährige macht in Kultur, besucht kulturelle und spirituelle Orte und will auch viele Frauen flachlegen.

Was hat sich verändert? Aus 16 Millionen Einwohnern sind 20 Millionen geworden. Kurz vor meinem Abflug wurde der zwanzigmillionste Aussie geboren. In den Großstädten fällt auf, dass sehr viele Asiaten zugewandert sind, insbesondere Chinesen, Japaner und Koreaner. Sydney und die anderen Großstädte sind eng geworden. Ein Beweis ist der Circular Quay in direkter Nachbarschaft zur Oper. War er damals noch in seiner Weitläufigkeit zu bewundern, so sind jetzt Restaurants, Boutiquen und Eisläden bis dicht an das bizarr geformte Opernhaus herangebaut worden. Die Städte sind heute echte Weltmetropolen, mit hohem Preisniveau, und unterscheiden sich nicht mehr von anderen Großstädten der Welt.

Die Immigrationsgesetze sind aufgrund der vielen Menschen, die hier leben wollen, strikter geworden. Die große Gastfreundschaft, die ich damals erleben durfte, hat sich verflüchtigt. Wurde ich vor 18 Jahren noch jeden zweiten Abend zum Übernachten in ein Haus eingeladen, passierte mir dies mit zwei Ausnahmen nur noch gelegentlich in Tasmanien. Dort konnte ich noch einen Hauch des alten Australien spüren. Auf dem Festland ist heute jeder, wie auch bei uns in Europa, mehr als früher hinter dem Dollar her. Geld zu machen und einen hohen Lebensstandard zu haben ist wichtig geworden. Die vielen Touristen im Land werden nicht mehr gratis in die Häuser eingeladen, stattdessen werden jetzt zahlreiche Bed-and-Breakfast-Unterkünfte angeboten.

Mittlerweile gibt es auch eine Zugverbindung zwischen Darwin und Adelaide, allerdings bislang nur für den Gütertransport, und der Stuart Highway ist durchgehend geteert. Radfahrer werden aus dem überholenden Fahrzeug gern mit leeren Bierdosen beworfen. Vielleicht der neue Nationalsport?

Was ist unverändert? Die allgemein positive Haltung zum Leben, die jeder Besucher zu spüren bekommt und die er mit ins Flugzeug und nach Hause nimmt. Die Rivalität zu Neuseeland: Bei den Rugbyspielen zwischen den neuseeländischen All Blacks und den australischen Wallabies kommt es zu wahren Schlachten. Der allgemeine Sportkult: Ein erfolgreicher Sportler genießt höheres Ansehen als ein Politiker. Die Diskussionen über die »Abos«, die Aborigines. Das Outback mit seinen Fliegen. Krokodile und weiße Haie, die gelegentlich einen Menschen verspeisen. Jimmy Barnes, der ehemalige Sänger der Band Cold Chisel, singt und schreit sich immer noch die Seele aus dem Leib. Und auch Kylie Minogue gibt es noch. Der direkte, entwaffnende australische Humor. Der Rassismus: Mariko musste sich Kommentare anhören wie z. B. »Geh nach Hause, Banane« oder: »Mach die Augen auf«, in Anspielung auf ihre gelbe Hautfarbe und ihre asiatischen Augen. Auch ich wurde, wie schon bei meinem ersten Aufenthalt, wiederholt mit meiner Herkunft aus »Hitlers Land« konfrontiert. Man zieht immer noch »meat pies« oder Fish and Chips der asiatischen Küche vor. Und es ist heute wie gestern eine Todsünde, in einem südaustralischen Pub ein Bier aus einem anderen Staat, etwa Victoria, zu bestellen.

Fazit: Australien ist nach wie vor ein tolles Reiseland mit wenig veränderten Naturschönheiten und grandiosen Weiten. Dies, die lustigen Bewohner und eine interessante Tierwelt sind weiterhin die (lange) Anreise wert.

Auch das Stahlross
braucht ein Ticket

»You cyclists are a pain in the arse!«

(Bodenpersonal in Hongkong beim Einchecken)

Zwei Tage vor Weihnachten stand ich früh auf. Es war der Tag meines Abflugs ins Maori-Land. Take off zehn Uhr vormittags. Um 05.30 Uhr morgens radelte ich durch die Straßen von Kings Cross, wo sich mein Hotel befand. Ich fuhr bis zur Central Station, um von dort den lokalen Zug zum Kingsford Smith Flughafen zu nehmen. Ich brannte darauf, Mariko in Auckland wiederzutreffen und ihr von meinem Radiointerview bei ABC National Radio zu erzählen.

Ich war froh, der Rushhour in Sydney ein Schnäppchen geschlagen zu haben. Um sieben Uhr, also drei Stunden vor dem Abflug, erreichte ich den Schalter von Qantas Airways. Ich stellte mich sofort an, um als einer der ersten Fluggäste abgefertigt zu werden. Etwa zehn Passagiere waren vor mir. Zuvor hatte ich alle sieben Taschen vom Rad genommen und sechs davon waren in einer großen, leichten Nylontasche verschwunden, die ich immer dabei habe, denn es sind nur zwei Gepäckstücke plus Handgepäck erlaubt. Im Rucksack, den ich als Handgepäck verwendete, waren vorwiegend schwere Teile, mit Ausnahme meines Werkzeugs, das ich nicht mit in die Kabine nehmen konnte. Ungefähr acht Kilogramm wog der Rucksack, 22 Kilo der Nylonsack mit den sechs Radtaschen und etwa 20 Kilo das Fahrrad mit den Gepäckträgern. Ich hatte meine Cowboystiefel, mehrere Hemden übereinander und den Faserpelzpullover angezogen, die Fotokamera trug ich am Gürtel meiner Jeans, um mit der Freigepäckgrenze keine Probleme zu bekommen. Mein Rad hatte ich bereits abflugfertig gemacht, den Lenker quer gestellt, die Lenkerhörner nach unten gebogen, das Sattelrohr heruntergeschoben, die Pedale abgenommen und die Luft aus den Laufrädern gelassen. Ich stellte es an einem Pfeiler in der Nähe des Schalters ab, um es nicht durch die schlangenlinienartigen, engen Eincheckmarkierungen schleifen zu müssen. Die Abfertigung würde kein Problem sein. Ich vergewisserte mich nochmals und suchte meinen Flug auf der riesigen Anzeigetafel unter den Destinationen in aller Welt: Bangkok, Hongkong, Dubai, Frankfurt, London, Jakarta, Los Angeles, Johannesburg und Neuseeland. »Ja, da ist er, mein Flug nach Auckland«, stellte ich mit leichter Vorfreude fest. Boarding Gate 16 um 09.20 Uhr.

Diesmal machte ich mir keine Sorgen, was die Radmitnahme anging. Von Bali nach Perth war ich auch mit Qantas geflogen, hatte gute Erfahrungen mit der Gesellschaft gemacht und wählte sie deshalb auch für diesen Flug. Ein Fahrrad wird hier als ein Sportgerät anerkannt, genauso wie Golfausrüstung, Skier oder ein Surfbrett. 15 Dollar sollte mich eine Fahrradbox aus Pappe kosten und 30 Dollar die Mitnahme des Rades. In Adelaide hatte ich mich, bevor ich mein Ticket kaufte, noch einmal schlau gemacht, was genau beim Einchecken mit dem Zweirad passiert. »Kein Problem«, hieß es, »Sie kaufen eine Box am Flughafen, zahlen noch einmal 30 Dollar extra und alles ist erledigt.« Ich hatte mit einer Mitarbeiterin von Qantas persönlich gesprochen und mir für alle Fälle ihre Telefonnummer geben lassen. Jetzt hielt ich also neben meiner Departure Tax noch 45 Dollar für das Rad und die Box in den Händen.

Die neun vor mir wartenden Mitflieger werden schnell abgefertigt und ich höre das »Next, please«. Ich schultere meinen Rucksack und aste die Nylontasche zum Schalter, um sie gleich auf das Förderband zum Wiegen zu legen. Ich sage freundlich »G'day«, lege Pass und Flugticket auf den Tresen und hole mein Rad an den Schalter. »Oh boy, what do we have here?«, fragt die Angestellte in einem Tonfall, der Konfrontation andeutet. Es ist 07.10 Uhr. »Das Rad muss in eine Box.« – »Ja, weiß ich, geben sie mir eine.« – »Die müssen Sie bei der Gepäckaufbewahrung selbst kaufen. Legen Sie alles zur Seite und stecken Sie das Rad in eine Box.« Ich laufe los, stelle mich am entsprechenden Schalter an, zahle 15 Dollar, laufe zurück, falte die Pappe zu einer Box, nehme beide Laufräder aus der Halterung und quetsche das Rad hinein. Mit dem Tapeband, das ich dabeihabe, verklebe ich alles.

07.35 Uhr. Ich stehe wieder vor dem Schalter. Die strenge Dame mit einem noch strengeren Haarschnitt guckt mich über ihre Brille hinweg weiterhin mürrisch an. »Ihr Visum ist nicht mehr gültig, wenn Sie zurück nach Australien kommen.« – »Ich komme nicht zurück nach Australien, ich fliege dann weiter nach Kanada.« – »Wo ist das Ticket für Kanada?« – »Das kaufe ich in Neuseeland, denn ich weiß noch nicht genau, wie lange ich dort bleiben werde.« – »Ihr Rückflug ist in fünf Tagen und Ihr Visum läuft in drei Tagen aus.« (Ich musste in Adelaide bereits einen Flug zur Ausreise aus Neuseeland buchen, um an der Grenze keine Probleme zu bekommen, es war nur wenig teurer als ein einfacher Flug und ich kaufte ein Hin- und Rückflugticket.) »Ich checke Sie nicht ein, wenn Sie nicht dieses Problem mit der ›Immigration‹ geklärt haben.«

07.50 Uhr. Ich laufe wütend los zum Schalter der Einwanderungsbehörde. Anstehen und die Lage erklären. Dort sind die Beamten nicht so pflichtbewusst wie die überkorrekte Dame, mit der ich es am Schalter zu tun habe. Eine Angestellte von Qantas wird bestellt, der Rückflug zwei Tage vordatiert, ich zücke meine MasterCard, zahle die fällige Gebühr und eile abermals zurück zum Schalter.

08.20 Uhr. Ich ernte böse Blicke von den wartenden Fluggästen, als ich wieder an den Schalter zu meinem Gepäck gehe. »Sind Sie nun endlich zufrieden?«, frage ich in provozierendem Ton, als ich das geänderte Flugticket abermals vorlege. »Sie haben eine Freigepäckgrenze von 20 Kilogramm, also 22 Kilo Übergewicht, das Sie jetzt bezahlen müssen. Bei 12 Dollar pro Kilo bekomme ich also 264 Dollar, bitte.« – »Was??«, schreie ich, »das kostet 30 Dollar für das Rad extra und dann bin ich bis auf ein oder zwei Kilogramm im Limit!« –»Nein, das stimmt nicht, Sie haben 42 Kilo hier und den Rucksack, den Sie als Handgepäck nehmen dürfen. 264 Dollar, bitte.« –»Das zahle ich nicht, ich verlange den Supervisor zu sprechen.« –»Nehmen Sie all Ihr Gepäck und warten Sie neben dem Schalter, damit ich andere Gäste abfertigen kann«, sagt die Frau, die einen Tumor in ihrem Humor sitzen haben musste.

08.35 Uhr. Die Vorgesetzte erscheint. Ich erkläre die Situation und beschwere mich über ungewohnt unfreundliche Behandlung von Qantas Airways. Sie bleibt hart und sagt ebenfalls:»264 Dollar, bitte.« Noch so eine tausendprozentige Zicke, denke ich. Ich ziehe die Telefonnummer, die ich in Adelaide bekommen habe, aus der Tasche und will nun endlich die angespannte Situation mithilfe des Büropersonals in Sydney aufklären. Großzügigerweise bekomme ich das Handy der Abteilungsleiterin, die sogar die Verbindung für mich herstellt. Am anderen Ende ist zu meinem Entsetzen eine Angestellte, die von nichts weiß. Höhnisch grinsend nimmt Frau Supervisor das Handy zurück.

08.45 Uhr. Ich fluche abermals los, dass ich bereit bin, 30 Dollar für mein Sportgerät zu zahlen, wie beim letzten Mal, als ich mit Qantas von Indonesien herkam, aber nicht mehr. Da sagt die forsche Supervisor-Frau den alles entscheidenden und für mich entwaffnenden Satz:»Sie fliegen heute nicht mit Qantas. Dieser Flug wird von LAN Chile durchgeführt, und die erkennen ein Fahrrad NICHT als Sportgerät an.« Ganz asiatisch suche ich nun nach Möglichkeiten der Schadensminderung und fange an, über die Summe zu verhandeln. Ich biete 100 Dollar. Dass ich nicht mehr in Asien bin, stelle ich bei einem Pulsschlag von 160 fest. Die Frau fragt schließlich:»Wollen Sie diesen Flug nun nehmen oder nicht? Ja oder nein?«

08.55 Uhr. Ich zahle fluchend und kopfschüttelnd 264 Dollar mit meiner MasterCard. Die Schalterfrau nimmt die Tasche, nicht aber die Box. Das Paket muss an dem Schalter für Übergrößen abgegeben werden.

09.05 Uhr. Endlich ist das Paket aufgegeben.

09.20 Uhr. Departure Tax ist bezahlt, und ich haste zum Schalter der Einwanderungsbehörde. Auf der Anzeigentafel steht »Boarding« neben einem grün blinkenden Licht hinter meinem Flug nach Auckland.

09.35 Uhr. Ich sprinte wie zu meinen besten Leichtathletikzeiten an den vielen Gates vorbei. »Last call for Mister Janz for flight LAN 754 to Auckland«, höre ich über die Lautsprecheranlage, als ich mein durchleuchtetes Handgepäck vom Laufband nehme, und gerate fast in Panik. Ich sprinte, was die Waden hergeben, der Rucksack schaukelt von links nach rechts. Gate 12 ... Gate 13 ... Gate 14 ... Gate15 ... endlich da. Kein Fluggast ist mehr beim Einchecken. »Mister Janz«, ruft jemand vom Bodenpersonal ungeduldig, »wir verspäten uns, schnell, schnell!! Wo waren Sie denn die ganze Zeit? Sie müssen früher zum Flughafen kommen!!!«

Nass geschwitzt wie nach zwölf Runden im Muay-Thai-Ring höre ich beim Einsteigen in die Maschine endlich wieder eine freundliche Frauenstimme: »Willkommen an Bord, Mister Janz, hier den rechten Gang entlang zur 34. Reihe, bitte.« Erschöpft falle ich in meinen Sitz.

Obwohl die Gepäckabwicklung bei den Fluggesellschaften nahezu perfekt organisiert ist, wurde bis zum heutigen Tage das Handling eines Fahrrades im Flugzeug immer noch nicht einheitlich geregelt. Es ist ein Armutszeugnis für die gesamte Branche und zerrt uns globalen Tretern sowie auch denen, die mal ein bisschen in den Ferien radeln, Ski fahren oder Golfen wollen, gehörig an den Nerven. Ich erlebte diesbezüglich die gesamte Behandlungspalette: Von der freundlichen Reaktion bei der australischen Fluglinie Virgin Blue, als ich mein Rad, so wie es war, an den Schalter rollte (»Ein Mann mit so einem Lächeln zahlt bei uns nicht extra für zu viel Gepäck«), bis hin zu dem eben beschriebenen Hin und Her war ich den ständig wechselnden Gesetzen jeder einzelnen Gesellschaft ausgeliefert: Manchmal musste das Rad in eine Box, mitunter genügte es auch, den Lenker quer zu stellen. Manchmal sollte ich die Luft aus den Reifen nehmen, dann wieder nicht. Das eine Mal wurde das Rad auseinandergenommen und vollständig mit schützendem Plastik umwickelt, das andere Mal rollte das Personal es so, wie es war, einfach weg. Gelegentlich war der Transport gratis – einmal genügte es, dass das Personal damit zum Flugzeug radeln durfte, um einen Gratistransport sicherzustellen (Borak Airlines, Indonesien) – manchmal musste ich pro Kilo Übergewicht zwischen 6 und 15 Dollar extra zahlen. Oftmals gab es einen Pauschalpreis für das Fahrrad, je nach Airline zwischen 30 und 80 Dollar, dann wieder lag die Freigrenze bei 20 oder 30 Kilo, auf Flügen nach Nordamerika bei 66 Kilo. Das ist der absolute Glücksfall auch für einen schwer beladenen Tourenfahrer.

Ich kann Radreisenden nur raten, sich diesbezüglich vor dem Ticketkauf genauestens zu informieren und, wenn irgend möglich, sich die Bedingungen schriftlich bestätigen zu lassen oder einen Ansprechpartner im Büro zu haben. Die zentrale Frage ist die, ob ein Fahrrad als Sportgerät anerkannt wird oder nicht, und was das kostet. Wenn man von Deutschland oder Westeuropa aus startet, dürfte in der Regel alles glattgehen. Aber einmal fern der Heimat, auf anderen Kontinenten, mit ungeschultem Personal, das einen nur als Geldautomaten ansieht, gibt es Stress, und Diskussionen sind vorprogrammiert. Auch das gehört zu den Erfahrungen einer Weltumradlung, wenn auch zu den nervtötenden.

Wann immer es möglich war, wich ich deshalb auf das Schiff aus. Auf einer modernen Fähre kommt man auf eine sehr entspannte Art voran und die Radmitnahme stellt nicht das geringste Problem dar. Ich habe diese Fahrten immer unendlich genossen. In vielen Teilen der Welt schippern allerdings statt moderner Fähren aus Stahl abgetakelte, hölzerne Auslegerboote, die völlig überladen werden. Oftmals schleppt man selbst sein Gepäck und auch sein Rad ein paar Meter durchs Wasser, bevor man versucht, einen schmalen, schaukelnden Laufsteg hinaufzubalancieren und einen Platz für sein Gepäck zu erkämpfen, immer in der Sorge, dass keine der Taschen auf mysteriöse Art verschwindet. Deshalb sollte man hier Verbündete suchen, egal, ob Einheimische oder Touristen, die aufpassen, wenn man den Rest seiner Habseligkeiten an Bord astet. Oder man transportiert mithilfe von anderen alles auf einmal, im Falle von einheimischen Trägern natürlich immer gegen Bares. Dabei sollte man immer als Letzter gehen, damit sich keiner mit einem Gepäckstück aus dem Staub macht. Achtung auch bei Unwetter. Ich erlebte einmal eine Beinahe-Katastrophe auf einem Outriggerboot auf den Philippinen, als ich von Mindoro nach Boracay übersetzen wollte. Trotz sehr starken Seegangs und Sturms stieg ich ins völlig überladene Boot ein, denn ich hatte schon drei Tage in dem trostlosen Ort Roxas gewartet. Ein fast tödlicher Fehler, denn jenseits des flachen Wassers tobte das Meer. Die meterhohen Wellen schwappten ins Boot, das immer mehr Tiefgang bekam. Zweimal wurde ein Passagier über Boot gespült und mit einem Reifenschlauch, der an einer Schnur befestigt war, mit Mühe wieder an Bord gezogen. Nur weil sich alle an den ununterbrochenen Schöpfarbeiten beteiligten, sanken wir nicht und kamen heil auf Boracay an.

Die Philippinos, Asiaten im Allgemeinen, aber auch die meisten Latinos und Afrikaner, können nicht schwimmen. Wenn ein Boot sinkt, dann versuchen viele, sich an einem festzuhalten, weil sie wissen, dass der weiße Mann schwimmen kann. Tatsächlich ist jeder, der einen Freischwimmerschein besitzt, dagegen ein Mark Spitz. Man sollte sich deshalb in solchen Situationen von den Einheimischen fernhalten.

Ich benutzte Fähren unter anderem in Italien, Griechenland, der Türkei und Ägypten, von China nach Korea und von dort nach Japan, auf den Philippinen, in Thailand, in Indonesien, in Kanada und Alaska, in Chile, außerdem zwischen Marokko und Frankreich. Nur hier ist es übrigens möglich, den Kontinent per Fähre zu wechseln. Man kann natürlich auch den oft zeitraubenden Versuch unternehmen, in Yachthäfen anzuheuern, wo Skippererfahrungen natürlich bevorzugt werden. Auf Containerschiffen mitzufahren und während der Überfahrt zu arbeiten, ist aus versicherungstechnischen Gründen größtenteils Geschichte, und die Kapitäne werden einen an der Pier stehen lassen, sofern man nicht bereit ist, viel Geld für Frachtschiffe zu zahlen, die Touristen mitnehmen und beherbergen dürfen. Doch das kostet wesentlich mehr als ein Flug und muss lange im Voraus gebucht werden. Für einen Wechsel des Kontinents bleibt also das Flugzeug letztlich ohne Konkurrenz.

Von »Snowbirds« und anderen Tieren – Alaska und Kanada

»How do you carry enough powerbars (Energieriegel)
for a trip like this? Do you have them sent to you?«

(Amerikaner in Alaska)

» **D**ein Pass ist voller Einreisestempel, arbeitest du nicht?«, faucht mich der fettleibige uniformierte Immigrationsbeamte bei meiner Zwischenlandung in Los Angeles an. »Was willst du in den Vereinigten Staaten? Warum sprichst du Englisch wie ein Südafrikaner, wenn du Deutscher bist?«, fährt er in einem inquisitorischen Ton fort. Ich bin heilfroh, nur dieses kurze Intermezzo am Flughafen zu erleben, wo ich, von Christchurch in Neuseeland kommend, die Maschine verlasse und eine Pass- und Zollkontrolle durchlaufen muss, bevor ich weiter ins kanadische Vancouver fliegen kann, meinem eigentlichen Ziel.

Doch es kommt noch dicker. Ich werde verpflichtet, sämtliches Gepäck in Empfang zu nehmen, damit es durchleuchtet werden kann. Die Schlangen sind sehr lang und die Organisation nicht so, wie man es vielleicht erwartet. Mein Rad, das ich in Neuseeland in einer Box aufgegeben habe, wird von Hand untersucht. Ein Officer greift tief in die Box hinein, nachdem er alles ungeduldig aufgerissen hat, und zieht seinen Arm schnell wieder zurück, als wäre er gerade von einer Schlange gebissen worden. Ich amüsiere mich köstlich, als er fluchend seinen fettverschmierten Unterarm säubert und roten Sand aus dem australischen Outback an seinem gerade noch weißen Hemdsärmel feststellen muss. Dies ist anscheinend nicht sein Tag. Kontrollierend drückt er anschließend auf dem Gelsattel herum. Dann versucht er, die Radbox wieder korrekt zu verschließen. Ungeschickt fummelt er mit den Packriemen herum, bis ich es nicht mehr ertrage und ihm zu Hilfe kommen möchte. Ich steige über ein rotes Band, sage, dass dies mein Rad sei, und biete meine Hilfe beim Verschließen an, während ich langsam auf ihn zugehe. Mein Satz ist kaum ausgesprochen, da springt er zurück, als ob er in Deckung gehen wolle, dreht sich zu mir um, öffnet das Halfter, zieht hektisch seine Pistole und schreit: »Noooo!! Raus hier, jeettzzztttt!!«, während ich erschrocken in den Lauf seiner Waffe gucke.

Ich bin entsetzt. So eine Reaktion hätte ich an einem afrikanischen Grenzübergang erwartet, wo sich die Beamten einem gegenüber manchmal aufspielen wollen, nicht aber im »land of the free«. Zwar sind auch die australischen Beamten bekannt für ihre Strenge, aber sie behalten während des Gesprächs einen freundlichen Ton bei, und wenn die Papiere in Ordnung sind, gibt es auch noch zwei, drei Sätze Small Talk. Der Besucher fühlt sich willkommen. Ebenso wie in Kanada, wie ich wenige Stunden später mit Erleichterung feststellen sollte – von den entspannten neuseeländischen Beamten mal ganz abgesehen. Der 11. September darf für die USA keine Entschuldigung sein, seine ausländischen Besucher mit solch abweisender Arroganz zu empfangen. Ich verlor fast die Lust, mir dieses unglaublich schöne Land anzuschauen. Glücklicherweise sollte ich später während meiner dreimonatigen Reise durch die USA erleben, dass die allermeisten Menschen dort Fremde gern mit offenen Armen empfangen.

Meine ersten Tage in Vancouver, das ich von einer früheren Reise her kannte, konnte ich nicht so recht genießen. Ich vermisste Mariko, von der ich mich nicht einmal richtig hatte verabschieden können. Der Flughafen von Christchurch war in Nebel eingehüllt, und da wir auf verschiedene Flieger nach Auckland gebucht waren und meine Maschine erst Stunden später abheben konnte, verpassten wir uns. Sie flog zurück nach Osaka, ohne dass wir uns noch einmal gesehen hatten. Ich ahnte, dass dies wohl das Ende unserer Freundschaft sein würde. Zum einen wäre ich gern weiterhin mit ihr zusammengeblieben, zum anderen wollte ich aber meine Runde, auf der ich schon so weit gekommen war, zu Ende fahren, und beides war nicht zu vereinbaren. Mariko hatte in den zwei Jahren, in denen wir zusammen waren, nicht ein einziges Mal versucht, meine Tour zu stoppen oder mich zum Abbruch zu bewegen, dafür bin ich ihr bis heute dankbar, auch wenn es schmerzte, wieder allein zu sein. Das galt auch für die drei Frauen nach ihr, die mir etwas bedeuteten: Kathryn aus San Francisco, Patricia aus Santiago de Chile und Cynthia aus Blantyre, Malawi. Vier Frauen aus vier völlig verschiedenen Teilen der Welt mit vier ebenso verschiedenen Lebensweisen. Sie alle ließen mich nicht nur ziehen, sondern machten mir Mut und gaben mir Kraft, mein Vorhaben durchzuziehen.

Nun lag also die sogenannte »Traumstraße der Welt« vor mir, die Panamericana. Auf mehr als 25 000 Kilometern erstreckt sie sich in Nord-Süd-Richtung über den ganzen amerikanischen Kontinent und ist damit die längste Straße weltweit, nur unterbrochen vom Darien Gap, einem Dschungel zwischen Panama und Kolumbien. Ich hatte nicht vor, ausschließlich auf dieser Straße bis nach Feuerland hinunterzufahren, zu viele reizvolle Ziele liegen abseits der Strecke. Umwege zu machen, war für mich deshalb ein absolutes Muss. So wollte ich zuerst hoch nach Alaska, um dann auf dem Alaska Highway so richtig durchzustarten. Ich fuhr zunächst durch Vancouver Island, später erreichte ich den Ort Haines in Alaska, nachdem ich insgesamt drei Tage lang auf zwei Fähren durch herrliche Landschaften geschippert war. Die erste brachte mich von Port Hardy nach Prince Rupert, dem regnerischsten Ort Kanadas, von dort gelangte ich mit der zweiten über Kechikan und Juneau bis nach Haines.

Vorerst hatte ich aber drei Probleme zu lösen: das erneute Alleinsein zu ertragen und es auch zu genießen, einen neuen Reisepass zu beantragen und mich an den Rechtsverkehr zu gewöhnen. Auf der Fahrt durch Neuseeland, durch Australien und auch durch fast alle Länder Südostasiens hatte ich mich daran gewöhnt, links zu fahren.

Nun galt Rechtsverkehr bis hinunter nach Argentinien. Erst eine gefährliche Fahrbahnüberquerung rüttelte mich richtig wach. Ich trat auf die Straße, während ich in die falsche Richtung guckte, die Bremsen quietschten, der Fahrer fluchte, und mir war klar, dass ich mich schleunigst umgewöhnen musste. Danach stand ich jedes Mal eine Weile am Straßenrand und überlegte, bevor ich über die Straße ging. Nach ungefähr einer Woche war ich wieder umgepolt.

Mit dem Alleinsein würde ich am besten klarkommen, wenn ich wieder fahren würde, also fehlte nur noch ein neuer Reisepass, der dritte im Laufe meiner Tour. Die beiden vorigen, jeweils 32 Seiten, hatten die vielen Grenzbeamten vollgestempelt, dieser sollte mein letzter sein, einer für Vielreisende, den es erst seit Neuestem gab, wie ich von einem deutschen Reisenden erfuhr.

Zum ersten Mal hatte ich einen neuen Ausweis in Hongkong beantragt. Die Angestellten dort zeigten sich dem Langzeitreisenden gegenüber alles andere als kooperativ, der sächselnde Beamte woll-

In einer Höhe von 2000 Metern liegt der Peyto-Gletschersee im Banff National Park, Kanada. Ich erreiche ihn am Spätnachmittag.

te mich sogar nach Hause schicken, damit ich mir dort Ersatz besorgte. Er war nur bereit, mir einen grünen, zwölf Monate gültigen Pass auszustellen. Bei internationalen Reisen muss ein Ausweis fast immer noch mindestens sechs Monate über das Einreisedatum in das jeweilige Land hinaus gültig sein. Ich hätte also nach sechs Monaten unterwegs abermals zu einer Botschaft gehen müssen. Zweimal wurde ich vorstellig, und zweimal verweigerte der Beamte mir den neuen roten, zehn Jahre gültigen Pass. In der Schlange hinter mir stand eine Frau, die sich, als sie meine Geschichte mit anhörte, spontan entschloss, mir zu helfen. Sie nahm mich mit zu ihrem Mann, der im Vorstand eines internationalen Autokonzerns saß. Ich genoss den Blick aus dem 23. Stock seines Büros ebenso wie seine Gesellschaft. Er führte zwei Telefonate und sagte fast beiläufig: »Geh morgen früh noch einmal zur Botschaft.«

Ich hatte am nächsten Morgen gerade den Fahrstuhl verlassen, da stürzte sich ein Angestellter aufgeregt auf mich. Gleich darauf sächselte es mir entgegen: »Herr Janz, unglaublich, um die ganze Welt mit dem Fahrrad, Sie hätten uns doch sagen können, welch ein großer Abenteurer Sie sind. Natürlich bekommen Sie den roten Ausweis. Wir hoffen nur, es bereitet Ihnen keine Umstände, denn es dauert etwa acht Wochen, bis er aus Berlin hier ist.« Ich strafte ihn mit Arroganz. Du Schleimer, dachte ich nur. Erst wenn sich jemand mit Einfluss einschaltet, kannst du kooperieren. Ich flog für vier Monate auf die Philippinen, und wie von Geisterhand bestellt, lag der neue Ausweis nach meiner Rückkehr zur Unterschrift bereit.

Hier in Vancouver hatte ich etwas mehr Mut, denn ich hatte von dem hilfsbereiten Mann von der großen Autofirma eine Notfallnummer mit auf den Weg bekommen, für den Fall, dass so etwas noch einmal passieren sollte. Ein »rotes Telefon« sozusagen, das mich aber nicht mit Moskau verband, sondern mit einer hochgestellten Person im Stuttgarter Passamt. Die Beamten schienen auch nicht gerade begeistert von mir zu sein, denn inzwischen war ich nicht nur eineinhalb Jahre unterwegs wie in Hongkong, sondern schon viereinhalb Jahre. Abermals sollte ich nach Deutschland fliegen. Ich verlangte den Vorgesetzten zu sprechen und kramte bereits nach der »roten« Nummer. Doch in den Botschaften gibt es neben den üblichen Postern von Schloss Neuschwanstein manchmal auch sympathische Angestellte. Gabi hieß der »Engel« des Hauses und der meinte: »So einem interessanten Mann muss geholfen werden.« Die Bürokratie nahm ihren Lauf. Drei Monate später bekam ich meinen neuen Pass für Vielreisende, der tatsächlich bis ans Ende durchhielt.

Der Haines Highway ist ein verkehrsarmer, gut geteerter Abschnitt, der zum vergleichsweise stark befahrenen Alaska Highway führt. 17 Jahre war es her, seit ich Alaska mit einem ZZ-Top-Bart bereist und in einer Fischfabrik Dollars dazuverdient hatte, um länger unterwegs sein zu können. In der Nähe von Haines hatte ich damals ein paar Tage mit zwei Hippies verbracht, die etwa 15 Kilometer außerhalb der Stadt in einem Schulbus ihr einfaches, aber zufriedenes Leben führten. Die zahlreichen Bald Eagles (Seeadler), die in dieser Gegend in den Bäumen sitzen wie bei uns die Spatzen, waren immer noch da, nicht aber die Haschraucher. Ich hatte wenig Hoffnung sie anzutreffen, als ich mich dem Gelände, das ich sofort wiedererkannte, näherte. Die Bäume standen noch an ihrem Platz, doch der gelbe Schulbus war einem Mehrfamilienhaus mit Garage und asphaltierter Auffahrt gewichen. Ob sie wohl immer noch ihren alternativen Lebensstil aufrechterhalten oder ob sie vielleicht sogar in genau diesem Haus leben und einem Bürojob nachgehen, fragte ich mich. Ich werde es nie erfahren und will es eigentlich auch gar nicht. Viele Kilometer fuhr ich dahin und erinnerte mich, breit grinsend: Immer wenn die beiden Sex hatten, und das hatten sie oft, feuerte sie ihn lautstark an, bis er durch seine Beckenbewegungen eine an der Decke befestigte Glocke zum Bimmeln brachte. Der Bus begann, sich ihrer Ekstase hingebend, erst leicht, dann immer stärker hin- und herzuschaukeln und dann schrie sie los: »Ring the bell, man … ring the bell!« Erst nach dem Bimmeln durften sich auch seine Glocken wieder erholen und sie rauchten einen ihrer vielen Joints zusammen.

Der Alaska Highway, der von Delta Junction bis ins kanadische Dawson Creek führt, ist heutzutage durchgehend asphaltiert. Nur kurze Abschnitte, auf denen die vom Permafrost geplagte Strecke repariert wird, vermitteln noch ein wenig von dem Eindruck früherer Zeiten. Das große Abenteuer findet der Reisende hier kaum noch. Wer Einsamkeit und große Weiten erleben möchte, macht sich auf in Richtung Dempster-, Cassiar-, Dalton- oder Taylor-Highway. Oder noch besser: Er geht wandernd oder per Kajak in die Wildnis. Denn nur so kann er sicher sein, die grandiose Landschaft dieser riesigen Region zu erleben und nicht auf Tausende von »snowbirds« zu treffen, die die Ruhe des Highways zunichte machen. »Snowbirds« werden hier die Rentner genannt, die ihr Haus verkauft und sich dafür ein kaum kleineres Haus auf Rädern zugelegt haben, um damit den Winter in Florida, Arizona oder New Mexiko zu verbringen. Im Frühjahr erwachen sie wie die Bären aus ihrem Winterschlaf und geben Gas in Richtung Anchorage oder Fairbanks. Viele kennen sich und fahren gemeinsam im Konvoi, manchmal sieht man 15 bis 20 dieser Dieselvernichter hintereinander fahren. Die Zeiten des selbst umgebauten VW-Bullis sind hier definitiv »a thing of the past«. Sie erinnern eher an australische Road Trains, viele erreichen die Länge eines Schulbusses. Auf dem Dach transportieren sie ein Boot oder ein ATV, am Heck ein Motorrad oder zwei Fahrräder, in einem Anhänger befindet sich ein Auto, und einmal sah ich hinter dem ersten Anhänger noch einen zweiten, auf dem ein Helikopter mit hochgeklappten Rotorblättern befördert wurde. Man muss ja beweglich sein ...

Der Wohnraum der »snowbirds« ist erweiterbar, denn er kann mit Hilfe eines Hydrauliksystem wie ein Kugelfisch aufpustet werden, damit es nicht zu eng wird, wenn mittels der ebenfalls auf dem Dach befindlichen Satellitenschüssel bei ein paar Burgern und Fries Baseballmatches und CNN geguckt werden. Um all das zu ermöglichen, rattern draußen Generatoren vor sich hin, die auf den Caravan Parks die wenigen armen Zeltcamper wie mich unterhalten. Der letzte Mobilhausfahrer kommt abends um 23 Uhr auf den Platz gefahren, der erste lässt seinen Motor morgens um 4.30 Uhr warm laufen. Mir ist mein Nachtschlaf heilig und ich stellte schnell auf Buschcamping um. Ich nutzte die Caravan Parks nur noch, um Bestände aufzufüllen und mich gelegentlich gegen eine (hohe) Gebühr zu duschen, wenn gerade kein Fluss zur Stelle war. So wurde der 2288 Kilometer lange Alcan Highway wieder zu einem Naturerlebnis.

Auf dem Taylor Highway hatte ich ein Naturerlebnis ganz anderer Art, ich geriet in gefährliche Nähe zu einem riesigen Waldbrand. Nach achtstündigem Warten am Straßenrand wurde ich nachts von Rangern mit einem Pilot Car 15 Kilometer durch baumhohes, loderndes Feuer und noch viel mehr Rauch gefahren, bis wir einen Ort namens Chicken erreichten. Zum Glück hatte der Wind gedreht. Für das Auge sind die züngelnden Flammen um einen herum durchaus ein Spektakel, aber für die Pflanzen- und Tierwelt ist so ein verheerender Brand natürlich ein Rückschlag. In diesem Sommer brannten allein im Yukon-Territorium ungefähr 100 dieser Feuer. Obwohl es drei Uhr nachts war, blieb es fast taghell. Jetzt im Juni ging die Sonne hier im Norden erst um 23.45 Uhr unter und nur wenige Stunden später wieder auf, richtig dunkel wurde es ohnehin nicht. Oftmals verband ich meine Augen mit einem Tuch, denn auch der Schlafentzug zerrte an meinen Kraftreserven. Mein Tipp: eine Schlafmaske mitnehmen, wie man sie im Flugzeug bekommt.

In Chicken leben noch einige nimmermüde Goldschürfer, aber der Goldrausch, der Abenteurer zu Tausenden hierher zog, ist Vergangenheit. In Dawson City, dieser Museumsstadt am mächtigen Fluss Yukon, die ich kurz darauf besuchte, bekam ich einen guten Eindruck von der früheren Zeit. Die wenigen noch verbliebenen Schürfer, mit denen ich ins Gespräch kam, vermittelten mir den Eindruck, dass sie in erster Linie diese Art zu leben lieben, die kleinen Nuggets, die sie hin und wieder finden, sichern ihnen gerade einmal das Überleben.

Doch bevor ich Dawson City erreichte, musste ich noch ein Abenteuer bestehen, bei dem ich mir meines eigenen Überlebens gar nicht mal so sicher war. Nach kurzer, dreistündiger Schlafrast in Chicken machte ich mich frühmorgens wieder auf die staubige Strecke. Es war zum Heulen. Der Rauch dieses großflächigen Feuers nahm jegliche Fernsicht und raubte mir die Luft. Die Anstiege bei hoher Atemfrequenz waren unangenehm, meine Augen brannten und ich hatte das Gefühl, seit 24 Stunden am Lagerfeuer zu sitzen. Erst nach einem vollen Fahrtag lösten sich die Rauchschwaden auf und ich konnte die Landschaft wieder genießen. Zur Natur gehören in Kanada neben Rehen und Elchen, Kiefern, Wäldern und Flüssen, Moskitos und Schwarzfliegen aber auch Bären. Auf dem Top of the World Highway war es dann so weit.

Eine weitere Tagesreise von der ehemaligen Goldgräberstadt entfernt, ich war gerade auf einer Schotterabfahrt mit flotten 40 Stundenkilometern unterwegs, entdeckte ich etwas Braunes am Straßenrand. Das Braune bewegte sich. Ich zog an beiden Bremsen und kam zum Stillstand, leider quietschend, denn eine Bremse war nicht korrekt eingestellt. Der Blumen fressende Bär am Straßenrand erschrak offenbar, denn ich sah, wie er zusammenzuckte.

Bären hassen Überraschungen! So auch dieser. Er ließ Blumen Blumen sein und stellte sich auf die Hinterbeine, um zu erschnüffeln, was da zum Teufel wohl los sei. Ich stand ungefähr 20 Meter von ihm entfernt und mein Herz schlug bis zum Hals. Mithilfe von vorbeikommenden Fahrzeugen war zu dieser frühen Stunde nicht zu rechnen. Jetzt galt es, Erlerntes anzuwenden, denn ich hatte zuvor einen Trapper getroffen, der in einer Blockhütte in den Weiten Alaskas lebt, wenn er nicht gerade Urlaub von der Wildnis nimmt und mit deutschen Radfahrern beim Kaffee sitzt. Dieser Trapper hatte mir geduldig alle möglichen und unmöglichen Verhaltensregeln für den Fall einer »bärenstarken« Begegnung erklärt. Zuallererst gilt es, die Bärenart festzustellen: Handelt es sich um einen Grizzly oder um einen Schwarzbären? An der Farbe des Fells ist das kaum zu unterscheiden. Ein Grizzly hat eine ovale Gesichtsform, kleine Ohren und einen Buckel hinter seinem mächtigen Kopf. Bei einem Angriff, so der Trapper, müsse ich mich wie ein Embryo im Mutterleib auf dem Boden zusammenkauern, meine Arme schützend über den Kopf legen und mich tot stellen. »Der Bär wird dann vielleicht mal an dir knabbern oder dich umdrehen, aber dich nicht töten, wenn du es schaffst, bewegungslos zu bleiben. Bei einem Schwarzbärangriff musst du kämpfen und darfst auf keinen Fall auf einen Baum klettern, denn im Gegensatz zu Grizzlys können Schwarzbären klettern«, hatte er mir vor wenigen Wochen eingebläut. Es war ein Schwarzbär, stellte ich nun fest.

Hektisch tastete mein Blick das Umfeld ab. War ich zufälligerweise zwischen die Mutter und eines ihrer Jungen geraten, dann würde ich wohl jetzt in großer Lebensgefahr stecken. Ich sah nichts. Okay, dachte ich, jetzt ruhig mit ihm sprechen und mich gaaaanz groß machen, dann kontrollierter Rückzug. Ich erinnerte mich automatisch an alles, während ich mein Rad vorsichtig und ohne hektische Bewegungen ablegte. Ich wedelte langsam mit ausgestreckten Arme über dem Kopf, wie ein Hampelmann, um größer zu erscheinen, und fing an zu sprechen: »Hello, Mister bear, how are you today? You don't want to eat me, don't you?« Bären sind fast blind, und ich hoffte, er würde mich auf diese Weise als einen Menschen ausmachen, der keine Mahlzeit für ihn bedeutete. Offensichtlich gelang mir das nicht, denn er bewegte sich neugierig mit flotten Tatzenschritten auf mich zu. Scheiße, dachte ich, scheiße, scheiße! Jetzt müssen die Notfallregeln abgerufen werden. Mein Puls stieg, mein Herz donnerte spürbar in meiner Brust. Das große Stück Fell war schnell bis auf acht Meter an mich herangekommen. Instinktiv wäre ich am liebsten gerannt, was die Turnschuhe hergaben, aber genau das wäre falsch gewesen, also zog ich meine kleine Dose Pfefferspray und klemmte sie an meine Hose. Ich hatte sie in den letzten Jahren mehrfach auch gegen Hunde erfolgreich eingesetzt. So hatte ich in Ostanatolien sogar vier angreifende Hirtenhunde, die ihre Schafherde verteidigten und auf mich losstürmten, in die Flucht schlagen können, bevor sie mich zerreißen konnten. Das gab mir Selbstbewusstsein, denn sowohl Hund als auch Bär haben sehr empfindliche Nasen. Ob eine kleine Dose allerdings ausreichen würde, um einen

Bären abzuwehren, bezweifelte ich und verspürte wenig Motivation, das auszuprobieren.

Noch fünf Meter. Ich erkannte schon die klaren, braunen Augen von Mister Petz. Ein Geistesblitz. »Klatsch in die Hände«, hatte der Trapper noch gesagt. Ich klatschte einmal, aber meine Hände verfehlten sich in der Anspannung, es schallte nicht richtig, abermals klatschte ich, und die hohen Frequenzen schwangen, vom Wind unterstützt, in Richtung Bär. Er war jetzt direkt vor mir. Urplötzlich wandte er sich ab und schoss wie von einer schwarzen Mamba gebissen mit beeindruckender Geschwindigkeit in den schützenden Wald. Wenige Sekunden später war er aus meinem Sichtfeld verschwunden.

Ich klatschte mehrmals in die Hände, diesmal, um mir selbst zu applaudieren und mich zu beglückwünschen. »Ha!«, rief ich laut, »heeey, Mister bear!«, noch lauter. Das Adrenalin schoss durch meine Adern und signalisierte Sieg, Triumph, Glück. »Mensch Carstili«, sagte ich zu mir, »du hast gerade einen Bären in die Flucht geschlagen!« Ich hob mein Rad auf, kletterte in den Sattel und begann langsam, wieder zu treten, dabei reckte ich eine Faust in den Himmel. Mit einem noch lange anhaltenden Gefühl von »Nichts kann mich stoppen« radelte ich weiter in die kanadische Wildnis hinein. Jetzt war ich richtig angekommen in Nordamerika.

Erlebnisse wie dieses machen alle Anstrengungen vergessen, sie sind es, die eine solche Radtour rechtfertigen. Es waren unter anderem gerade die gefährlichen Situationen, in denen ich intensiv spürte, lebendig zu sein. Hatte ich sie überstanden, gaben sie mir jedes Mal ein wenig mehr Selbstvertrauen für die neuen Aufgaben und Zuversicht, alles meistern zu können. Ein wichtiges Moment für jemanden, der allein um die Welt reisen will, denn ohne Zuversicht geht gar nichts.

Dem Alcan in südlicher Richtung folgend, arbeitete ich mich über Whitehorse, Muncho Lake, Dawson Creek und Jasper der US-amerikanischen Grenze in Idaho entgegen. Abermals fuhr ich über lange Strecken durch raucherfüllte Luft, denn Waldbrände plagten auch die Provinz von British Columbia. Diese Feuersbrünste sind in ihrer naturzerstörenden Kraft etwas Trauriges, mir jedoch verschaffte das Fahren durch den Qualm wenigstens Erleichterung von den kleinen Plagegeistern, die mir schon in Australien zugesetzt hatten. Hier sind es Moskitos, Schwarz- und Pferdefliegen. Normalerweise nur nachtaktiv, haben Moskitos hier 24 Stunden Einsatz. Von den in Kanada heimischen 27 verschiedenen Arten sind einige groß wie Hubschrauber, sie saugten mir mehr Blut aus, als mir jemals bei einer Blutspende abgezapft worden ist.

Vor 17 Jahren hatte ich in Kanada den härtesten Job meines Lebens gehabt, ich hatte Bäume gepflanzt. Damals war ich trotz Abwehrlotionen und Kopftüchern so zerbissen worden, dass ich am Abend, wenn ich mit blutendem und geschwollenem Gesicht nach zehn Stunden Arbeit zurück zum Camp kam, aussah, als ob ich gerade von englischen Hooligans bearbeitet worden wäre. Nichts hatte sich bezüglich dieser Plage geändert. Moskitos und die beißenden, kleinen Schwarzfliegen verwandelten mich wieder in eine Ansammlung juckender Schwellungen. Schmerzhaft war der Biss der Deer Fly (Pferdefliege), die aber zum Glück so langsam ist, dass ich sie oft erwischen konnte.

Fliegenwolken begleiteten meine Tage im Sattel, aber am schlimmsten war das Einrichten meines Nachtlagers im Busch. Unaufhörlich flogen die Biester gegen mein Haarnetz, als ich die Zeltstangen zusammensetzte. Eilig hakte ich Ösen und Stangen zusammen und innerhalb weniger Minuten stand das Zelt. Ich packte alle sieben Taschen ab, sicherte mein Fahrrad mit einem Schloss an einem Baum und trug die Taschen zum Zelt. Reißverschluss auf, Taschen rein, ich rein, Reißverschluss zu, Isomatte aufblasen, Faserpelzpullover, den ich als Kopfkissen verwendete, rausziehen, die vielen Mozzies, die mit ins Innenzelt gelangt waren, platt hauen oder Mückenspray sprühen. Mit einer Schiedsrichterpfeife lautstark trillern, um einem eventuell nahen Bären zu signalisieren, dass sich hier jemand aufhält (etwa alle 20 Minuten einmal), meine Essensvorräte auspacken und in einen Beutel packen. Dann raus aus dem Zelt, schnell noch etwas Essen unter das Kopfnetz und in den Mund schieben und den Essensbeutel etwa 100 Meter vom Zelt entfernt mit einer Schnur in einen hohen Baum hängen, um ihn vor einem neugierigen Bären zu sichern. Zurück zum Zelt und gehend um das Stoffhaus herum pinkeln, um mein Territorium zu markieren, oder stinkende Socken vor dem Zelt verteilen (niemals ein Problem für einen Radfahrer). All dies waren Tipps von Mister Trapper, und sie dienten meiner eigenen Sicherheit. Wieder rein ins Zelt, Mozzies zerquetschen und sprühen, Schlafsack ausrollen, das schweißgetränkte T-Shirt und die Shorts mit trockenen Sachen austauschen, Pfefferspray bereitlegen und es mir gemütlich machen.

Uffff ...! Endlich relaxen, lesen, Musik hören, Tagebuch schreiben oder einfach nur so daliegen und beobachten, wie mein verschwitzter, juckender Körper und die müden Beine langsam wieder zum Leben erwachen, eventuell im Sitzen etwas dehnen oder die nach Mahlzeit lechzenden Moskitos beobachten, wie sie unaufhörlich gegen die Außenwand des Zeltes fliegen. Die große Hitze des kanadischen Sommers weicht erst gegen 23 Uhr, wenn die Sonne hinter den Bäumen verschwunden ist. Ich schlief zunächst auf dem Schlafsack und kuschelte mich gegen zwei Uhr morgens darin ein, denn erst dann war es angenehm kühl. Ich schlief wunderschöne Stunden bis sechs Uhr morgens, dann stiegen die Temperaturen schnell wieder an und ich öffnete erstmalig den Reißverschluss, um die hungrige Meute zu begrüßen. Da die Fliegen auch durch Shirts hindurchstechen, zog ich meine Regenkleidung an. Ein fantastischer Schutz. Es war mir eine Freude, ihnen zuzugucken, wie sie vergeblich versuchten, ihre Rüssel in Jacke oder Hose zu bohren.

Nachteil dieser ganzen Aktion war natürlich, dass ich mir vorkam wie in einem Treibhaus. Ich war, ohne überhaupt eine einzige Pedalumdrehung getätigt zu haben, vollkommen nass geschwitzt. Den Regenschutz trug ich deshalb nur bis kurz nach der Abfahrt. Ich fuhr einen schnellen Kilometer, um einige Hundert Sauger abzuschütteln, zog dann die Sachen aus und pedalte ebenso schnell weiter. Tagsüber benutzte ich Musk-Öl, eine Schutzlotion, die zusammen mit Sonnenschutzcreme und Schweiß einen unangenehmen Brei ergab. Einige Pflanzerkollegen, erinnerte ich mich, schmierten sich damals mit Diesel ein, auch Haare und Gesicht, um etwas mehr Ruhe zu haben. Hilft hundertprozentig, aber meiner Haut zuliebe sah ich davon ab. Auch wusch ich mich kaum noch, obwohl zahlreiche Seen und Flüsse dazu einluden. Vom touristischen, aber spektakulären Banff-Nationalpark an konnte meine juckende Haut sich wieder erholen. Die Moskitos wurden weniger.

Kurz vor der amerikanischen Grenze versperrte mir ein Erdrutsch nahe des Ortes Nelson die Weiterreise. Die Räumungsarbeiten würden eine Woche in Anspruch nehmen, gab man mir Auskunft. Den relaxten und immer hilfsbereiten Kanadiern sei Dank, dass es aber ein Leichtes war, die unterbrochene Küstenstraße mit einem der vielen Boote, die auf dem See dümpelten, zu umfahren. Es dauerte keine 15 Minuten, und ein Bootsbesitzer half mir, Rad und Ausrüstung aufzuladen. Netterweise spendierte er mir vor der Fahrt auch noch ein Riesenfrühstück mit Eiern, Würstchen, Speck und Kaffee. Kanada und seine angenehmen Bewohner werde ich auch in Zukunft immer wieder gern besuchen!

Supersized Americans: alles XXL

»Do you carry a generator with you?«

»You better carry a gun with you,
or they gonna kill you down there!«

(Amerikaner)

Yellowstone, Arches, Grand Teton, Monument Valley, Grand Canyon, Zion und Yosemite sind die nächsten Stationen meiner Reise durch Nordamerika. Jeder einzelne dieser Nationalparks beherbergt in den Sommermonaten Millionen von Besuchern. Ich halte mich hier zwischen Ende August und Ende Oktober auf. Eine gute Zeit, denn die Touristenmassen sind bereits wieder abgereist. Die Organisation der Parks ist perfekt. Im Yellowstone Park gibt es sogar einen genauen Zeitplan für den Ausbruch eines Geysirs. »16.47 Uhr bricht er wieder aus«, gibt mir die Kaffeeverkäuferin Auskunft, während sie einen Blick auf die ausgehängte Liste wirft. Die Natur mit einem Fahrplan zu versehen, erscheint mir ihrer unwürdig, und auch die vielen Bänke um den Star Old Faithful herum bestätigten den Eindruck einer Inszenierung. Nur dass hier kein Diavortrag gehalten wird, sondern kochend heißes Wasser 30 Meter in die Höhe schießt. Old Faithful ist ein Star ohne Allüren. Im Mittelpunkt der wie wild fotografierenden Schaulustigen stehend, ächzt er noch einmal heftig, als er, begleitet vom »Aaah« und »Oooh« der Zuschauer, eine weitere Fontäne emporschnellen lässt. Dann zieht er sich wieder in die Erdkruste zurück, um seinen Zeitplan einzuhalten. Zufrieden zieht das Publikum von dannen. Und auch ich verlasse, an großen Herden frei herumlaufender Bisons vorbeifahrend, den Park in Wyoming.

Die USA sind wie geschaffen für Autofahrer. Man kann alles bequem mit dem eigenen Fahrzeug erreichen: Restaurants, Nationalparks, Motels, Shoppingcenter, Aussichtspunkte. Auch die Hobbys der Amerikaner scheinen sämtlich motorisiert zu sein. Mehr als einmal unterbreche ich genervt eine Pause an einem idyllischen See oder Fluss, weil Jetskis zu Wasser gelassen werden oder Geländefahrzeuge durch den Wald rasen.

Ruhe und Gesundheit der Natur bleiben dabei ebenso auf der Strecke wie die Fitness der Menschen. Ich bin geschockt von der großen Anzahl an Übergewichtigen und Fettleibigen hier. Es ist allerdings auch kaum verwunderlich: Selbst in Kleinstädten säumen Fast-Food-Ketten alle Zufahrtsstraßen und verlocken die Vorbeifahrenden mit Billigangeboten dazu, Pommes, Burger und Pizza in sich hineinzustopfen, ohne auch nur den Sitz des Autos verlassen zu müssen. In der Freizeit ersetzt ein Motor die dringend nötige Bewegung und das Internet unterstützt mit Onlinebanking und -shopping die Faulheit. Auch die Jugendlichen ertüchtigen sich oft nur noch virtuell.

Das drittgrößte Land der Erde beherbergt so viele Fleischmonster, männlich wie weiblich, dass ich sie manchmal vollkommen absichts- und ebenso fassungslos anstarre, wenn sie z. B. versuchen, ihre Körpermassen unter größter Anstrengung aus dem Auto zu hieven. »Do you want to supersize that?«, fragt die Bedienung jedes Mal, nachdem eine Bestellung aufgegeben wurde. Für nur 50 Cent extra gibt es noch viel mehr Pommes, noch mehr Ketchup und eine Coke, die so groß ist, dass der Käufer sie mit beiden Händen ansetzen muss.

Fettleibigkeit ist mitnichten ein rein amerikanisches Problem, wie ich auf meiner Tour feststellen konnte. Prozentual gesehen sind die Bewohner der reichen Industrienationen am dicksten. Traurig aber ist auch die Zunahme an Übergewichtigen in den asiatischen Ländern. Die japanische Küche ist meiner Meinung nach nicht nur die weltweit gesündeste, sondern sie ist auch noch unglaublich schmackhaft. Eine tolle Kombination. Dennoch gibt es dort immer mehr füllige junge Menschen, was ich auch an den Kindern, die ich unterrichtete, beobachten konnte. Aßen die Japaner früher nur Fisch, Tofu, Soja und Reis, so haben sich infolge der Globalisierung zahlreiche westliche Fresstempel in ihren Städten niedergelassen. Die Kinder finden es cool, in dem Restaurant mit dem gelben Bogen zu sitzen. Sie schielen hinüber in den Westen, um in zu sein, und ernähren sich zunehmend von Rindfleisch im Brötchen. Anstatt mit dem Fahrrad einen Berg hochzufahren, kennen sie das »Hochfahren« nur noch von ihrem PC.

Zweifellos gelten Dicke in einigen Teilen der Welt auch als schön. Im Nahen Osten z. B. bewundern die Männer eher die vollschlanken Bauchtänzerinnen als die dünnen, eine dicke westafrikanische Frau ist sexuell begehrenswerter als eine schlanke, und viele lateinamerikanische Männer mögen eine Frau mit einem »culo grande«, einem kräftigen Hintern. Dicke Männer werden in Teilen Asiens und Afrikas bewundert, weil Dicksein als Zeichen dafür gilt, dass man viel Geld für Essen ausgeben kann, dass es einem folglich finanziell gut geht. Das ist in wohlhabenden Ländern wie den USA zwar nicht der Fall, aber die meisten Übergewichtigen sind kaum dazu zu bewegen, ihre Lebensgewohnheiten zu verändern. Viele ziehen medizinisches Fettabsaugen der anstrengenden Bewegung vor.

Bei den Kindern, die wegen ihrer Fettleibigkeit vielfach schon im frühen Alter von lebensbedrohenden Krankheiten geplagt werden, wäre vermutlich leichter anzusetzen, wenn man den Sportunterricht wichtiger nehmen würde, wenn Sportlehrer zudem in der Lage wären, Begeisterung für Bewegung zu vermitteln oder wenn ein Unterrichtsfach wie »Gesunde Ernährung« auf dem Stundenplan stünde, um auch weniger gebildete Kids und deren Eltern darüber zu informieren, welche Nahrungsmittel gesund sind und welche nur gelegentlich konsumiert werden sollten. Es ist ein Fakt, dass gebildete Erwachsene und Kinder nicht so häufig übergewichtig sind wie ungebildete.

Die Natur hat den Menschen als ein Wesen geschaffen, das sich bewegen kann und muss. Früher gingen wir jagen oder zogen als Nomaden durch die Lande. Heutzutage sind wir größtenteils sesshaft und packen Fleisch aus einer Plastikfolie aus. Umso wichtiger ist es, dass wir unseren Körper durch Bewegung ins Schwitzen bringen, egal, ob spielerisch oder in einem sportlichen Wettstreit mit anderen oder sich selbst. Wir müssen nicht unbedingt wie jene Sportsüchtigen werden, die ich in Kalifornien antraf. Sie leben ausschließlich für ihre (extreme) Fitness und betreiben einen kaum zu übertreffenden Körperkult. Wir müssen auch nicht alle Leistungssportler werden oder versuchen, mit einem Fahrrad um die Welt zu fahren. Wir alle sollten uns aber immer wieder klarmachen, dass wir von der Natur zwar mit einer Intelligenz ausgestattet wurden, die heutzutage unser Überleben sichert, dass wir aber trotzdem weiterhin ein Tier dieses Planeten bleiben werden – ein Bewegungstier.

Über Las Vegas, San Francisco und den Pacific Coast Highway fuhr ich nach Los Angeles. Die Straßen sind überall von guter Qualität und viele haben einen Seitenstreifen, auf dem ich relativ sicher unterwegs war. Gute Straßenkarten mitzuführen ist in den westlichen Ländern wichtiger als anderswo. In den USA gibt es viele, viele verschiedene Wege, die »nach Rom« führen. Das Radeln auf weniger befahrenen Nebenstrecken ist oftmals anstrengender, weil die Landschaft hügeliger ist, macht aber mehr Spaß, denn die Highways sind voller Trucks, die wenig Verständnis für einen Radfahrer haben. »Kauf dir ein Auto«, hörte ich mehrfach einen wütenden Fahrer von seinem Bock herunterschreien, wenn er wegen mir bremsen musste. Die Nebenstrecken brachten außerdem den Vorteil mit sich, dass ich ohne Probleme wild campen konnte. Aufgrund der hohen Kosten in den USA und in Kanada schlief ich meistens drei Nächte irgendwo im Busch und verwöhnte mich die vierte Nacht mit einem Motelzimmer. Blieb ich länger als eine Nacht in einem Motel, bot ich an, beim Reinigen zu helfen. Einige Male erfuhr ich positive Resonanz. Ich machte drei Stunden lang die Zimmer sauber und konnte ohne weitere Bezahlung noch eine weitere Nacht bleiben.

Fragte ich Hausbesitzer, ob ich bei ihnen im Garten campieren dürfe, luden sie mich manchmal ins Haus ein. Solche Gastfreundschaft erlebte ich vor allem in Montana, wo mir die Menschen am sympathischsten waren. Zwischen den einzelnen Staaten gibt es nicht nur landschaftlich enorme Unterschiede, sondern auch in der Mentalität ihrer Bewohner. Wurde ich in einem Staat beschuldigt, dass wir Deutschen und unsere Freunde, die Franzosen, die USA die gesamte Drecksarbeit der Terroristenbekämpfung machen ließen, war man im nächsten Staat interessiert an meiner Meinung zu »W«, wie der US-Präsident hier genannt wird, oder zum Irakkrieg.

Trotz eines sehr schmerzhaften Erlebnisses vor den Toren San Franciscos, wo ich aus einem überholenden Auto heraus von Halbstarken mit einer Steinschleuder getroffen wurde, begegnete ich vielen sehr angenehmen Amerikanern. Sie lieben es, ausländische Akzente zu hören, und gerade deshalb hatte ich viel Spaß hier. Der australische Akzent ist einer ihrer Favoriten. Ich wurde zu Steak und Bier eingeladen, nur damit sie noch länger meinen Erzählungen lauschen konnten. Über meine fünfjährige Reisezeit berichtete ich nur, wenn meine Zuhörer echtes Interesse zeigten. Ansonsten hatte ich genug Mühe ihnen klarzumachen, dass ich die gesamte Panamericana hinunterfahren wollte. Amerikaner verbringen ihre Ferien oft im eigenen Land und schon ihr südlicher Nachbar Mexiko versetzt sie in Schrecken bei der Vorstellung, dort reisen zu »müssen«. Mein großes Endziel auf diesem Kontinent und das Land mit den besten Steaks, Argentinien, kannten viele nur vom Namen her und auch den Ortsnamen Ushuaia, den Namen der südlichsten Stadt Argentiniens und der Welt, hatte kaum einer je gehört.

Hier in den USA checkte ich in Voraussicht auf das bevorstehende Zentralamerika mein Rad noch einmal komplett durch und wechselte auch Teile aus, die möglicherweise noch einige Tausend Kilometer gehalten hätten. Da ich mir, was qualitativ gute Ersatzteile anging, nicht sicher war, was Zentralamerika so zu bieten haben würde, wechselte ich z. B. das Tretlager, obwohl es erst 12 000 Kilometer gelaufen war (normalerweise hält es 20 000 bis 25 000 Kilometer). Während der gesamten Welttour handelte ich so und ersparte mir dadurch viel Ärger und viel von der Angst, eventuell ohne Ersatzteile am Straßenrand liegen zu bleiben. In Japan tauschte ich erstmalig viele Teile aus und kam deshalb gut durch Südostasien, in Westaustralien verfuhr ich ebenso und kam ohne Schwierigkeiten bis in die USA. Die Prozedur wiederholte ich dann noch einmal in Kolumbien, um ohne größere Reparaturen bis nach Südafrika zu gelangen, in Südafrika abermals, um problemlos Afrika durchqueren zu können, und ein letztes Mal erledigte ich das Nötigste in Marokko, was mich dann bis ans Ende der Reise brachte.

Auf der ganzen Welt kommt der Radler an die gängigen Teile heran und kann sich so bis zur nächsten Großstadt retten. Die wichtigsten Dinge wie Ersatzreifen und Schläuche, Flickzeug, Bowdenzüge, Speichen, Bremsblöcke und Kette hatte ich natürlich immer dabei. Passte etwas nicht hundertprozentig, konnte ich mich jedes Mal auf das grandiose Improvisationstalent der einheimischen Dauerflicker verlassen, egal, ob in Syrien, Vietnam, Nicaragua, Bolivien, Malawi oder im Senegal. Immer versuchten die selbst ernannten Radmechaniker, mir aus der Patsche zu helfen. Es dauerte manchmal mehrere Tage, wie z. B. in Dakar im Senegal, eine neue Felge aufzutreiben, und es kostete mich ein flottes Trinkgeld, das ich gern und mit Schulterklopfen bezahlte, doch in den Hauptstädten eines jeden Landes gibt es immer irgendetwas halbwegs Brauchbares.

Wären alle Stricke gerissen, blieb als letzte Instanz immer noch ein Funkspruch an die Heimatstation, um mir Ersatzteile schicken zu lassen. Das Einzige, was mir auf alle Kontinente gesandt wurde, waren neue Reifen und Schläuche, und die waren gesponsert von der Firma Ralf Bohle. Dafür schickte ich die abgefahrenen Reifen zurück nach Deutschland, damit die Firma sie nutzen konnte, um daraus Erkenntnisse für neue Modelle zu gewinnen.

In den USA investierte ich auch in ein neues Zelt, das dritte und letzte meiner Runde. Das erste wurde in China von einem Sandsturm zerfetzt, die Stangen waren ohnehin einfach zu brüchig geworden, das zweite schwächelte, nachdem ich es viele Hunderte Male aufgebaut hatte, an den Reißverschlüssen, und dieses dritte hielt durch bis zur allerletzten Zeltnacht vor den Toren Trelleborgs in Südschweden. Ein Zelt ist, wie auch ein Kocher, wichtig, um in den kostspieligen Ländern die Ausgaben gering zu halten. Es bietet einem Schutz vor dem Wetter und vor wilden oder giftigen Tieren und ist darüber hinaus sehr gemütlich.

Das Zelten in den wildesten Gegenden, inmitten großartiger Weiten zählt mit zu den Höhepunkten meiner Tour. Wie das Fahrrad, so gab mir auch das Zelt das Gefühl, frei wie ein umherziehender Nomade zu sein. Ein Radnomade. Der Kocher war mir nicht nur wichtig, weil ich Kosten sparen konnte, sondern auch, weil er mir half, mich als Mensch zu fühlen. Abends auf den großen Höhen der Anden etwas Warmes zu kochen ist genauso göttlich, wie morgens vor der Abfahrt einen ersten Wüstenkaffee zu schlürfen. Ich verwendete anfangs einen Benzinkocher, wechselte aber später auf Gas. Die viel saubereren Kartuschen bekam ich überall in den Hauptstädten der Welt, sogar in Afrika.

Kathryn war vor vier Jahren meine Reisepartnerin in der Gegend von Peking gewesen. In San Francisco sah ich sie wieder. Obwohl ich noch nie hier gewesen war, hatte ich das Gefühl, nach Hause zu kommen, nur, weil ich einen einzigen Menschen kannte. Ich brauchte mein Gespräch nicht mit dem Woher und Wohin anfangen, sondern konnte mit »weißt du noch« beginnen. Endlich einmal wieder hatte ich eine Anlaufstation, so etwas wie einen Hafen, und ruderte nicht nur im riesigen Ozean der Welt umher. Die Aussicht darauf motivierte mich schon seit Alaska. Kathryn und ich gingen natürlich oft chinesisch essen, wir erzählten uns Geschichten aus Peking und Umgebung und erinnerten uns, wie wir eine Nacht in einem Turm der Chinesischen Mauer geschlafen hatten. Ich verlängerte Tag für Tag meinen Aufenthalt und konnte mich kaum losreißen aus meinem neuen Hafen Oakland, doch meine Einreise im Rahmen des Visa Waiver Programs gestattete mir lediglich eine dreimonatige Aufenthaltsdauer ohne Verlängerungsmöglichkeit, und diese drei Monate neigten sich unaufhaltsam dem Ende entgegen.

5000 Kilometer war ich allein in den USA gefahren, und nun stand nicht nur ein erneuter Länderwechsel an, sondern auch zum ersten Mal seit eineinhalb Jahren wieder ein Sprachwechsel. Eineinhalb Jahre lang hatte ich kein Verständigungsproblem gehabt und war als Weißer unter (vorwiegend) Weißen unterwegs gewesen. Die klassischen vier Auswandererländer Australien, Neuseeland, Kanada und die USA bedurften keiner weiter gehenden kulturellen Anpassung. Die Lebensweise ist der europäischen sehr ähnlich, was nicht verwundert, stammen doch fast alle Bewohner ursprünglich vom alten Kontinent, wenn das auch viele Generationen zurückliegt. Mit Ausnahme von Neuseeland galt es für mich in diesen Ländern nur, riesige Distanzen zu überwinden, die Gefahren extremen Wetters zu beachten und mich über potenziell gefährliche Tiere schlauzumachen. Nun näherte sich mein Radlaster dem größten Grenzübergang der Welt: Tijuana.

Mexiko und viele andere Länder Lateinamerikas lagen vor mir, und damit eine neue Sprache, eine andere Kultur, andersartiges Essen, eine andere Fahrweise und vor allem eine veränderte Sichtweise der Einheimischen auf mich. Nun verließ ich die reiche, organisierte Welt und würde wieder auffallen als Weißer unter Latinos, als vermeintlich Reicher unter Armen. Ich freute mich auf diesen Teil der Welt, hatte aber die Hosen voll, als ich, nach kurzer Fahrt von San Diego, die mexikanische Flagge im Wind wehen sah.

Ich wusste von einer neunmonatigen Rucksackreise im Jahre 1989, dass mich fantastische Landschaften erwarteten, aber mir war auch klar, dass ich jederzeit in gefährliche Situationen geraten konnte. Die stets negativen Meldungen in den Medien beeinflussten mich, auch musste ich unweigerlich an den schlimmsten Überfall meines Globetrotterlebens denken, der sich in Peru ereignet hatte. Dort war ich von der Terrororganisation Sendero Luminoso

(Leuchtender Pfad), die damals gerade ihre Blütezeit hatte, nachts in einem Überlandbus überfallen worden und nur knapp mit dem Leben davongekommen. Ich hatte schon die Maschinenpistole des maskierten Angreifers auf der Brust, der zornig war und bereit abzudrücken, weil ich nicht genug Wertsachen dabeihatte, als ich wie durch ein Wunder von der plötzlich heranstürmenden Polizei gerettet wurde. Danach wurde ich von Albträumen heimgesucht und war nicht mehr imstande, nachts Busse zu benutzen, nicht mal im sicheren Chile. Es dauerte Monate, bis ich wieder ohne zu zittern davon berichten konnte.

Jetzt, vor den Toren Mexikos, waren diese Bilder wieder sehr präsent, ebenso die Erinnerung an große Armut, Dreck und einfache Lebensbedingungen, auch für einen Traveller. Hätte ich mir nicht schon lange vor meiner Abreise immer wieder diese Welttour vorgestellt und mich im Geiste verstaubt über die Andenpässe fahren sehen, hätte ich mir nicht wieder und wieder ausgemalt, wie ich mit hochgerissenen Armen in Ushuaia einfahren würde, hätte ich mich nicht als spanisch sprechenden Globetreter fantasiert, ich wäre jetzt wohl umgedreht. So aber siegte der Wunsch, durch alle Kontinente zu radeln.

Ich machte mir Mut, indem ich mir überstandene Krisensituationen der letzten Jahre in Erinnerung rief. Das half etwas. Schließlich entschied ich mich, weiter mit Entschlossenheit, aber auch mit viel Umsicht unterwegs zu sein, und den Traum einer kompletten Weltumrundung Realität werden zu lassen.

Über Blumen und Müll
in Mittelamerika

»Why are you bargaining so hard? You are a rich German!«

(Kuba)

»Do you take cocaine to be stronger on the bike?«

(Panama)

»Hör mal, Gringo, gefällt dir diese Tasche?«
»Nein.«
»Nein ... aber vielleicht gefällt dir meine Schwester.«
»Nein!«
»Auch nicht, na, vielleicht gefalle ich dir ... eh, Gringo, komm zurück!«

Ich war in einer neuen Welt. Tijuana ist nicht nur der weltweit größte Grenzübergang (40 Millionen Personen nutzen ihn jährlich) und der Ort, an dem der Stern des Musikers Carlos Santana aufging, es ist auch ein legendärer Ort: verrucht, wild, staubig und vom ersten Eindruck her ziemlich gesetzlos.

Von nun an bis hinunter nach Feuerland konnte ich Castellano, das Spanisch Lateinamerikas, sprechen. Ich freute mich darauf, diese schön klingende Sprache besser zu erlernen. Grundkenntnisse hatte ich von meiner ersten Reise her immer noch abrufbar gespeichert und nun begann ich unverzüglich damit, entsprechende Synapsen zu aktivieren. Es dauert nicht Tage, sondern nur Stunden, bis ich zum ersten Mal das Wort »Gringo« hörte. Als Gringos wurden ursprünglich nur die Nordamerikaner bezeichnet, die Mexiko besuchten, später alle westlichen Ausländer. Bis zum Ende meiner Reise durch Mittel- und Südamerika sollte mich dieses Wort nun verfolgen. Erst in Argentinien und Chile war damit Schluss. Es ist kein grundsätzlich diskriminierendes Wort, obwohl das letztlich vom Tonfall abhängt. Man vermutet, dass es sich vom amerikanisch-mexikanischen Krieg im 18. Jahrhundert herleitet, in dem das amerikanische Militär grüne Röcke, »green coats«, trug. Die Mexikaner wünschten sich den Abzug der amerikanischen Truppen aus ihrem Land und wandelten »green coat« in »green go away« und noch etwas später in »green go« um. Daraus wurde der Gringo.

Zwei Tage blieb ich in Tijuana, um mich einzugewöhnen, dann fuhr ich die Halbinsel Baja California hinunter, 1300 Kilometer bis nach La Paz, der Hauptstadt des Bundesstaates, von wo aus man mit einer Fähre nach Mazatlán und zur Panamericana übersetzen kann. Die Wüstenlandschaft, die vielen Kakteen und die Sonne sind angenehm, doch die Straße ist durchgehend schmal, einen Seitenstreifen gibt es nicht. Da die Strecke von vielen Trucks frequentiert wird, bleibt oft nur die Flucht in den Sand. Die Attraktionen liegen abseits der Route, der einzigen in dieser Region, die in den Süden hinunterführt, und ich würde auf diesem Abschnitt nicht noch einmal radeln.

Freunde von Vogelspinnen kommen aber auch auf der Hauptstrecke voll auf ihre Kosten, das beweisen schon die vielen überfahrenen Tierchen, die tot auf dem Asphalt liegen. In einer Vollmondnacht zog eine Parade dieser Achtbeiner ausgerechnet vor meinem Zelt auf, das ich wie fast immer abseits der Straße aufgestellt hatte. Es war kaum zu ertragen, wie erst eine Spinne an meinem Außenzelt hinaufkroch und dann eine weitere unter den Zeltboden krabbelte. Als ich nach draußen ging, um sie mit einem Stock unter dem Boden hervorzustochern, entdeckte ich noch mehr von diesen handgroßen Tieren. Es dämmerte bereits, als ich es endlich geschafft hatte, die eine Spinne mit meinem Stock zu verscheuchen, dann gab ich auf und hoffte auf die Sicherheit des Zeltes. Zugegebenermaßen schlief ich schlecht in dieser Nacht und träumte von Monsterspinnen, die die Wüste nach Gringos absuchten.

Hier in Baja California musste ich immer wieder an ein Erlebnis in Kambodscha denken. Dort verspeist man Vogelspinnen nämlich. Das kleine Dorf Skuon unweit der Hauptstadt Phnom Penh ist die Metropole dieser Delikatesse. »Mister, you like?«, fragte mich ein etwa zwölf Jahre altes Khmer-Mädchen, kurz nachdem ich vor einem Laden vom Rad gestiegen war. Dabei hielt sie mir ein Tablett mit mindestens 200 Beinen direkt vor die Nase, alle fein säuberlich zu einem Spinnenturm aufgestapelt. »Ohhh!«, ... ich schreckte zurück. »Mohob?« (Khmer für »Essen«), fragte ich und starrte mit weit aufgerissenen Augen auf das Tablett. Meine Frage war beantwortet, als ich einen wartenden Bus entdeckte, vor dem mehrere Mädchen fleißig gegrillte Spinnen mit Soße verkauften. Ich erstand auch eine und biss zaghaft in ein Bein. Es schmeckte bitter und stumpf und ich verlor schnell das Interesse. Sofort fand sich jemand, der den Rest schmatzend verschlang. Mahlzeit!!

Ich musste nie aus Not diese für unsere Geschmacksnerven ungewohnten Dinge essen oder trinken, probierte aber gelegentlich mal. Schlangenblut in Hongkong, Meerschweinchen in Peru, gegrillte Ameisen in Kolumbien oder Balut (Eier mit halb ausgebrüteten Entenembryos) auf den Philippinen. Meine Begeisterung für diese Köstlichkeiten hielt sich allerdings immer in Grenzen.

In Mazatlán traf ich die Fehlentscheidung, ins Bergland und dort in die zweitgrößte Stadt des Landes, Guadalajara, fahren zu wollen. Die Tour wurde zum lebensgefährlichen Ritt auf enger Straße. Kurz vor Weihnachten waren nicht nur Trucks und Busse, sondern auch viele Pkws unterwegs. Jeder schien es eilig zu haben, und ich wurde zum Spielball des regen Verkehrs. Die Hänger der Trucks drückten mich beim Wiedereinscheren mit ihren etwa 100 Stundenkilometern erbarmungslos von der Straße. Der Sog der vorbeirasenden Truckfahrer machte es mir unmöglich, das Rad auf Kurs zu halten.

Kam mir einer entgegen, schlug mir der starke Luftdruck wie ein Brett vor den Kopf, überholte einer, wurde ich wie von einem Staubsauger an das Fahrzeug herangesaugt. Bei aufkommendem Wind verstärkten sich diese Phänomene noch. Auf einigen Abschnitten gab es keine Fluchtmöglichkeit, sie war durch Bäume, Hügel und Gestrüpp versperrt.

Auf beiden Fahrbahnseiten überholten die Autofahrer ungeduldig einen Truck nach dem anderen, immer begleitet von Dauerhupen und hektischem Auf- und Abblenden. Ich bekam von den eingeatmeten Abgasen Hustenanfälle. Fünf lange Tage lang fühlte ich mich wie ein Matador beim Stierkampf, nur knapp entging ich dem Blech. Einmal erwischte mich ein überholender Autofahrer mit seinem Außenspiegel am Ellenbogen. Dass der Arm nicht brach oder ich mir nicht zumindest die Schulter auskugelte, war schon kaum mehr als Glück zu bezeichnen. Olé, olé! ... Tollkühn und unter großen Schmerzen fuhr ich weiter. Olé! ... Jeder Zentimeter zählte. Olé! ...Wieder Schwein gehabt. Frustriert war ich aber vor allem deshalb, weil die fast parallel verlaufende Autopista so ausgestorben war wie bei uns die Autobahnen während des Sonntagsfahrverbots in den 1970er-Jahren. Überteuerte Benutzungsgebühren sorgten dafür. Da baut die mexikanische Regierung fantastische Autobahnen, nimmt aber so hohe Gebühren, dass sie kaum jemand nutzt und alle Verkehrsteilnehmer sich auf den alten, engen Landstraßen drängeln. Hinter Guadalajara fuhr ich wieder Richtung Küste und auf dem Highway 200 bis an die Grenze nach Guatemala. Eine gute Entscheidung, denn hier gab es kaum Schwerverkehr.

Silvester 2005 verbrachte ich tanzend auf einem Platz in Zihuatanejo, einem Küstenort, etwa 250 Kilometer nordwestlich von Acapulco gelegen. Acapulco ist nicht nur ein internationaler Touristenort, in dem sich jeder zweite Ausländer begeistert die Klippenspringer anguckt, sondern auch eine Stadt mit vielen VW Käfern. Hier werden die »Herbies« als Taxi genutzt. Kaum ein Taxifahrer besitzt sein eigenes Fahrzeug. Er mietet es für ca. 120 Pesos (11 US-

Dollar) pro Schicht und versucht, möglichst viele Gäste zu chauffieren. Das ist in Anbetracht der zahlreichen Fahrzeuge, die hier unterwegs sind, ein schwieriges Unterfangen. Gerne befördern die Fahrer
Gringos. »Die machen hier nur kurz Ferien und kennen den
Umrechnungskurs nicht«, erzählte mir ein Fahrer. »Am liebsten
sind mir Kreuzfahrtschiffe, die hier täglich kurz festmachen, denn
diese Gäste zahlen wirklich jeden von mir geforderten Preis, insbesondere die Japaner, die Amerikaner und die Hitlers.« – »Hitlers?«,
fragte ich mürrisch nach. »Ja, deine Landsleute aus dem Hitlerland.«
Leider war dies kein Einzelfall. An jeder militärischen Straßensper-
re in Zentralamerika, vor allem in Mexiko, wurde ich nach dem Diktator gefragt, sobald mein Pass meine Herkunft preisgegeben hatte.
»Ist Hitler noch am Leben?«, wollte einmal jemand von mir wissen.

Viele Dokumentationen halten die Erinnerung an den National-
sozialismus weltweit am Leben, zu Recht, und wir Traveller werden
wohl auch weiterhin mit diesem Thema konfrontiert werden.
Grundsätzlich denke ich allerdings, dass sich das Bild von den Deutschen etwas zum Positiven verbessert hat, obwohl man uns wohl
niemals mit Witz und Lebensfreude in Verbindung bringen wird.
Aber es wird weiterhin Länder geben, in denen man uns liebt, wie
die Türkei oder Japan, und es wird Länder geben, in denen wir weiterhin mehrheitlich unbeliebt sind, wie z. B. Israel.

Unter anderen Reisenden hörte ich oft, dass es drei Dinge auf der
ganzen Welt gibt: Coca Cola, amerikanische Zigaretten und Deutsche. Tatsächlich, wo immer ich auch unterwegs war, stets waren
Landsleute in der Nähe. Traf ich keinen anderen Deutschen persönlich, dann wurde mir von einem berichtet. Wir sind trotz all des
Gejammers daheim weiterhin die Reiseweltmeister, obwohl wir vermutlich diesen Titel im nächsten Jahrzehnt an die Chinesen oder
Russen verlieren werden. Wichtig ist aber vor allem eines: Jeder indi-
viduell Reisende ist, ob er will oder nicht, ein Botschafter seines Landes. Das sollte sich jeder immer wieder bewusst machen, bevor er
seine Landesgrenzen verlässt. Er bereitet den Weg für Nachkom-
mende, im positiven wie im negativen Sinne.

Die Kirche La Merced in Antigua/Guatemala zeigt starke barocke Einflüsse. Das Land des ewigen Frühlings ist mein Favorit in Mittelamerika, vor allem aufgrund der bunt gewebten, traditionellen Stoffe der Indios, die für viel Farbe sorgen.

Guatemala ist mein Lieblingsland in Zentralamerika. Die Nachkommen der Majas, die 40 Prozent der Gesamtbevölkerung ausmachen und in der Regel sehr arm sind, sorgen mit aufwendig bunt gewebten Stoffen für ein farbenfrohes Bild. In der im Hochland gelegenen Stadt Quetzaltenango machte ich für zwei Wochen Station, um dort, wie viele andere Reisende auch, eine Spanischschule zu besuchen. Der Privatunterricht ist sehr günstig, das Land ist interessant und die Menschen sprechen allgemein langsam und deutlich. Das neu Erlernte konnte ich täglich auf der Straße anwenden und machte schnell Fortschritte. Das war mir wichtig, denn nur, wer die Sprache der Einheimischen spricht, kann Näheres über deren Denkweise erfahren und bekommt einen umfassenderen Eindruck vom Land. In Asien ist es als Reisender zwecklos, mit jedem Länderwechsel auch die jeweilige Sprache zu erlernen, aber hier in Lateinamerika lohnt es sich.

Ich machte einen Abstecher nach Tikal, einer antiken Stadt der Maya inmitten der dichten Wälder Nordguatemalas, bevor ich über den See Atitlán weiter ins zentrale Hochland fuhr, um mir die Osterprozessionen in der Kleinstadt Antigua anzusehen. Das Radfahren war hier im frühlingshaften Hochland angenehmer als in Mexiko, abgesehen vom Lärm und Gestank der sogenannten Chicken-Busse, die alles und jeden mitnehmen und denen man überall begegnet. Die meisten Strecken haben einen Seitenstreifen, auf dem man trotz der vielen Glasscherben und anderer Abfälle, die dort liegen, gefahrloser radeln kann. Dennoch gilt Guatemala als eines der gefährlichsten Reiseländer Mittelamerikas. Die Titelseiten der Zeitungen sind voll mit schockierenden Bildern von blutüberströmten Toten: getötet im Autoverkehr, erschossen, erschlagen oder mit einer Machete aufgeschlitzt. Gewalt und Vergewaltigungen scheinen tatsächlich zum Alltag zu gehören. Die vielen Psychologen hierzulande, die sich auf Traumabehandlung spezialisiert haben, zeugen davon. In Anbetracht der friedlichen und freundlichen Bewohner, die ich überall traf, fiel es mir schwer, mir so viel Brutalität gegenüber den eigenen Landsleuten vorzustellen.

Die Osterprozessionen der Karwoche in Antigua sind in ihrer Atmosphäre kaum zu übertreffen. Die von drei aktiven Vulkanen umgebene Kolonialstadt mit ihren vielen barocken Kirchen, den farbenprächtigen gelben, grünen und weißen Gebäuden sowie ihren Pflastersteinstraßen bietet den angemessenen Rahmen für die von den spanischen Eroberern eingeführte Tradition. Auch Rituale der Mayas fließen in dieses katholische Glaubensfest mit ein, es werden zum Beispiel Opfergaben vor die Kirchen gelegt. Wichtiger Bestandteil der Umzüge sind die Pasos, tischförmige Gebilde, auf denen riesige Statuen aufgebaut sind, die die einzelnen Stationen des Kreuzwegs darstellen. Sie wiegen bis zu einer Tonne und werden von bis zu 90 Gläubigen im Gleichschritt durch die Stadt getragen. Sämtliche Bewohner nehmen aktiv an den Feierlichkeiten teil. Die Straßen werden in mühsamer Arbeit mit meterlangen Blumenteppichen geschmückt. Diese Kunstwerke halten weniger als einen Tag, der Prozessionszug zerstört sie auf seinem Weg durch die Stadt.

Höhepunkt des Festes ist der Nachtumzug, bei dem eine übergroße beleuchtete Jesus-Statue durch die Stadt getragen wird. Viele Tausend Gläubige, Neugierige und Touristen füllen die engen Straßen, jeder Einzelne hält eine brennende Kerze in der Hand. Die Kirchen sind prachtvoll angestrahlt. Das Ende des Zuges bilden die Kapellen mit ihrer klagenden, von Tuben und Trompeten dominierten Musik, vorneweg gehen Kinder und schwenken Weihrauch.

Ich bleibe bis zum letzten Tag. Erst dann findet der Leidensweg Carstens seine Fortsetzung. Ich darf dabei aber leider nicht über Blumen fahren, sondern muss mit Müll vorliebnehmen ...

Vor der Grenze zu El Salvador kam ich zum dritten und letzten Mal während meiner Reise in den Genuss einer Polizeieskorte und fühlte mich wichtig. Erstmalig bekam ich so einen Polizeischutz vor den Toren Pekings, als ich bei meiner verzweifelten Suche nach dem Weg ins Stadtzentrum entnervt einen Beamten fragte. Die Eskorte brachte mich bis an den Platz des Himmlischen Friedens. Das zweite Mal begleitete mich die Polizei in Indonesien nach dem Überfallversuch auf Kalimantan, von dem ich schon berichtet habe. Und nun bekam ich über 50 Kilometer hinweg Begleitschutz, weil auf dieser Strecke zahlreiche Überfälle passierten und die Polizei um mehr Sicherheit insbesondere für die zahlungskräftigen Touristen bemüht war. Ein bewaffneter Motorradfahrer fuhr vor mir und einer hinter mir. Sie wechselten sich ab, um jeweils ein Stück neben mir her fahren und mir Fragen stellen zu können, Fragen, die sich entweder um Frauen oder um Fußball drehten. Nicht ohne Stolz bemerkten sie immer wieder, dass ich nun sicher sei. Als wir uns an der Grenze per Handschlag verabschiedeten, verlangten sie kein Trinkgeld von mir, was mich so begeisterte, dass ich sie spontan zum Essen einlud. In einer Straßenküche verkaufte eine Frau aus El Salvador »Pupusas« (frittierten Maisteig mit Käse gefüllt). Wir drei schlugen uns mit diesem

Omelette für Arme den Magen voll, ich zahlte umgerechnet zwei Euro und erreichte sicher mein nächstes Reiseland El Salvador. Muchos gracias, hombres!

Über El Salvador, Honduras und Nicaragua erreichte ich Costa Rica und freute mich über die etwas bessere Organisation im Land, auf ein bisschen weniger Dreck und auf Gallo Pinto, das Nationalgericht der Ticos, wie sich die Menschen hier nennen. Gallo Pinto wird in vielen Ländern der Region gegessen, doch hier schmeckte es mir am besten. Es besteht aus Reis, vermischt mit schwarzen Bohnen, Rührei, Toast oder Tortillas und einer frittierten Banane. Lecker, billig, gut. Seit Mexiko bestimmten Bohnen, »frejoles«, den Speiseplan, es gibt sie überall und sie fehlen in keinem Gericht: Bohnen mit Avocado, mit Reis, mit Tortilla, mit Fisch oder mit Eiern.

In Costa Rica konnte ich auch einen Rekord verzeichnen, wie ich ihn in heimischen Gefilden niemals erzielen könnte: fast sechs Monate ohne einen einzigen Regentropfen. Von San Diego in Kalifornien bis nach Tamarindo in Costa Rica (wegen der vielen Amerikaner hier auch Tamagringo genannt) – nichts als das strahlende Lächeln der Sonne. Jetzt aber verwandelte ein Tropenschauer innerhalb weniger Minuten die Straße in einen Fluss, beendete die Trockenzeit und machte damit auch die Hoffnung auf einen noch höheren Rekord zunichte. In Afrika wollte ich ihn später noch einmal angehen, kam aber in Westafrika »nur« auf viereinhalb Monate ohne Regen.

Reisende befragen sich gerne gegenseitig nach dem tropischen Paradies und danach, wo auf der Welt sie es gefunden haben. War ich an der Reihe, antwortete ich überzeugt: »Manuel Antonio in Costa Rica«. Ich beschrieb den kleinen Ort an der Pazifikküste: Feiner, leicht u-förmig geschwungener Sandstrand, klares, einladendes Wasser, vorgelagerte, bewachsene Felsen in der seichten Brandung, Palmen mit Kokosnüssen, die von den schönsten Mädchen nur für mich aus dem Baum gepflückt wurden, Salsamusik, einfache, billige Holzhütten direkt am Strand, üppiger Dschungel ringsum, bevölkert von Affen und bunten Vögeln, die sich lautstark unterhielten, und eine Handvoll gleich gesinnter Reisender zum Plaudern von Hängematte zu Hängematte.

Das war 1988. Jetzt, 15 Jahre später, freute ich mich auf die Zugabe. Die Anfahrt begann in dem Ort Quepos, von dort aus musste man sieben Kilometer Abfahrt auf einer Schotterpiste durch dichten Dschungel bewältigen, so hatte ich es in Erinnerung. Doch was war das? Was war aus »meinem« Paradies Manuel Antonio geworden? Die Anfahrt hinunter ans Meer erfolgte auf einer breit ausgebauten Teerstraße, die nicht mehr von dichtem Urwald, sondern beidseitig von Hotelanlagen und Restaurants gesäumt wurde, das Vogelgezwitscher war dem Geräusch von Ottomotoren gewichen. Im Ort angekommen, wurde ich auf Englisch von einem Souvenirverkäufer begrüßt, der mir eine Muschelkette andrehen wollte, die einfachen Bungalows waren teuren Anlagen mit Swimmingpools gewichen, anstatt Salsarhythmen hörte ich amerikanisches Zeug, der Strand war mit Sonnenschirmen übersät, unter denen sich Touristen auf ihren Liegen räkelten, der ursprüngliche, wilde Dschungel hieß nun Manuel Antonio Nationalpark und wurde von zahllosen Pauschalurlaubern im Stundentakt frequentiert, die Restaurants offerierten anstatt Gallo Pinto nun Hamburger und Pommes, Jetskis lärmten durch die einst idyllische Bucht. Das Paradies war zu einem Ort des Massentourismus verkommen.

Geschockt und tief enttäuscht setzte ich mich in den immer noch feinen Sand. Ich weigerte mich, dieses neue Manuel Antonio anzunehmen und kletterte schon zwei Stunden später wieder hoch nach Quepos. Aus dem geplanten Stopp im Paradies voller Erinnerungen wurde eine Pleite. Ich hätte es ahnen müssen. Vergeblich versuchte ich, das Gesehene wieder zu verdrängen, und fasste noch am selben Tag den Vorsatz, nicht in die peruanische Inkastadt Macchu Pichu zurückzukehren. Ich wollte mir wenigstens diesen faszinierenden Ort in der Vorstellung so erhalten, wie ich ihn vor 15 Jahren erlebt hatte, als Macchu Pichu noch ein Geheimtipp und nicht die größte touristische Einnahmequelle ganz Südamerikas war. Überhaupt wollte ich in Zukunft nur noch selten an mir bekannte Orte zurückkehren, um weitere Enttäuschungen zu vermeiden. Mit dem zunehmenden Massentourismus verstärkte sich auch meine Liebe zu Wüsten und unzugänglichen Bergregionen. Sie werden aufgrund ihrer feindlichen, extremen Lebensbedingungen und fehlender Infrastruktur auch in den nächsten Jahrzehnten für den Abenteurer unverfälscht zu erleben sein.

Bevor ich mich an das im wahrsten Sinne des Wortes atemberaubende Südamerika heranmachte, düste ich von Panama City für zwei Monate in die Karibik, um Cuba Libre zu genießen. Kommunistische Länder sind natürlich alles andere als »libre« (frei). Der bekannte Longdrink sollte besser »Cuba prisionero« (gefangen) heißen. Kubaner dürfen ihre Meinung nicht frei äußern, und ins Ausland gelangen sie oftmals nur mittels einer häufig tödlich endenden Schlauchbootfahrt hinüber nach Key West in den USA.

Kuba ist nach dem Zerfall vieler kommunistischer Bastionen fast so etwas wie der letzte Mohikaner. Das macht es so interessant. Die Hauptstadt Havanna gleicht einem Museum mit Tropenklima. Einige Stadtteile sind so verfallen, als hätte gerade ein Luftangriff stattgefunden, andere sind mithilfe ausländischer Gelder fantastisch restauriert worden. Das Straßenbild bestimmen Fahrzeuge, die älter sind als ich mit meinen inzwischen 43 Jahren. Amerikanische Schlitten fahren neben Trabbis, Wartburgs und MZ-Motorrädern.

Mit dem Sonnenuntergang erwacht das Leben an der Strandpromenade, dem Malecón, und in der Altstadt. Salsamusik, meistens live gespielt, erklingt. Wer Pesos hat, trinkt etwas Rum. Wer zeigen will, dass es ihm gut geht, trinkt dreijährigen Rum, wer zeigen will, dass es ihm besonders gut geht, oder wer Tourist auf der Zuckerinsel ist, der trinkt siebenjährigen Rum. Mittrinker opfern sich schnell, wenn sie beim Leeren der Flasche helfen können.

Der Staat gibt jedem Kubaner das Recht auf Bildung, was sich in zahlreichen, zwanglosen Gesprächen, die ich führte, schnell bemerkbar machte. Leider erfuhr ich beim Small Talk nicht, was meine Gesprächspartner denken, ihre Angst, einem Fremden gegenüber ihre Meinung zu äußern, dominierte. Sprachen sie über ihre Lebenssituation, fingen sie an zu flüstern, um den »Gummiohren« (Mithörern) keine Chance zu geben. Überall in der Stadt ist die Polizei präsent, die sehr genau observiert, wenn ein Ausländer mit einem Kubaner spricht.

Rosita, eine Frau, mit der ich einige Zeit in Havanna verbrachte, entging bei einer Ausweiskontrolle nur knapp dem Gefängnis, weil sie bereits einmal Deutschland besucht hatte. Eine Verwandte hatte einen Deutschen geheiratet und Rosita hatte damals für drei Wochen ausreisen dürfen, war aber zurückgekommen, um ihren Sohn weiter versorgen zu können. Nun tat sie der Polizei gegenüber einfach so, als sei ich ein alter Bekannter, den sie in Deutschland kennengelernt habe. Das deutsche Visum in ihrem Ausweis rettete sie. Zwei andere Mädchen, mit denen ich mich eine Weile unterhielt, hatten weniger Glück. Sie wurden kurz nach unserem Gespräch an den Haaren in einen Polizeiwagen gezerrt und mussten für das Verbrechen, Kontakt zu Ausländern zu haben, wahrscheinlich mit Gefängnis bezahlen.

Wie immer in kommunistischen Ländern, hatte ich auch hier das Gefühl, überwacht zu werden. Ebenso wie in Vietnam musste ich beim Einchecken in spezielle Privatunterkünfte meinen Ausweis abgeben, mit dem mein Vermieter dann losmarschierte, um Meldung bei der Polizei zu machen. Die Zimmer waren im Verhältnis zum gebotenen Komfort immer überteuert. Es scheint auch ein kommunistisches Phänomen zu sein, dass ausländische Besucher extrem zur Kasse gebeten werden und dass wirklich jeder versucht, einem möglichst viele Pesos Convertibles – neben dem Peso Cubano die offizielle Devisenwährung des Landes – aus der Tasche zu ziehen. Das passiert natürlich immer, wenn Arm auf Reich trifft, doch im Vergleich zum Rest Lateinamerikas geschieht dies in Kuba in maßloser Weise.

Ich konnte mich hundertprozentig darauf verlassen, dass die Rechnung fürs Essen nicht korrekt abgerechnet wurde. Blieb ich freundlich um Aufklärung bemüht, wurde auch beim zweiten Ver-

Auf guten Straßen mit wenig Verkehr lässt es sich angenehm fahren. Immer wieder interessant, was mich auf Kuba so alles überholt.

such geschummelt. Erst wenn ich in inzwischen gutem Spanisch lospöbelte, dass ich hier auf Kuba leben würde und man sich jemand anders zum Bemogeln suchen solle, oder wenn ich mit der Polizei drohte, bekam ich die korrekte Rechnung. Nach kurzer Zeit war ich es leid, mich bei jeder Bestellung genauestens nach den jeweiligen Preisen der einzelnen Gerichte zu erkundigen.

Zum Radfahren eignet sich Kuba allerdings bestens. Die Straßen sind relativ gut und außerhalb Havannas nie überfüllt, oft kommt man an einen Ort, wo man sich im Meer abkühlen kann, die Menschen sind fröhlich und sehr kontaktfreudig, und es ist ein sicheres Reiseland. Ersatzteile für das Rad gibt es zwar kaum, aber der Radfahrer kann sich auf das Improvisationstalent der Einheimischen verlassen. Ein weiterer Nachteil ist, dass Nahrungsmittel manchmal knapp sind. Mehr als einmal radelte ich hungrig in einen Ort, um dann in einem geöffneten Restaurant zu erfahren, dass es heute kein Essen gäbe, erst morgen vielleicht wieder.

Die zweite Hälfte meines achtwöchigen Aufenthaltes genoss ich besonders, denn mein Freund Manfred flog ein. Er hatte mich schon in Indonesien besucht und kam nun ein zweites Mal. Geteilter kubanischer Rum schmeckt einfach doppelt so gut. Nach einer kurzen Eingewöhnungszeit war es jedes Mal so, als ob ich mit ihm zugleich ein Stück Heimat an meiner Seite hatte, etwas Vertrautes, worauf ich unterwegs mehr oder weniger verzichten musste. Es gibt wenig Konstantes auf einer Fahrradweltreise, mal abgesehen von der täglichen Pedalarbeit. Mein Lieblingsspiel mit Manfred hieß: »Was macht eigentlich ...?«

Auf diese Weise erfuhr ich zum Beispiel von deutschen Prominenten, die nicht mehr oder schon wieder aktuell waren. Ich war nun schon fast sieben Jahre nicht zu Hause gewesen und staunte über die vielen Veränderungen. Unverändert lecker blieb allerdings das Vollkornbrot, das Manfred jedes Mal im Gepäck hatte, diesmal mit einem dicken Stück geräuchertem Schinken. Zwei Tage nach seiner Ankunft waren nur noch ein paar Krümel übrig, so hastig verschlang ich die Köstlichkeiten. Obwohl der Abschied nach drei Wochen schwierig war, gab mir sein Besuch doch Kraft für das vermeintlich gefährliche Südamerika.

Auch meine Mutter hatte mich bereits dreimal während meiner Radtour besucht, allerdings nur in den ersten eineinhalb Jahren. Nun hatte sie eine organisierte Reise nach Peru gebucht und ich wollte von Panama aus für ein paar Tage dorthin fliegen und sie treffen. Drei Tage vor meinen Abflug wurde eine Hurrikanwarnung durchgegeben. Fidel Castro Ruz, wie der bärtige Mann mit vollem Namen heißt, hatte gerade stundenlang seine allwöchentliche Gehirnwäsche über den Äther verbreitet, da sagte der Sprecher die Ankunft von Hurrikan Dennis für den Tag vor meinem Abflug voraus.

Ich half, Bretter vor die Fenster meiner »hospedaje« (Unterkunft) zu nageln, und dann heulte der Sturm so stark durch Havanna, dass der Flughafen in Mitleidenschaft gezogen wurde. Informationen, wann ich die Insel verlassen könne, gab es keine, auch nicht am Flughafen. An zwei aufeinanderfolgenden Tagen kehrte ich nach stundenlangem Warten und Hin- und Herschleppen meines Gepäcks samt dem verpackten Fahrrades frustriert wieder mit einem Taxi zurück nach Havanna. Da die Pesos Convertibles außerhalb des Landes wertlos sind, tauschte ich jeweils nur für einen Tag, immer in der Hoffnung, am nächsten Tag abreisen zu können. Es dauerte mindestens eine Stunde, bis ich an Geld kam, die Schlangen sind immer lang und die Arbeitsmotivation so stark wie der Peso außerhalb Kubas. Hatte ich welches in Händen, checkte ich wieder in meinem Zimmer ein und stellte mich abermals stundenlang an. Diesmal bei Cubana, der lokalen Fluggesellschaft, um zu erfahren, wann der Flug gehen sollte. Vergeblich. Auch in meiner Unterkunft erfuhr man nichts, was mir weitergeholfen hätte. Am dritten Tag erbarmte sich Rosita und kam mit mir zum Büro der Fluggesellschaft. Vier Stunden schwitzte ich vor mich hin, bis ich endlich dank der Hilfe meiner rigorosen Begleiterin einen neuen Abflugtermin bekam und Kuba verlassen konnte.

Es war schwierig, meine Mutter überhaupt von den Ereignissen zu informieren, denn immer wieder brach die Stromversorgung zusammen. Ich schickte über Rositas Mobiltelefon eine SMS an Manfred, und er teilte meiner Mutter mit, was geschehen war. Als ich in Panama eintraf, hatte ich sie verpasst. Ihre Reise war zu kurz gewesen.

Meine Mutter musste sich nach ihrer Rückkehr aus Peru eine Menge Kritik anhören. Kritik, die ihren egoistischen Sohn betraf, der wohl seine Mutter gar nicht wiedersehen wolle. Ein Sohn, dem »rumbutschern«, wie der Hamburger sagt, wichtiger sei als seine Mutter, der überhaupt etwas völlig Sinnloses mit dieser Radtour bezwecke und der als bettelarmer, alter Mann ohne Frau und Kinder enden werde. Unter Tränen berichtete sie mir von all dem fiesen, haltlosen Gerede, als ich sie aus Kolumbien anrief. Es war nicht das erste Mal, dass sie sich solche Kritik anhören musste, das passierte regelmäßig so alle eineinhalb bis zwei Jahre. Ich konnte sehr gut damit leben, aber eine Mutter hört nie gern Negatives über ihren Sohn, meine auch nicht. Es tat mir sehr weh, dass sie für etwas verantwortlich gemacht wurde, für das sie ja gar nichts konnte: einen Sohn, der die Vision hatte, mit dem Rad die Welt zu umrunden.

Atemberaubende Anden

*»You are going to hell, because you are not following
Gods will and have one wife and many kids!«*

(Peruaner, Vater von fünf Kindern)

*»A girl who wants to be with you is not competing
against another girl. She is competing against a bicycle!«*

(Chilenin)

D as Sportflugzeug hebt ab, schraubt sich in die Höhe, und das
faszinierende Abenteuer nimmt seinen Lauf. Unter mir blicke
ich auf riesige sogenannte Scharrbilder, die einen Affen, einen
Wal, eine Spinne, einen »Astronauten« oder einen 90 Meter langen
Kolibri zeigen. Auch erkenne ich bis zu 20 Kilometer lange Linien,
Dreiecke und Trapeze. Diese geheimnisvollen, in die Geröllwüste
gezeichneten Figuren aus der Zeit der Nazca-Hochkultur, entstan-
den vor über 2000 Jahren durch das Abtragen der obersten Gesteins-
schicht, sind aufgrund ihrer Größe nur aus der Luft zu erkennen.
Unter uns erstreckt sich die Hochebene zwischen dem Pazifik und
den peruanischen Anden.

Wie konnten Erdzeichnungen dieses Ausmaßes entstehen und
welchem Zweck dienten sie? Bis heute gibt es nur Theorien. Vermutlich hatten die Linien agrikulturelle, astronomische oder religiöse
Bedeutung, vielleicht spielten auch alle drei Aspekte eine Rolle. Nach

der Landung spekulierte ich ein wenig mit den beiden Italienern, die im Flugzeug neben mir gesessen hatten, über die verschiedenen Theorien. Ihre Gesichter hatten wieder etwas Farbe angenommen, nachdem ihnen schon kurz nach dem Start übel geworden war. Während des knapp 30-minütigen Fluges hielten sie die Augen geschlossen und sehnten sich nach der Landung. Später schauten sie sich Fotos an, um mitreden zu können. Peru ist ein faszinierendes und kulturell sehr reiches Land. Seine Bedeutung für die Lateinamerikaner gleicht der, die Griechenland für die Europäer besitzt. Zu Recht sind die Peruaner stolz darauf.

Ich war vor allem stolz darauf, dass ich wieder flotte Fahrt machte. Ich hatte mir in Ecuador das Denguefieber zugezogen und musste daraufhin eine Weile pausieren. Verantwortlich dafür war wahrscheinlich die Aedes Aegypti, eine Gelbfiebermückenart. Innerhalb weniger Minuten wurde ich schwach, mir war schwindelig und alle

Die vorletzte Äquatorüberquerung, in Ecuador. In Kenia werde ich dann wieder von der Süd- zur Nordhalbkugel wechseln.

Glieder schmerzten. Ich hatte Probleme, das Rad gerade zu halten. Ich riss mich zusammen und brach erst vor einem mehr oder weniger blind gewählten Hotel in Ibarra, im Norden Ecuadors, zusammen. Die Angestellten stürmten heraus, halfen mir mit dem Gepäck und organisierten einen Arzt. Dr. Luis Mina war begeistert von meiner Reise und half, ohne mir eine Rechnung auszustellen. Das Wichtigste jedoch war ganz einfach seine Anwesenheit. Krankheit im fernen Ausland, alleine im Hotelzimmer, erleiden zu müssen, gibt dem Reisenden ein Gefühl von Hilflosigkeit und vor allem von unglaublicher Einsamkeit. Seine Hilfe erleichterte mir die Situation und nahm mir die Angst vor der anfänglich unbekannten Krankheit. Muchas gracias, Dr. Mina!!

Die Symptome des Denguefiebers sind mit einer sehr starken Grippe vergleichbar, behandelt werden kann diese Virusinfektion nicht. Ich litt eine lange Woche heftig, bevor wieder Besserung eintrat. Meine körperliche Schwäche dauerte noch wochenlang an und machte das Radfahren im Hochland der Anden, wo Anstiege von 40 Kilometern Länge normal sind, zur Qual. Nur langsam steigerten sich meine Tagesetappen wieder, die Beinmuskulatur erholte sich, und ich war halbwegs wiederhergestellt, als ich hinter Cuenca in Südecuador das Hochland in Richtung der peruanischen Wüste verließ, nur um es hinter Arequipa im Süden Perus wieder zu erklimmen.

Die Landschaften Südamerikas sind nur als grandios zu bezeichnen. Abgesehen von dem Krankheitsintermezzo, fuhr ich seit meiner Ankunft in Medellin, Kolumbien, in einer Stimmung, die so hoch war wie die mächtigen, schneebedeckten Vulkane der Anden. Hatte ich in anderen Teilen der Welt oftmals das Gefühl gehabt, lange Zeit durch eine relativ gleichförmige Landschaft zu fahren, wie zum Beispiel in Südostasien, veränderte sie sich hier ständig. So erlebte ich Wüsten und schneebedeckte Bergriesen, Salzseen und Strände, Robben und Kondore, koloniale Großstädte und kleine Bergdörfer, Indianer und Geschäftsleute, grünen Dschungel und karge Hochlandvegetation, große Hitze und klirrende Kälte, pulsierende moderne Salsaclubs und Inkaruinen, und meistens begegnete ich freundlichen Menschen, die bereit waren zu helfen. Je besser ich Spanisch sprach, desto hilfsbereiter wirkten die Einheimischen auf mich, allen voran die Kolumbianer.

Kolumbien ist ein Land, das in den Medien nur negativ erwähnt wird, als Inbegriff des Drogenschmuggels, der Korruption, der Gewalt, der Entführungen. Es ist in der Tat ein Land, das viele Probleme zu bewältigen hat. Für mich aber war es die vielleicht größte Überraschung der gesamten Tour. Es ist landschaftlich so spektakulär wie seine Nachbarn. Radfahren ist neben Fußball Nationalsport, viele Rennradfahrer klettern hier die Pässe hoch. Wenn wir uns begegneten, nahmen sie sich immer die Zeit, mich nach meinem Wohlbefinden zu fragen und mich mit Essen oder Trinken zu versorgen. Manchmal warteten sie auf der Passhöhe stundenlang auf mich, um ein Gespräch mit mir zu führen. Abends in den Restaurants bestanden sie häufig darauf, mich einzuladen, obwohl sie nur etwa 120 bis 150 US-Dollar im Monat verdienten. Sie waren ehrlich daran interessiert zu hören, was ich zu erzählen hatte über meine Reise, ihr Land und die Welt. Ich vergleiche sie gerne mit den Holländern, die ebenfalls sehr offen, sehr natürlich und sympathisch sind.

Kolumbien ist auch ein sehr sinnliches Land. Die Nachtclubs sind voller schöner Männer und Frauen, die, elegant und sexy gekleidet, bei positiver Stimmung geschmeidig zu den Rhythmen ihres Landes tanzen. Es herrscht eine elektrisierende, mitreißende Atmosphäre. Immer erbarmte sich eine Schönheit, den Gringo in die Künste des Salsa einzuweihen, meine Lernwilligkeit fand Anklang und verursachte viel Gelächter. Tanzen und Musik spielen eine geradezu überlebenswichtige Rolle im Leben der Latinos, sie machen ihren Alltag erträglicher. Insbesondere in Kolumbien, Brasilien und auf Kuba ist Musik allgegenwärtig.

Natürlich fühlte ich mich wohl hier und verlor auch etwas die Angst vor einer Entführung. In Kolumbien werden vorwiegend reiche Industrielle oder Politiker gekidnappt. Auch ausländische

Unterwegs zum Colca-Canyon in Peru, wo ich frei lebende Kondore besuche.
Die Andengeier bieten mir eine ganz persönliche Flugshow, nachdem sich die
vom Zeitplan eingeengten Reisegruppen verabschiedet haben.

Reisende sind potenziell bedroht, insbesondere Deutsche, denn es hat sich herumgesprochen, dass die deutsche Regierung Lösegelder für ihre Mitbürger zahlt. Für einen Radler mit dreckigem Shirt, altem Rad und noch älterer Ausrüstung ist die Gefahr auf den Hauptstrecken allerdings gering. Man vermutete bestimmt keine Goldbarren in meinem Gepäck. Bei den zahlreichen Gesprächen, die ich mit Kolumbianern führte, war ihnen eines sehr wichtig: Ich sollte der Welt »da draußen«, wie sie es ausdrückten, mitteilen, dass sie keine schlechten und gewalttätigen Menschen sind. Mein Versprechen löse ich hiermit sehr gerne ein. Ich liebe euch, Kolumbianer!

Auf meiner bisherigen Fahrt durch Amerika hatte mich die große landschaftliche Vielfalt beeindruckt, jetzt warteten im Süden des

Kontinents noch riesige kalbende Gletscher auf mich. Ich plante, mich ein letztes Mal zu erholen, bevor ich mich an die letzten 2500 Kilometer auf dem Kontinent wagen wollte, dieses Mal in Santiago, der Hauptstadt Chiles. Zweimal hatte ich innerhalb weniger Wochen die insgesamt 7500 Kilometer lange Andenkette überwunden. Das hatte Kraft gekostet. Die Gebirgsroute von San Pedro de Atacama nach Salta in Argentinien war anspruchsvoll. Sieben Tage brauchte ich für die nur 550 Kilometer lange, vorwiegend aus Schotterpisten bestehende Strecke, die über drei verschiedene, mehr als 4000 Meter hohe Pässe führte. Ihr höchster Punkt war so hoch wie der Mont Blanc, nämlich 4800 Meter. Versorgungsmöglichkeiten gab es jenseits der Grenzposten und auf den letzten 100 Kilometern vor Salta keine. Das Wasser der von Flamingos bevölkerten Salzseen entlang der Strecke war ungenießbar, deshalb verwandelte ich mein Fahrrad in einen Wassertruck. Mit 15 Litern Wasser und Essen für fünf Tage machte ich mich auf den Weg.

Die Höhenanpassung bereitete mir keinerlei Probleme mehr. Es war das vierte Mal, dass ich mich innerhalb weniger Monate in die Höhe schraubte. Jedes Mal war es qualvoll gewesen, doch diesmal besonders. Dem Gefühl nach musste mein Rad tonnenschwer sein, ein Eindruck, der sich mit jedem Höhenmeter verstärkte. Zahlreiche lose auf der Piste liegende Steine behinderten immer wieder meinen Geradeauslauf. Wie beim Bergsteigen versuchte ich zu hyperventilieren, also bewusst schnell ein- und auszuatmen. Trotzdem bekam ich in der trockenen, dünnen Höhenluft Hustenanfälle. Die Sonne brannte, die Augen klammerten sich an entfernte Berggipfel, der Schweiß verkrustete und schmeckte genauso salzig wie das Wasser der Seen, an denen ich abends campierte. Es war eine elende Schinderei, und dennoch genoss ich es, hier unterwegs zu sein. Ein, vielleicht zwei Fahrzeuge begegneten mir am Tag, die übrige Zeit hatte ich die Weiten Nordchiles für mich allein. Ich fuhr durch eine Hochlandschaft, die nicht mehr von dieser Welt zu sein schien. Von Stunde zu Stunde wurde mein Kopf leerer, mein heftiger Atem und der zum Teil starke Wind bildeten die einzige

Geräuschkulisse. Ich verschmolz langsam mit der unwirklichen Landschaft und verspürte, verstärkt durch die körperliche Anstrengung, eine unglaubliche Leichtigkeit des Existierens.

Die Probleme unserer westlichen Welt werden in solch gewaltiger Natur zur Nebensache. Hier gibt es keinen beruflichen Erfolgsdruck, hier muss man nicht gestylt aussehen oder Termine einhalten, es gibt keinen Smog, keine Ablenkung durch oberflächliche Gespräche und keine Lärmbelästigung. In diesen endlosen Weiten besinnt sich der Reisende auf das Wesentliche, auf sein eigenes Leben. Der einzige Zeitdruck, dem ich mich unterwerfen musste, wurde durch meinen Wasser- und Essensvorrat bedingt. Er diktierte mein Tempo. Ich fuhr, wenn mein Puls etwa 110 Schläge in der Minute betrug, und stoppte, wenn er auf 160 gestiegen war oder mir das Herz aus der Brust zu hüpfen drohte, ich aß, wenn ich Hunger verspürte, und trank, wenn ich durstig war – von Sonnenaufgang bis Sonnenuntergang die immer gleichen kleinen Pflichten. Es war ein sehr befreiendes Gefühl. Deshalb versuchte ich im Verlauf meiner Reise immer wieder, solche entlegenen Regionen in meine Route einzubauen. Sie waren mir wichtiger als das Abhaken von »Mustsee«-Touristenattraktionen. Diese einsamen Regionen sind die Touristenattraktionen eines Fernradlers.

Santiago erreichte ich von Mendoza aus. Die Andenüberquerung ist an dieser Stelle, dem Hauptgrenzübergang zwischen Chile und Argentinien, aber sehr gefährlich und nicht zu empfehlen. Die Strecke war jetzt im Sommer stark befahren. Die enge Straße führt durch viele Tunnel, aber auch vorbei am Acongacua, dem höchsten Berg auf dem amerikanischen Kontinent. Der Hollywoodfilm »Sieben Jahre in Tibet« mit Brad Pitt wurde hier gedreht und nicht in Tibet. Ein Café in dem Ort Uspalata auf der argentinischen Seite erinnert an den Besuch des Schauspielers. Das Brad-Pitt-Café ist gepflastert mit Bildern des Stars, und auch sein Autogramm hängt hier natürlich an der Wand.

Mehrere Wochen verbrachte ich in Santiago. Ich hatte im Norden die Chilenin Patricia kennengelernt und freute mich jetzt, in dieser fremden Stadt einen Anlaufpunkt zu haben. Ihre Freundin heiratete gerade. Ich wurde kurzerhand eingeladen und kam in den Genuss einer chilenischen Hochzeit, bei der es nicht viel anders zugeht als bei uns, nur mit dem Unterschied, dass hier Pisco Sour statt Bier getrunken wird und Salsarhythmen dominieren, statt Tony Marshalls »Heute hau'n wir auf die Pauke«. Es war für mich besonders schön zu wissen, dass ich meine neu gewonnenen Freunde vor meiner Abreise aus Amerika noch einmal wiedersehen würde, denn ich hatte geplant, von Santiago aus nach Südafrika zu fliegen.

Bis Puerto Montt in Zentralchile hatte ich noch Schonfrist. Das Wetter verwöhnte mich, die Straße war flach und ich kam schnell voran, vorbei an Orten wie Valdivia, Osorno oder Puerto Varas, in denen sich schon im 19. Jahrhundert zahlreiche Deutsche niedergelassen haben. Ihnen ist es zu verdanken, dass die Chilenen die Worte »Kuchen«, »Kindergarten« oder »Auto« in ihr Vokabular aufgenommen haben. »Möchtest du Kuchen?« heißt hier also: »Quieres Kuchen?«

Mit dem Monat Februar endet auch der Sommer auf der Südhalbkugel. Als ob Petrus einen Schalter umgelegt hätte, fing es nun an zu regnen und es wurde kalt. Nicht trocken und eisig kalt wie auf der Hochebene Altiplano, sondern nasskalt. Mit der allerletzten Fähre der Saison erreichte ich gerade noch den kleinen Ort Chaitén an der 1200 Kilometer langen Carretera Austral. Mit dem Bau der Fernstraße, dem größten nationalen Bauprojekt des 20. Jahrhunderts, wurde 1976 unter dem Regime Pinochets begonnen. 20 Jahre lang waren Tausende von Soldaten damit beschäftigt, einen Weg durch die dicht bewaldete, unwegsame Landschaft zu finden, die von Fjorden, Gletschern und Gebirgsketten durchzogen ist. Noch heute besteht die Straße größtenteils aus Schotterbelag und ist nur ein- bis einhalbspurig ausgebaut. An der Asphaltierung wird gearbeitet, aber bis sie vollendet ist, wird es wohl noch Jahre, wenn nicht Jahrzehnte dauern, wie mir ein Arbeiter bestätigte. »Vielleicht erlebe ich ja die Fertigstellung noch vor meiner Pension«, meinte er schmunzelnd, als ich ihn befragte. Das extreme Klima verhindert ganzjähriges Arbeiten und das Gelände ist sehr unwegsam. Ein unverfälschtes Naturerlebnis ist damit für die nächsten Jahre sichergestellt.

Von nun an pedalte ich unter Zeitdruck. In diesem südlichen Teil des amerikanischen Kontinents sollte man im Sommer reisen, also von Anfang Dezember bis Ende Februar. Und selbst dann muss man sich auf Regen, Wind und Sturm einstellen. Es war der 6. März, als ich Chaitén verließ. Schnell wurde mir klar, dass es schwierig werden würde, Ushuaia noch zu erreichen, als ich im Regen auf der Piste dahinrüttelte. Meine täglich zurückgelegten Strecken schmolzen auf 50 bis 70 Kilometer zusammen. Der Regen prasselte unaufhörlich auf mich und meine Ausrüstung nieder, die Straße konnte das Wasser nicht mehr aufnehmen und wurde weich. Die Wolken hingen tief und versperrten den Ausblick auf die Berge.

Im Lauca National Park im Norden von Chile. Von hier oben, 4500 Meter über dem Meer, führt meine Route über 200 km hinunter an den Pazifik nach Arica, der nördlichsten Stadt des Landes.

Was ich in der Atacamawüste herbeigebetet hatte, wurde mir nun im Überfluss geboten: Wasser! Wasser unter meinen Rädern, Wasser vom Himmel fallend, Wasser in durchnässter und durchgeschwitzter Kleidung, Wasser im Zelt, Wasser neben mir in Form von Seen und gewaltigen Wasserfällen. Ich trank es direkt aus den Flüssen. Wie ein Tier am Wasserloch steckte ich einfach mein Gesicht ins klare, eiskalte Nass. Wasserentkeimung oder -filterung, wie in vielen anderen Teilen der Welt, ist hier unnötig. Dieses Wasser schmeckte besser als jedes andere, das ich je zuvor getrunken hatte.

Von der grandiosen Bergwelt bekam ich, außer in kurzen Momenten, in denen die Sonne schien, nicht viel mit. Meinen von der Kapuze geschützten Kopf hielt ich gesenkt. Die Tropfen prasselten laut auf meine Regenkleidung nieder. Von Stunde zu Stunde fühlte es sich kälter an. Die Feuchtigkeit drang bis auf meine Haut, trotz besten Goretex-Materials.

Es gehört zu den Reisevorbereitungen, die Schwachstellen seines Körpers und dessen Anfälligkeit zu kennen, um sich zu schützen

Chuquicamata heißt die weltweit größte offene Kupfermine in der Atacama-Wüste. Kleinwagen sind hier nicht gefragt.

und seine Reiseapotheke entsprechend auszustatten. Meine Schwachstellen sind mein rechtes Fußgelenk, mit dem ich oft umknicke, mein Hals, der anfällig für Infektionen ist, und meine Hände, die aufgrund von Erfrierungen, die ich mir beim Bergsteigen zugezogen habe, nicht mehr gut durchblutet sind. Dementsprechend hatte ich meine Bordapotheke bestückt und auch immer zwei Paar gut wärmende Handschuhe dabei. Es war jedoch so klamm und nass hier, dass beide nicht mehr richtig wärmten. Meine Fingerkuppen wurden weiß und gefühllos. Zum Glück hatte ich auf diesem Streckenabschnitt nur einmal einen Platten zu flicken. Meine Hände waren allerdings so kalt, dass ich sie erst zwischen meinen Oberschenkeln wärmen und für den Einsatz vorbereiten musste, um überhaupt den Schlauch austauschen zu können. Ich bemühte mich immer, unterwegs einen heilen Schlauch im Gepäck zu haben, um nicht am Straßenrand flicken zu müssen. Das erledigte ich lieber entspannt im Hotel. Eine gute Idee, wie sich nun wieder einmal herausstellte.

Das von Nässe durchtränkte Zelt wirkte sich negativ auf meine Psyche aus. Es war ein elendes Gefühl, mit eiskalten Händen und zitterndem Körper die schweren Stoffwände abends genau so aufzustellen, wie ich sie am Morgen, ohne Aussicht auf Wetterbesserung, eingerollt hatte. Trotz meiner Mattigkeit bemühte ich mich peinlich genau, meinen Schlafsack aus Gänsefedern trocken zu halten. Er war mein Heizungsersatz und seit 18 Jahren mein treuer Begleiter. Ich zog ihn erst aus der wasserdichten Packrolle, wenn ich meine Kleidung in eine Ecke gelegt hatte, die Isomatte trocken war und ich ebenso trockene lange Unterhosen angezogen hatte. Erst dann stellte ich die »Heizung« an, indem ich den Reißverschluss zuzog. Zitternd lag ich da und wartete darauf, dass meine verbliebene Körperwärme den Innenraum ausfüllte. Meine Hände nahm ich unter meine Achseln. Ich muss immer lange so dagelegen haben, denn ich begann stets erst in der Abenddämmerung damit, mir etwas zu kochen.

Die Italiener wären stolz auf mich. Chefkoch Janz bereitete mit wenigen Ausnahmen Spaghetti, Ravioli oder Tortellini zu. Pasta ist leicht zu transportieren, ich konnte mehrere Kilo davon laden. Ich brauchte sie nur zu kochen, etwas fertige Pastasoße aus der Tüte kalt dazuzurühren, und schon hatte ich die perfekte Esstemperatur. Die Pasta füllte den Magen und half, meinen hohen Tagesbedarf an Kalorien zu decken. Hatte ich diniert, säuberte ich das Geschirr im Vorzelt, ohne dabei aus dem Schlafsack zu kriechen. Nicht einmal zum Pinkeln verließ ich meine Wohnung, sondern ich urinierte in eine Plastikflasche. Daran gewöhnte ich mich nicht nur in den kalten Regionen, sondern auch in den heißen, wo nachts viele Tiere aktiv sind. So vermied ich ungewünschten direkten Kontakt mit Schlangen, Spinnen, Skorpionen oder Großwild.

Den Abend verbrachte ich damit, etwas Musik zu hören oder einfach nur dazuliegen und dem Rauschen der Wasserfälle oder der wilden Flüsse zu lauschen. Den Morgen begann ich mit Kaffee, etwas Müsli oder Brot mit Honig, soweit vorhanden. War ich richtig wach geworden, stand der schwierigste Teil des Tages an: raus aus dem herrlich warmen Schlafsack, wieder in die feuchtkalten Klamotten des Vortages steigen und das durchnässte Zelt abbauen. Die Hoffnung auf Wetterbesserung gab ich nach einer Woche auf.

Es war kurz vor dem kleinen Dorf Puerto Bertrand, etwa 300 Kilometer südlich von Coyhaique, der einzigen Stadt an dieser Strecke, als die ohnehin schon beinharte Tour zu Tortur wurde. Während der Abfahrt auf einer Schotterpiste, bei der ich mit etwa 35 Stundenkilometern relativ schnell dahinrüttelte, quittierte mein vorderer Gepäckträger seinen Dienst und brach. Der Überrollbügel knallte auf das Vorderrad, das sofort blockierte. Ich wurde aus dem Sattel katapultiert, dabei bohrte sich das rechte Lenkerhorn in meine Brust und brach ebenfalls. Ich fand mich fünf Meter weiter benommen im Matsch liegend wieder und versuchte zu begreifen, was passiert war. Instinktiv tastete ich nach meinen Extremitäten. Arme, Beine, auch der Kopf – alles noch dran. Ich bewegte mich vorsichtig, um zu checken, ob etwas gebrochen oder ausgekugelt war. Die ersten zaghaften Bewegungen machten mir Mut, doch beim Aufstehen durchzog

Wenige Tage vor meinem Sturz mit Rippenbruch auf der Carretera Austral.
Noch knapp 2000 km bis nach Ushuaia auf Feuerland.

ein fürchterliches Stechen meine Brust. Oh, Gott, dachte ich, was ist das? Scheiße, das tut so weh! Ich setzte mich wieder auf den nassen Schotter, um die Situation zu analysieren. Mein Lenkerhorn steckte zum Glück nicht in meiner Brust, es lag zerbrochen neben dem Rad. Doch ich hatte Atemprobleme, was mich in dieser abgelegenen Region sehr beunruhigte. Ich konnte relativ schmerzfrei flach, aber nicht tief einatmen. Dass ich mit meiner Diagnose »Rippenbruch« recht hatte, stellte sich zwei Tage später heraus, als ich in einem kleinen Ort namens Cochrane durch Zufall eine Ärztin aus der Schweiz traf, die mich abtastete, um zu prüfen, ob einige Rippen auf andere Organe drückten. Das taten sie nicht.

Ich erklärte ihr meine Situation. Es war bereits der 18.3., und ich hatte keine Zeit, die Verletzung ausheilen zu lassen. Der erste Schneefall stand bevor und es wurde immer kälter. Es fehlten nur noch etwa 1750 Kilometer bis zu dem Ort, der mir aus geografischen Gründen so unendlich viel bedeutete: Ushuaia auf Feuerland, die südlichste Stadt der Welt. Es war eigentlich ein Katzensprung, wenn ich auf die 32 000 Kilometer zurückblickte, die ich seit meiner Ankunft in Vancouver gefahren war. Mit gebrochenen Rippen im stürmischen Patagonien auf endlosen Schotterpisten jedoch erschien es mir unsagbar weit weg. Ein halbes Jahr auf den nächsten Frühling zu warten, war auch nicht möglich, denn dann würde ich im südlichen Afrika, meinem nächsten Ziel, zur falschen Zeit unterwegs sein. Ich musste weiter. Medizinisch bekam ich das Okay: »Musch halt Schmerzen verlieden, gell«, sagte Frau Doktor in mitfühlendem Schwyzerdütsch.

Am nächsten Morgen saß ich wieder im Sattel. Über den Roballo-Pass fuhr ich nach Argentinien. Anfangs spürte ich so etwas wie Erleichterung, denn der Regen blieb auf der chilenischen Seite zurück. Die Pazifikwolken regnen sich größtenteils auf der Westseite der Anden ab. Doch ich kam vom Regen in die Traufe, d. h. in die Winde. Und was für welche! Windgeschwindigkeiten von 80 Stundenkilometern sind in dieser Region der Durchschnitt. In Böen bläst es mit einer Sturmstärke von über 100 Stundenkilometern. Ich folgte der Ruta 40. Auch hier bedeutete das: einsames Tourenfahren, nur unterbrochen durch kleine Ortschaften, die manchmal Hunderte von Kilometern auseinanderliegen. Patagonien hat eine der geringsten Bevölkerungsdichten der Welt. Die Weiten sind endlos, der Himmel ist hoch, das südliche Sternenbild wirkt nachts zum Anfassen nah.

Genießen war für mich aber nicht mehr möglich. Zu groß waren meine Schmerzen. Ein Radfahrer, der gegen die Stürme Patagoniens ankämpft, muss sich viel Sauerstoff in die Lungen pumpen, aber genau das tat sehr weh. Ich versuchte, ausschließlich flach zu atmen. Die Winde rissen so stark an meinem Rad, dass ich es nur mit Mühe auf Kurs halten konnte, der Kraftaufwand ließ mich aufstöhnen vor Schmerzen. Die Kommentare der Einheimischen in den wenigen Ortschaften am Wegesrand ermutigten mich kaum: »Du bist zu spät, du wirst nicht mehr da unten ankommen«, sagte mir jemand, während ich eines der größten und leckersten »churrascos« der Welt in mich hineinschlang, Steaks, die so groß sind, dass kein Teller der Welt sie aufnehmen kann.

Es war nicht nur das Fahren auf Wellblechpisten unter ständigen Schmerzen, das mir Sorgen bereitete. Täglich beunruhigte mich die Frage, ob ich einen schützenden Platz finden würde, der die Kraft des Windes zumindest etwas abhalten könnte. Dabei stellte ich wenig Ansprüche: eine Brückenunterführung, eine Röhre aus Beton, ein Hügel, ein ausgeschlachtetes Auto oder ein Graben. Ich musste ein Hindernis finden, das den Sturm brechen würde, um mein Zelt aufstellen zu können, ohne dass es mir aus den Händen gerissen und vor mir Afrika erreichen würde. Beim Aufstellen nahm ich zuerst alle Packtaschen ab und legte sie über den Zeltboden verteilt aus, erst dann begann ich die Stangen einzuziehen, das Überzelt darüberzulegen und alles abzuspannen.

Der Sturm brauste mir so stark um die Ohren, dass sie mir am Abend wehtaten und pfiffen. Ich stöpselte Ohropax in meine Hörmuscheln. Erwischte mich eine Bö, wurde ich gelegentlich einfach

Der chilenische Nationalpark Torres del Paine. In dieser Region befinden sich einige der am schwierigsten zu besteigenden Berge der Erde, wie der Cerro Torre und der Fitz Roy. Sie sind technisch extrem anspruchsvoll, und stabile Schönwetterlagen gibt es fast nie.

mitsamt dem Rad umgerissen. An besonders schlimmen Tagen stieg ich aus dem Sattel, wurde aber sogar schiebend zum Spielball der Natur. Wie ein volltrunkener Seemann wankte ich vom linken zum rechten Pistenrand und wieder zurück. Ich war so langsam unterwegs, dass mein Bordcomputer aufhörte, die Geschwindigkeit anzuzeigen. Ich legte also weniger als 3,5 Stundenkilometer zurück. Ich fluchte aus Frustration und zählte jeden Tag die restlichen Kilometer bis zum großen Teilziel. Mein Körper wurde zunehmend schwächer, ich verlor an Gewicht und wurde mürbe. Der Wind war mein Feind. Einzig der Wille trieb mich weiter, mit jedem einzelnen Kilometer näher heran ans Ziel

Ruhetage gönnte ich mir keine mehr. Nur in Puerto Natales, dem Ausgangspunkt zum spektakulären Nationalpark Torres del Paine, gestand ich mir einen Tag Rast zu. Touristen waren Anfang April kaum noch hier. Erst auf dem Weg von Puerto Natales nach Punta Arenas bekam ich wieder etwas Oberwasser, hatte ich doch endlich wieder Asphalt unter meinen Rädern und war nur noch 470 Kilometer vom Ende der Qualen entfernt.

Am allerletzten Tag begann das, wovor mich die Einheimischen gewarnt hatten. Weiße Flocken fielen von Himmel. Der Wind hatte aufgehört, doch nun war die Straße spiegelglatt und unter einer zehn Zentimeter dicken Schneedecke verschwunden. Aber es war der allerletzte Tag auf der Panamericana, 55 Kilometer vor dem Ziel. Auch wenn ich hätte kriechen müssen, hätte ich an diesem Punkt nicht mehr aufgegeben. Der stechende Schmerz war in den letzten Wochen so zur Gewohnheit geworden, dass ich zwar immer wieder laut aufstöhnte, aber nicht mehr fluchte. Ich akzeptierte einfach, dass er da war.

Ich schob die Berge hoch, wobei ich immer wieder ausrutschte, ich versuchte bergab zu fahren und ließ meine Beine als Stützräder auf dem Boden mitschleifen. Aus den wenigen Autos, die mich mit ihren Schneeketten passierten, guckten ungläubige Gesichter. Einige fotografierten mich, andere schrien mir aus dem Fahrzeug zu, dass ich ein Tier sei. Meine Kette vereiste mehrmals und blockierte den Antrieb. Ich taute sie auf, indem ich draufpinkelte. Ich trank viel, um ausreichende Mengen der warmen Flüssigkeit produzieren zu können. Meter um Meter näherte ich mich meinem Ziel. Als ich endlich, am späten Nachmittag des 13.4.2006, das Ortsschild mit der Aufschrift »Ushuaia, südlichste Stadt der Welt« sah, schluchzte ich wie ein Baby. Meine Tränen gefroren in der Kälte zu kleinen Eiskristallen. Es war das perfekte Geburtstagsgeschenk für mich, an diesem 44. Geburtstag.

Bereits vor meiner Abfahrt, die nun mehr als siebeneinhalb Jahre zurücklag, hatte ich mir vorgestellt, wie es wohl sein würde, hier nach vielen Jahren des Unterwegsseins anzukommen. Insbesondere seitdem ich den amerikanischen Kontinent erreicht hatte, beantwortete ich die oft gestellte Frage nach dem Wohin immer mit der gleichen Antwort: Ushuaia, Argentinien. Immer wieder, zwei Jahre lang, manchmal mehrmals am Tag. Dass es hart werden würde, war mir immer klar gewesen, und ich hatte mich darauf eingestellt. Dass ich aber über sechs Wochen lang so leiden würde, konnte ich natürlich nicht ahnen. Mein Bordcomputer zeigte die Gesamtdistanz mit knapp 79 000 Kilometern an. Die letzten 2000 Kilometer waren die härtesten gewesen. Ich kam nur durch, weil ich dieses Teilziel fest im Kopf hatte und somit Aufgeben nicht zur Debatte stand.

In Ushuaia brauchte ich mehrere Tage, um wieder Kräfte zu tanken. Ich beschäftigte mich im Wesentlichen damit, ruhig, schmerzfrei und regungslos auf dem Bett eines geheizten Hotelzimmers zu liegen, und außerdem nur noch mit Essen. Die Riesensteaks des Landes waren genau das, was der Arzt mir verschrieben hatte.

Stolz flog ich zurück nach Santiago und kurierte meine Verletzung aus. Patricia half mir, allein durch ihre Gegenwart, meine seelischen Wunden zu flicken, denn ich hatte sehr viel Zeit alleine verbracht. Zu viel. Einen ganzen Monat später war ich dann wieder vollständig hergestellt und hatte Kraft genug, den fünften und letzten Kontinent anzupacken: Afrika.

»Really Carl, tell me more« – Cynthia aus Malawi

»You look like Steve McQueen.«

(Marokkaner)

»You look like Oliver Kahn.«

(Kenianer)

»All of you musungus (Weiße) look the same.«

(Malawier)

M üde erreichte ich die größte Stadt Malawis, Blantyre. Einen ganzen Tag lang tat ich nichts, außer essen und trinken. Am darauf folgenden Abend traf ich zwei englische Ärzte und wir tranken einige Green's-Biere zusammen. Anschließend bestellten wir ein Taxi und ließen uns in eine Bar chauffieren. Sie war gut gefüllt, und wie immer dröhnte Musik aus einer Lautsprecheranlage, die schon bessere Zeiten gekannt hatte. Es schepperte und dröhnte aus den Boxen, dass ich im nüchternen Zustand wohl schnell das Weite gesucht hätte. Ich bahnte mir, vorbei an schwitzenden Leibern, den Weg zum Tresen und schrie: »One Green, please!«

37 Peruanischer »Kinderwagen«:
Ein großes Kind versorgt ein
kleines Kind

38 Kurz vor der chilenischen
Grenze, nach sieben Jahren
Reisezeit

39 Camping am Vulkan Sajama
(6542 m), Bolivien

40 Der menschenleere Norden Chiles

41 Vikunjas zählen zur Familie der Kamele und sind wegen ihrer besonderen Wolle sehr wertvoll

42 Von San Pedro de Atacama in Nordchile fahre ich über drei mehr als 4000 m hohe Pässe nach Salta in Argentinien, wo ich Silvester krank im Bett verbringe

43 In Chile ist der Fischfang die zweitgrößte Einnahmequelle nach dem Tourismus

40

41

42

43

44 *Die vierjährige Chilenin Javiera schenkt mir ein Maskottchen, damit ich nicht mehr so alleine bin*

45 *Zusammen mit zahlreichen Einheimischen verlasse ich die »Inselstadt« Mombasa in Richtung Nairobi*

46 *Von Menschen umringt zu sein, ist üblich in Afrika. Hier sind es Massai: »Pole pole, musungu« (Immer langsam, weißer Mann!)*

47 *Lust auf Leben! Die Zwillinge Cynthia (links) und Memory Kamanga aus Malawi*

44

45

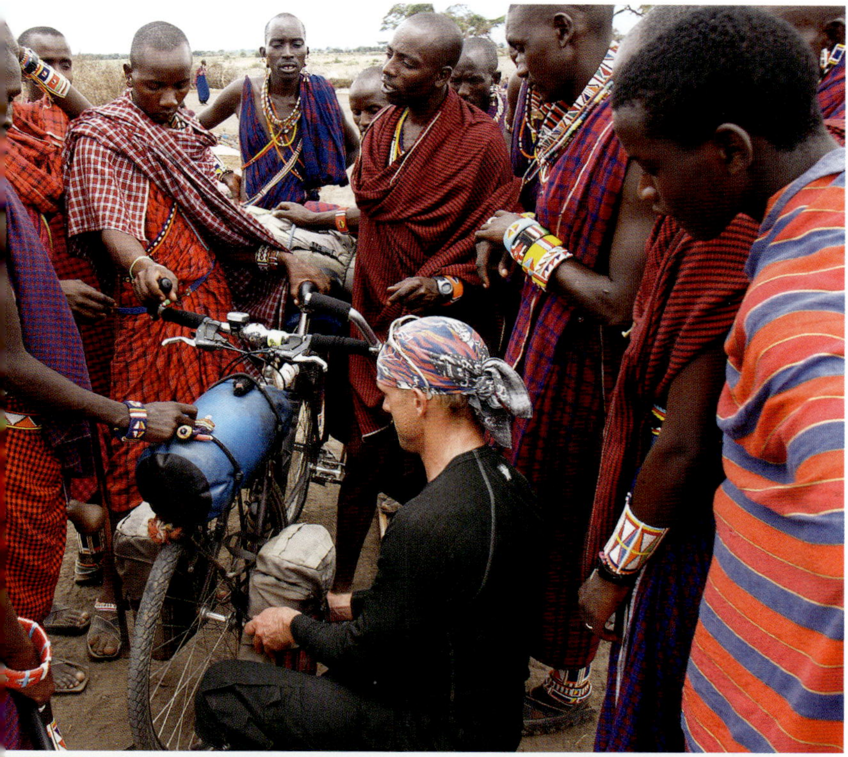

46

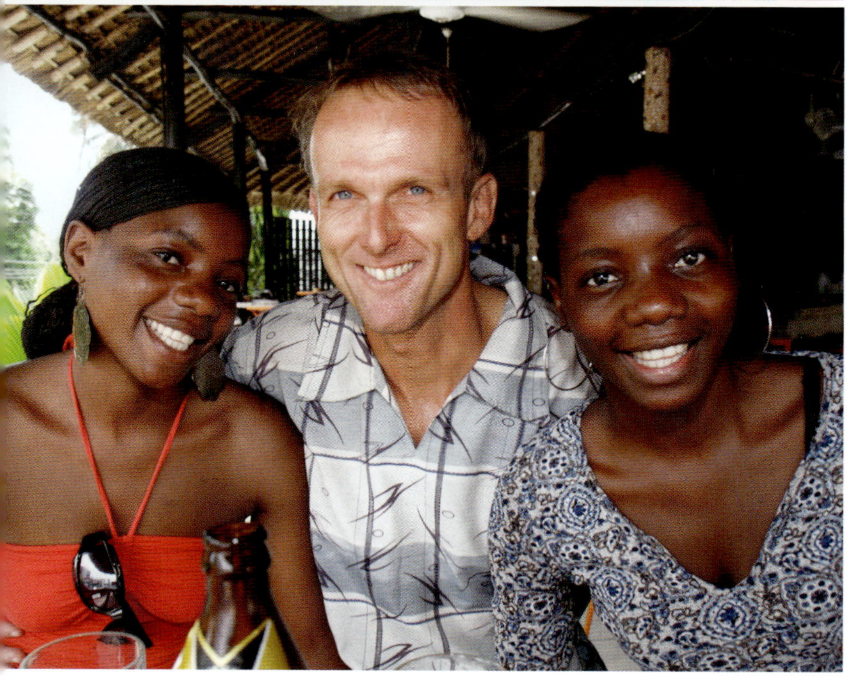

47

48

49

48 »Immer vorwärts Stück um Stück, es
gibt keinen Weg zurück!« – Mantra beim
600 km Pistenfahren im Grenzgebiet
zwischen Kenia und Äthiopien …

49 Schattenlose Wüste in Mauretanien – nur
noch 2500 km bis Europa

50 »Beinhart«

51 Kurz vor Kilometer 100 000: Einschiffen
auf die Fähre von Turku nach Stockholm

50

51

52

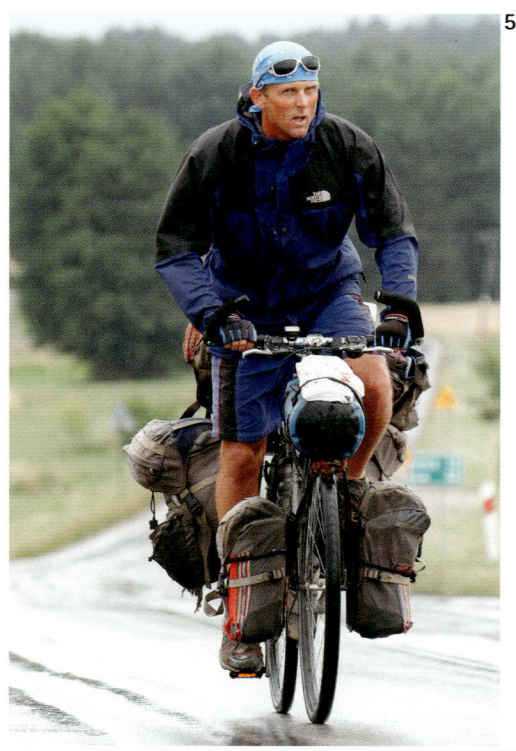

52 Regenfahrt durch Polen. Das Ziel ist nahe

53 Gleicher Ort, veränderter Mensch – eine Radweltreise geht zu Ende!

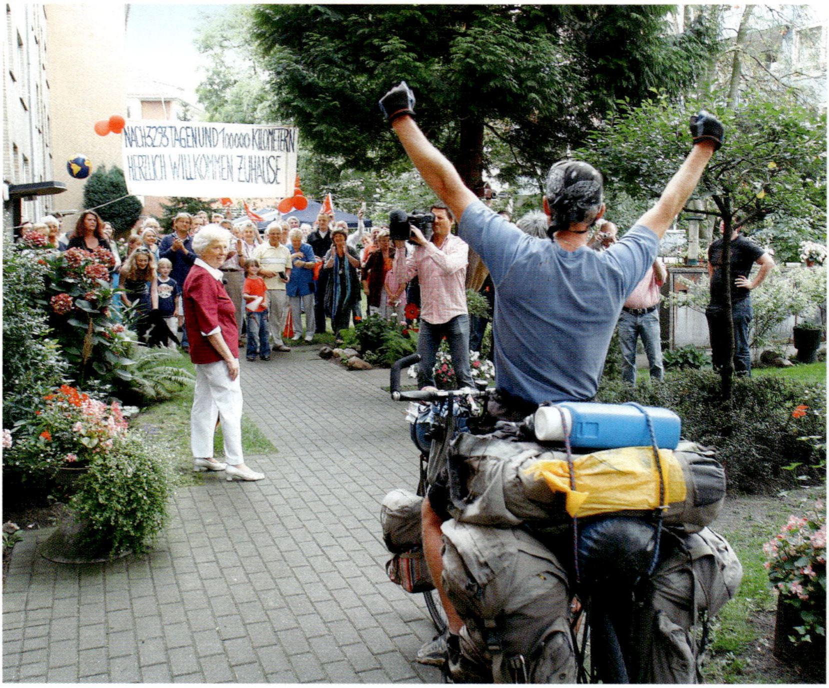

5

Ich warf einen Blick über meine Schulter, wie man das halt so macht, nachdem man ein Bier bestellt hat, und guckte in ein strahlendes Lächeln mit den weißesten Zähnen, die ich je gesehen hatte. Diese Zähne hatten definitiv noch keine Süßigkeiten gekaut, sie waren weißer als weiß, klein und ebenmäßig geformt. »Hi, musungu, how are you?«, fragte die Besitzerin dieses wunderbaren Lächelns und fixierte mich mit ihren schwarzen Augen. »Hi«, erwiderte ich und zeigte meine nicht mehr ganz so weiße Kauleiste, die schon einige Süßigkeiten, Schokolade und vor allem Kaffee wegarbeiten musste. »I am Cynthia«, stellte sie sich vor, »and you?« Es entwickelte sich ein typisches Gespräch, wie es in Bars und Discos überall auf der Welt stattfindet, wo man ständig angestupst wird, sich Körper an einem vorbeidrängeln und die Musik ein Übriges tut, um Diskotheken in Orte der Sprachlosigkeit zu verwandeln. Wir tranken Bier, tanzten, sangen, spielten Billard, lachten viel und kamen uns völlig zwanglos näher. Die ausgelassene Nacht endete zwar nicht gemeinsam im Bett, aber gemeinsam in meinem Zelt. Ich blieb noch zwei Tage mit Cynthia zusammen in Blantyre, und bevor ich wieder aufbrach, gab sie mir ihre Handynummer, denn ich versprach ihr, sie an den Malawisee einzuladen, sobald ich dort angekommen sei. Zu diesem Zeitpunkt ahnte ich noch nicht, in welch starkem Ausmaß mich das Lebensschicksal dieser so unbeschwert wirkenden jungen Frau berühren sollte.

Drei Tage später rief ich Cynthia dann tatsächlich an, nachdem ich bei »Mister Stevens« in einer seiner direkt am See gelegenen Hütten eingecheckt hatte. Die Stevens-Zwillingsbrüder sind eine Legende hier in Cape MacLear. Sie waren es, die Anfang der 1990er-Jahre halfen, die ersten Touristen an den zweitgrößten Süßwassersee Afrikas zu locken. Schon 1993 hatte ich genau an diesem Ort geschlafen. Damals war ich als Rucksackreisender einige Tage hier gewesen. Natürlich erkannten mich die inzwischen ergrauten Stevens-Brüder nicht mehr, aber ich bekam sofort Sympathiepunkte, als ich von dem Leben anno 1993 berichtete, und erhielt einen Wiederkehrerrabatt auf die Hütte. 1993 waren dies so ziemlich die einzigen Hütten in Cape MacLear gewesen, damals gab es keine Elektrizität, keinen Shop, keine Wassersportmöglichkeiten, beim Schwimmen im See setzte man sich der Gefahr aus, die Parasitenkrankheit Bilharziose zu bekommen, und das Essen musste jeweils einen halben Tag im Voraus bestellt werden. Viel hatte sich in den dreizehn Jahren nicht getan. Gut, es gab jetzt eine Tauchschule, ein vornehmes Hotel nebst anderen Gasthäusern, einen bescheiden ausgestatteten Laden und anfällige Elektrizität, aber eine Mahlzeit musste immer noch lange vorher bestellt werden. Das Mittagessen orderte man beim Frühstück, das Abendessen beim Lunch und das Frühstück für den nächsten Tag beim abendlichen Dinner, jeweils mit ungefähren Zeitangaben. Hier herrscht eine langsame Gangart und die Touristen tun es den Einheimischen gleich. Man sitzt am Strand und beschäftigt sich mit dem »Sein«, schwimmt, taucht, paddelt in einem Holzkanu über den See, trinkt Bier oder raucht Malawi Gold, eine angeblich hochwertige Marihuanasorte, die garantiert auch einen an diese Drogen gewöhnten Körper aus den Badelatschen haut.

Ich fand nie recht einen Draht zu diesen Hängertypen, die außer dem eben Beschriebenen nur eines tun, nämlich abhängen. Im Gegenzug wurden diese Potsmokers auch mit mir nicht so recht warm. Zunächst bin ich für sie noch interessant, wenn ich verschwitzt, mit Stirnband und alten, verstaubten Klamotten vom vollbepackten Rad steige, aber das anfängliche Interesse verraucht so schnell wie die ausgeatmete Qualmwolke eines Joints, den ich stets dankend verschmähte. In ihren Augen will ich zu viel erreichen, bin zu aktiv, zu sportlich, zu gepflegt (ich rasiere mich zweimal pro Woche), wasche sowohl meine Haare als auch meine Klamotten gelegentlich und ziehe Songs mit knarrenden Gitarrenriffs den positiven Vibrationen der jamaikanischen Reggae-Legende Bob Marley vor. Trotzdem beschrieb einer dieser Typen, der aus England kam, das Leben in Cape MacLear sehr treffend. Er zog tief an seinem Bong, hielt den Atem ziemlich lange an, stieß den restlichen Rauch wieder aus und meinte sehr philosophisch: »Some people they watch movies, some people they watch films, we watch geckos on the wall at Stevens.«

24 Stunden nach meinem Anruf kam Cynthia aus Blantyre angereist. Sie schenkte mir ein T-Shirt zur Begrüßung und bedankte sich freudestrahlend für die Einladung. Zehn Tage verbrachten wir hier. In diesen eineinhalb Wochen fasste sie Vertrauen zu mir und begann mehr und mehr von ihrem Leben zu erzählen. Geboren wurde sie vor 22 Jahren zusammen mit ihrer Zwillingsschwester Memory in einem kleinen Dorf unweit von Harare, der Hauptstadt Simbabwes. Ihre Mutter Martha versorgte die beiden und ihr Vater John war Goldminenarbeiter. Vater und Mutter trennten sich, als sie sechs waren, denn John trank zu viel. Als die Mädchen sieben Jahre alt waren, mussten sie sich die blutgetränkten Kleidungsfetzen ihres Vaters ansehen, die zu ihrer Lehmhütte gebracht wurden. John Kamanga war mit einer Machete umgebracht worden, die Ursachen wurden nie geklärt. Zwei Jahre später wurden die Schwestern in das Heimatdorf ihres ermordeten Vaters geschickt, der aus Malawi stammte. Ihre Mutter blieb zurück in Simbabwe, denn es wurde kein Pass für sie organisiert. Es sollten 13 Jahre vergehen, bis sich die drei Weihnachten 2006 endlich wiedersehen konnten. Ihre einzige Bezugsperson in Malawi war ihr Onkel, der Pfarrer Patrick Kamanga, bei dem sie wohnten. Er brachte vierteljährlich die nötigen 11 600 Kwachas, 16 US-Dollar, auf, um die beiden in die Schule schicken zu können. Nach vier Jahren war ihm das nicht mehr möglich und das bei uns so selbstverständliche Recht auf Bildung wurde ihnen über Nacht genommen. Anstatt lesen, schreiben und rechnen zu lernen, waren sie nun gezwungen, ihr Überleben zu sichern. Sie sammelten Feuerholz oder Mangos und verkauften ihre Ware in dem nahe gelegenen größeren Dorf Nkhata Bay unweit von Mzuzu, der drittgrößten Stadt des Landes, für wenige Cents. Sie schliefen auf dem Boden einer Lehmhütte, ein Stück Plastik diente dem Zweck, die Bodenkälte wenigstens etwas abzuhalten, es gab keine Elektrizität und das Wasser musste aus großer Entfernung in Eimern, die sie auf ihren Köpfen balancierten, herangeschleppt werden. Sie aßen täglich Nsima (Maisbrei), nur einmal im Jahr, immer Weihnachten, gab es ein Hühnchen, das sich acht Menschen über zwei Tage hinweg ein-

teilen mussten und bei dem jeder Bissen mit einem langen »Hhhmmmmmm« zelebriert wurde.

Als die Mädchen etwa 15 Jahre jung waren, hatten sie die ersten Kontakte zu »musungus« (Weißen), zu schottischen Missionaren. Sie liebten es, von ihnen gestreichelt und gelobt zu werden, und jeder liebte die Zwillinge. In dieser Zeit wurde Cynthia entjungfert. Ein viel älterer Schwarzer packte sie, zerrte sie in einen Busch und meinte nur: »I fuck you now.« Die schmerzliche Erinnerung daran war ein Baby, das neun Monate später auf dem Boden einer Lehmhütte das Licht Afrikas erblickte. Dass sie sich aufgrund dieser Erlebnisse eher zu »musungus« hingezogen fühlte, ist verständlich.

Ich war sehr gerührt von ihren Erzählungen, bei denen ich öfters Tränen aus ihrem Gesicht wischen musste. Ich überdachte meine eigene Kindheit und mir wurde bewusst, wie behütet ich im Vergleich zu ihr groß werden durfte, mit allen Möglichkeiten, ein selbstbestimmtes Leben führen zu können. Insbesondere weil sie mir gegenüber vom ersten Tag an sehr viel Dankbarkeit zeigte, aber auch weil sie lebensfroh und hübsch war, entschloss ich mich, sie weiter mitzunehmen. Meine einzige Bedingung war, dass ich natürlich radelnd unterwegs sein würde und sie trampend oder in Bussen vorausfahren und lange am verabredeten Ziel auf mich warten müsste. Warten ist in Afrika Normalität, genauso wie Pünktlichkeit in Deutschland.

Cynthias Glück war perfekt, als ich ihr einen Pass besorgte, damit sie erstmalig in ihrem Leben richtig reisen konnte, nach Tansania. Sie platzte vor Freude und auch ich war sehr happy, denn endlich musste ich nicht mehr allein reisen. Ich radelte zwar allein, aber das war ich ja gewohnt. Das Wichtigste war, dass nachmittags jemand am vereinbarten Tagesziel auf mich wartete. Ich liebte es besonders, wenn Cynthia auf einem Pick-up voller Menschen johlend und winkend an mir vorbeiraste. »Carrrrrr!«, schrie sie immer so laut sie konnte, und hörte erst auf zu winken, wenn ich außer Sicht war. Sie machte mir Freude und es störte mich nicht im Geringsten, alles für sie zu bezahlen. Im Gegenteil, ich fühlte Genugtuung, etwas Gutes zu tun und das auch so direkt zu spüren. Anders als bei zahlreichen afrikanischen Hilfsorganisationen, bei denen man spendet und dann oftmals nicht wirklich weiß, was mit dem Geld geschieht, bekam ich für jeden »gespendeten« Kwacha oder Shilling immer eine direkte Reaktion, die mein Herz erwärmte. »Thank you, Carl, oh, it's soo beautiful, you are so kind«, oder: »I will never forget this.«

Wir wurden ein gut eingespieltes Team. Relativ schnell erreichten wir den Norden des warmen Herzens Afrikas, wie Malawi in Werbeslogans gern genannt wird. Damit endete auch das für afrikanische Verhältnisse relativ entspannte Radfahren auf guten, leeren Straßen. Es waren nur zwei Punkte, die mich hier oftmals nervten: zum einen die vielen Radler, die es einfach nicht ertragen konnten, wenn ich an ihnen vorbeizog und die die Verfolgung aufnahmen, als ginge es um ihr Leben. Schwer atmend hefteten sie sich mit ihrem ratternden und klappernden Stahlross an mein Hinterrad. Mehr als einmal machte es plötzlich »rrraaackkkk« und die Kette riss, oder »pfffffffuuuu«, und der Reifen streikte ob der ungewohnt harten Belastung. Einige versuchten aber auch einfach sich einzuhängen, um einen »musungu« und sein Hightech-Rad mal etwas genauer beobachten zu können, um schnell mal die üblichen Fragen nach dem Woher und Wohin loszuwerden oder um mir auf die Schnelle etwas zu verkaufen.

Das andere, was mir auf die Nerven ging, waren die vielen »gimme-money«-kids. Tagtäglich schrien mir die Plagegeister vom Straßenrand aus zu. War es nicht »money«, das sie forderten, dann waren es »sweets«. Warum die Kids so vehement Süßigkeiten forderten, wurde mir kurz vor der Grenze klar. Einer der zahlreichen Overlandtrucks, die in Afrika Touristen durch die Lande kutschieren, nahm nach einer Pause am Straßenrand wieder Fahrt auf. Viele Kinder liefen hinterher, und dann verwandelte sich dieser Overlander in einen Fasnachtswagen. Jeder der Mitreisenden schmiss tütenweise Bonbons aus dem Fahrzeug. Natürlich werden die Kinder von nun an fortwährend Süßigkeiten von jedem »musungu« fordern.

Auch von einem Radler, der nicht mal eben schnell die Fenster hochkurbeln oder beschleunigen kann.

Es ist organisiert Reisenden oftmals nicht bewusst, welchen Schaden sie anrichten können mit ihren vermeintlich guten Taten. Wer wirklich helfen und unterstützen will, der bietet sich z. B. mal als Volunteer an in einer Schule (auch tageweise) und lehrt Englisch oder Rechnen, der gibt mal ein paar Schmerztabletten heraus, wenn Not am Mann ist, hilft, das Rad eines Einheimischen wieder flottzumachen, teilt seinen Lunch oder gibt sein T-Shirt weg, wenn er sich ein neues gönnen will. Die Möglichkeiten, zu helfen, sind vielfältig und garantiert eine Schnellstraße direkt in die Herzen der Menschen. Geld zu geben, insbesondere Kindern, halte ich auch deshalb für gefährlich, weil dann die Kinder durch diese Bettelei unter Umständen mehr Geld nach Hause bringen als ihr Vater, der sich zehn Stunden auf dem Feld abgeplagt hat, oder die Mutter, die den ganzen Tag Gemüse auf dem Markt verkauft. Das ist entwürdigend für die Eltern und könnte sie dazu veranlassen, nicht mehr zu arbeiten, sondern stattdessen ihre Kids »vollberuflich« betteln zu lassen.

Campingplatzgebühren brauche ich hier in der Namib-Wüste nicht zu zahlen. Geld für den Eintritt in ein Planetarium auch nicht, der Sternenhimmel Namibias ist phänomenal!

»Karibuni«, hieß mich der tansanische Grenzbeamte willkommen. Hinter der Grenze wurde das Radeln schlagartig wieder gefährlicher, hier waren die Straßen eng, holperig und voll. Anstatt Chichewa wie in Malawi, sprachen die Einheimischen nun neben Englisch vorwiegend Kiswahili (Suaheli). Cynthia schickte am Abend SMS-Nachrichten an ihre Freundinnen, denn sie wollte jedem berichten, dass sie nun im fernen Ausland unterwegs war. Außerdem begann sie beim Einchecken in die ständig wechselnden Gasthäuser mit meinem Nachnamen zu unterschreiben. Sie fühlte sich nun als Mrs. Janz. Ich ließ sie und schmunzelte darüber. Sie wollte einfach einmal sorglos leben. Ihren 23. Geburtstag feierten wir in Daressalam, der Hauptstadt Tansanias. Ich schenkte ihr ein silbernes Halskettchen, wir gingen chinesisch essen und anschließend bis in den Morgen tanzen.

Auch der Grenzübergang nach Kenia war unproblematisch, denn ich wandte immer die gleiche Taktik an, um durchzukommen. Ich erkundigte mich hier in Ostafrika immer nach den Spitzenathleten des Landes. Tansania, Kenia und Äthiopien sind drei Laufnationen, und Namen wie Haile Gebrselassie, Wilson Kipketer oder Alfredo Shahanga erfüllen jeden Ostafrikaner mit Stolz. Also verwickelte ich auch diesmal den Beamten in solch ein Gespräch: »Officer, please tell me, is Shahanga still running or is he retired now? You know, I saw him running in Europe in a stadium full of people, when he beat the world record. It was amazing. I admire him.« Sofort fiel der Kugelschreiber, mein Pass und mein Gepäck wurden uninteressant. Der Mann, der anfangs kälter wirkte als der Gipfel des Kilimandscharo, taute auf und wir sprachen über die Helden Kenias. Seine Augen leuchteten, als er erzählte, und ganz beiläufig machte er die für mich so entscheidenden Handbewegungen. Der Einreisestempel knallte zuerst auf das Stempelkissen und dann auf eine freie Seite in meinem Pass. »Enjoy Kenia, musungu«, verabschiedete er sich strahlend, sogar mit Handschlag, »we are very strong running nation, you know, a lot more than you germany people.« Wir waren beide happy.

Später, in Westafrika, fragte ich immer nach einigen Fußballstars, die in der englischen Liga spielen, stets mit ähnlichem Effekt. Wenn eine Nation nicht so sehr mit Sportgrößen glänzen kann, dann erkundigt man sich halt nach Musikstars oder Schauspielern. Ich erinnere mich z. B., dass mir kein Sportler aus dem Senegal einfiel, und deshalb erwähnte ich seinen erfolgreichsten Sänger, Youssou N'Dour, und sang ein paar Wortfetzen, die mir aus dem Hit »Seven Seconds« einfielen, den er in den 1980er-Jahren zusammen mit Neneh Cherry hatte. Ich sang: »… jal a ma ma … bu tu ku mo … lalalalalalaaa … african movements … llaaaa …« Alles lachte schallend und ich kam problemlos durch, während andere Reisende von Gepäckdurchsuchungen und Bestechungsgeldern erzählten. Nur eines ist sehr wichtig: Man sollte niemals einen Politiker an der Grenze erwähnen, keinen aus dem eigenen Land und auch keinen aus dem Land, in das man einreisen möchte, denn das führt schnell in eine Einbahnstraße. Ein Wort gibt das andere und schon ist man ein Spion oder beurteilt nach Meinung der Grenzer ihr Land völlig falsch und wird schikaniert. Wichtig ist außerdem, keine Kamera herauszunehmen, viel zu lachen und möglichst sauber auszusehen. Männer sollten rasiert sein und Frauen nicht in Top und Shorts aufkreuzen. Wenn man dann noch frisch an einer Grenze ankommt und einen ganzen Tag einplant, strahlt man ein relaxtes Gefühl aus und ist gut gewappnet.

Cynthia und ich freuten uns auf Nairobi, nachdem wir ein paar Tage in dem Millionenmoloch Mombasa – ein echter Härtetest – und an den nahe gelegenen Stränden verbracht hatten. Wir waren nun schon fast drei Monate zusammen unterwegs. Ich lehrte sie einige grundlegende Dinge. Sie konnte jetzt die Uhr lesen, wusste, wie man im Englischen Vergleiche anstellt, versuchte das Wort »Ozean« zu begreifen und konnte jetzt nachvollziehen, dass Brasilien ein Land auf einem Kontinent ist, der Amerika heißt. Immer war sie mit Begeisterung bei der Sache. »Really Carl, tell me more«, forderte sich mich oft auf. Aber auch ich lernte von ihr. Etwas Kiswahili, das sie recht gut sprach, wie dreckige Wäsche, von Hand

Im Windschatten eines Pick-Ups fahre ich auf dieser Strecke an einer Gruppe von Löwen vorbei. »Wenn sie neugierig werden, springst du schnell rein zu mir in die Kabine, okay?«, schlägt der tansanische Fahrer sachlich vor. Ich habe keinerlei Einwände!

gewaschen, strahlend weiß wird, afrikanische Denkweise, tanzen, und vor allem Hühnchenessen à la Afrika. »You musungus don't know how to eat chicken«, schüttelte sie oftmals verständnislos den Kopf, wenn ich Hände waschen ging und glaubte, den Vogel gut abgenagt zu haben. Dann fiel sie über meine Reste her, dass es nur so knackte und knirschte, wenn sie Sehnen und Gelenke in ihrem Mund versenkte, immer begleitet von einem »Hhmmmmm, köstlich«. Ihre weißen Zähne waren nicht nur schön, sondern konnten auch richtig zubeißen. Übrig blieb nichts als glänzende Knochen. Ich gab ihr den Spitznamen »Chicken Cynthia«. Noch heute, zurück in Deutschland, denke ich an ihre unverwechselbare Art des Hühnchenessens, wenn ich meine Reste in den Müll werfe, immer begleitet von dem Gedanken: »Das hätte es bei Chicken Cynthia nicht gegeben.«

Dann überschlugen sich Ereignisse, die die Freude, meinen Freund Manfred wiederzutreffen, überschatteten. Manfred kündigte seine Ankunft in Nairobi an, denn er wollte mich zum dritten Mal auf meiner Reise besuchen. An unserem zweiten Tag in der Hauptstadt sagte Cynthia, dass sie mit mir reden müsse. Wir legten uns aufs Bett und ich war ganz Ohr, als sie plötzlich ernst wurde und offensichtlich Hemmungen hatte. Um die Spannung zu lockern, witzelte ich, dass sie mir alles erzählen könne, nur nicht, dass sie Aids hätte. In diesem Moment wich sie meinen Augen beschämt aus in Richtung Wand. »Cynthia«, sagte ich in bestimmtem Tonfall, aber mit einem schon leicht flauen Gefühl im Magen, »was ist los?« Ich bekam urplötzlich das ungute Gefühl, dass es genau dieses Thema sein würde, und spürte einen dicken Kloß im Hals, der nur noch größer wurde, als sie mit zerbrechlicher Stimme und ohne den Augenkontakt wieder aufzunehmen, endlich ihr Schweigen brach: »Ich habe vorgestern einen HIV-Test gemacht, Carl, als ich auf dich in einem Dorf gewartet habe. Er war kostenlos, und ich wollte mich noch mal vergewissern, dass ich immer noch negativ bin.« Als ich sie kennenlernte, hatte sie mir einen negativen Befund vom Arzt gezeigt. »Der neue Test war positiv«, flüsterte sie, »aber bestimmt nicht korrekt, denn er wurde in einem kleinen Dorf durchgeführt«, fügte sie hinzu. »No, please, no«, war alles, was ich sagen konnte. Ich bekam eine geradezu lähmende Angst, mich bei ihr angesteckt zu haben. Wir hatten zwar ausschließlich geschützten Sex gehabt, aber zweimal war mein Kondom gerissen. »Oh, mein Gott, bitte nicht so kurz vor dem Ende meiner Welttour.« Ich dachte in diesem Moment nur an mich und mein Schicksal und nicht an ihres. Sie willigte ein, noch einmal mit mir zu einem Test zu gehen, und es vergingen keine weiteren zwölf Stunden, bis wir in einer professionellen Klinik zur Blutabnahme saßen. Die 15 Minuten Wartezeit danach empfand ich wie in einem Vakuum existierend, als ob mein Körper neben mir säße. Ich war leer, und doch von Angst erfüllt. Meine Weltreise wurde zu einer Banalität. Dann wurden wir zum Arzt gerufen.

Wir setzten uns, und der Mann im weißen Kittel hielt zwei Zettel mit den Testergebnissen in den Händen. »Mister Janz«, sagte er leise, »dies ist ihr Ergebnis«, und gab mir das Stück Papier. Ich nahm es demütig, und meine Augen überflogen das Geschriebene. Das alles entscheidende Wort fing mit dem Buchstaben »N« an, »N« für »negative«. Ich atmete tief und deutlich vernehmbar aus, dabei ballte ich die linke Faust, als ob ich gerade einen Sieg errungen hätte. Dann wartete er kurz und sagte noch leiser: »Miss Kamanga«, und hielt ihr den weißen Zettel hin. Ich guckte rüber, und bei ihr fing das

Zusammenhalt ist alles im afrikanischen Busch!

219

über Leben oder Tod entscheidende Wort mit einem »P« an, »P« für »positive«. Sie entriss dem Arzt das Papier, warf es auf den Boden und sackte weinend zusammen. »No, no, no, why me, no, no, no«, klagte sie. Ich hielt sie fest und erkundigte mich nach dem Testverfahren und danach, ob es denn wirklich sicher sei. Der Arzt erklärte mir alles geduldig, dabei wurden auch seine Augen nass. Cynthia konnte kaum noch gehen, und ich führte sie raus auf die Straßen Nairobis, nachdem sich der Arzt mit einem »very sorry« von uns verabschiedet hatte.

Wir taumelten durch die Menschenmassen dieser pulsierenden Stadt und entschlossen uns, ein paar Bier zu trinken, um etwas zu entspannen. Das gelang sogar einigermaßen, aber als wir dann zurück im Guesthouse waren und Cynthia sich noch einmal das Testergebnis anguckte, kollabierte sie völlig. Sie weinte und weinte und weinte. Ich legte mich zu ihr und hielt sie im Arm. Manchmal schrie sie regelrecht und trommelte mit ihren Fäusten auf meine Brust, dann wieder winselte sie leise vor sich hin, wobei sich ihre Schulterblätter auf und ab bewegten. »Ich bin nur froh, dass ich es nicht an dich weitergegeben habe«, sagte sie leise in einem etwas ruhigeren Moment. Mein T-Shirt war nass von ihren Tränen. Endlose zwei Stunden weinte sie sich leer, bevor sie erschöpft einschlief. Sie tat mir so unendlich leid. Es quälte mich, dass ich machtlos war, ihr zu helfen. Auch ich weinte leise vor mich hin, dachte über das Leben dieser Frau nach, das wie so viele afrikanische Leben kein Happy End haben würde. Es waren einige der schwierigsten Tage meines Lebens. Dass ich nur 48 Stunden zuvor zum dritten Mal seit dem Start meiner Reise einen weiteren Überfallversuch hatte abwehren müssen, war aufgrund dieses Ereignisses schon wieder in die Ferne gerückt.

Später überlegten wir, wo sie sich wohl angesteckt haben könnte. Als sie mir von einem Arztbesuch erzählte, bei dem sie sich Zysten unter ihrem linken Arm hatte entfernen lassen, wurde ich hellhörig und fragte detailliert nach. Es stellte sich heraus, dass sie sich den tödlichen Virus durch eine infizierte Spritze geholt hatte, denn der Arzt anästhesierte sie mit einer bereits benutzten Nadel. Dass man sich auch auf diesem Wege anstecken kann, wusste Cynthia ganz einfach nicht.

Natürlich konnte Manfreds Besuch aufgrund dieser Ereignisse kein unbeschwerter werden. Er versuchte, sich auf diese problematische Situation einzustellen und willigte ein, als ich ihm und Cynthia vorschlug, die Zwillingsschwester Memory nach Kenia einzuladen. Drei Tage später waren wir zu viert, ich ließ mein Rad zurück, und wir reisten drei Wochen durchs Land. Alle verdrängten die schrecklichen Neuigkeiten und wir hatten viel Spaß zusammen. Wir machten eine Safari, badeten stundenlang im warmen, klaren Meer, Cynthia ritt erstmals in ihrem Leben freudestrahlend auf einem Kamel, wir veranstalteten Wettläufe am Strand, bei denen die sportlichen und sehr ehrgeizigen Zwillinge immer voll bei der Sache waren, und wir lachten und tanzten in verschiedenen Bars und Diskotheken. Die beiden stritten öfters miteinander, wie Schwestern das nun mal tun, doch als Manfred und ich sie singend beim Wäschewaschen beobachteten, waren wir uns einig, dass die beiden eine tiefe Liebe zueinander verband. Dass Memory in einigen Jahren mit ansehen wird, wie die Krankheit bei ihrer Schwester ausbricht, und sie sich dann alleine weiter durchboxen muss, berührte Manfred und mich sehr.

Nach diesen drei Wochen wurde die Situation noch schwieriger, denn es kam nicht nur der Zeitpunkt des Abschieds, sondern es stand auch noch ein vermutlich gefährlicher Abschnitt meiner Tour durch Nordkenia und Äthiopien bevor. Mir war klar, dass ich mich hier von Cynthia trennen musste, denn vor mir hatte ich eine Strecke mit großen Distanzen zwischen Ortschaften ohne regelmäßige Verkehrsverbindungen, und das Reisen wie in Malawi oder Tansania war nicht mehr möglich. Zum Glück hatten die beiden nun jeweils zumindest ihre Zwillingsschwester an ihrer Seite. Sie konnten aufeinander aufpassen während der langen Rückreise nach Malawi.

Zurück in Nairobi, ging es Schlag auf Schlag, und ich war wieder allein. Zuerst brachten wir Manfred zum Flughafen. Er trennte sich schweren Herzens von Memory, denn auch er war dem geradezu kindlichen Charme dieser Schwestern erlegen. Tja, und dann war auch für mich der Tag des Abschieds da. Nach vier Monaten des Zusammenseins entglitt mir zum letzten Mal die Hand Cynthias, die sie aus dem offenen Fenster hielt, kurz nachdem sich der alte, überladene Bus mühsam in Bewegung gesetzt hatte und somit unseren letzten Körperkontakt unterbrach. »Thank you so much, baby, I will never forget you«, waren die letzten Worte, die sie mir zuflüsterte, bevor sie schluchzend einstieg. Auch ich werde den Namen Cynthia Kamanga wohl nie vergessen. Ein Name, der für mich zum einen für eine kaum zähmbare Lust am Leben steht, aber auch ein Name, der das (gar nicht einmal so ungewöhnliche) Schicksal einer Frau auf dem afrikanischen Kontinent repräsentiert.

Radelnde Massai in Kenia

>*»Eeehhh mister No-Speak. You have to talk to people.*
>*You are in Africa now. Eeehh ...Yooouuu!«*

(Kenianer)

>*»Give me your bicycle, musungu.«*

(Malawier)

s fiel mir unheimlich schwer, einen Tag, nachdem ich wieder allein war, aufzupacken und Nairobi zu verlassen. Ich fühlte mich so einsam wie nie zuvor. Alleine war ich ja während der letzten Jahre meistens gewesen, das hatte mich nur sehr selten seelisch belastet, doch jetzt machte sich eine innere Einsamkeit in mir breit. Ich war in diesen Tagen ein radelndes Häufchen Elend. Ich vermisste den gedanklichen Austausch mit meinem Freund, und am Tagesziel wartete ich vergeblich auf das brasilianische T-Shirt am Straßenrand, das Cynthia meistens trug. Niemand schrie mehr: »Carrrrrrr«!

Der tägliche Regen verstärkte meine deprimierte Stimmung noch, und an den Steigungen entlang des Mount-Kenia-Gebiets klebte ich wie festgewachsen. Dazu gesellte sich eine innere Unruhe im Ausblick auf den Weg durch Nordkenia. Bis vor einem Jahr fuhr man bis an die Grenze zu Äthiopien nur im Konvoi. Es war ein gesetzloses Gebiet, von somalischen Rebellen heimgesucht, die

Steinige Angelegenheit: die Strecke von Isiolo nach Moyale (äthiopische Grenze).

unangekündigt über die nicht zu kontrollierende Grenze kamen und Angst und Schrecken verbreiteten.

Wie immer auf vermeintlich gefährlichen Abschnitten, holte ich vorher Erkundigungen ein, um mir ein möglichst objektives Bild zu verschaffen. Ich befragte die Polizei, zahlreiche Einheimische und Lastwagenfahrer, die zwischen Nairobi und Addis Abeba pendelten. In dem Ort Isiolo legte ich einen Ruhetag ein, wägte das Gehörte ab und entschied mich, weiterzufahren. Radfahrer haben auf ihren »leisen Sohlen« seit jeher gute Chancen, auch durch Krisengebiete wohlbehalten durchzukommen. Glücklicherweise war das auch hier der Fall. Es blieb ruhig.

Ich begegnete einigen Samburu, die nur im Norden dieses Landes leben und die, wie ihre nahen Verwandten, die Massai, ein Krieger- und Hirtenvolk sind. Ich dachte an die Massai zurück, die ich in Südkenia an der Straße getroffen hatte. Die Massai sprechen Maa, viele sprechen und verstehen aber auch Kiswahili. Bei einer Essenspause mit hart gekochten Eiern und noch viel härterem Brot stimmte ich einen kenianischen Song an, der überall gespielt wurde und der mir nicht mehr aus dem Kopf ging. Ich sang: »Jambo, Jambo Bwana, Habari gani, Nzuri sana …« (Hallo, hallo, mein Herr, wie geht es Ihnen? Sehr gut!). Der singende »musungu« belustigte die stolzen Krieger so sehr, dass sie mich über Nacht in ihr nahegelegenes Dorf einluden. Ihr Anführer sprach einigermaßen Englisch und übersetzte für die anderen.

Das Dorf war von einem Holzzaun umgeben, die zahlreichen Hütten waren mit Kuhdung verputzt, ich konnte darin kaum aufrecht stehen. Ich wurde freundlich, aber nicht überschwänglich begrüßt, was angenehm war. Wir setzten uns in eine Hütte, und mir wurde eine Schale voller Blut gereicht. Es war »saroi«, Rinderblut, das pur getrunken oder mit Milch vermischt wird. Es stank übel, denn es wird auch gern etwas Urin beigegeben. Ich lehnte freundlich ab und begründete dies mit meiner Religion, die es mir verbiete, Blut zu trinken. »Okay«, sagte der Englischsprecher.

Wir verließen die Hütte, und nun erfuhr ich den Grund für meine Einladung. Jeder wollte einmal auf meinem Stahlross reiten. Ein Rad, das 88 000 Kilometer hinter sich hatte, dessen Packtaschen vergilbt und teilweise zerrissen waren, faszinierte sie. Ich erklärte die Schaltung, bat aber darum, den Gang nicht zu wechseln, und erklärte vor allem die Bremsen. Aus dem Stand konnte niemand das schwer bepackte Rad zum Laufen bringen. Sie eierten los, bis sich schon kurz darauf das Vorderrad im Sand quer stellte. Schallendes Gelächter. Der Nächste versuchte sich, und auch dieser stolze Krieger landete im Sand. Wiederum schallendes Gelächter. Ich machte es noch einmal vor und nahm sogar die Hände vom Lenker, als ich genug Fahrt hatte und auf festem Lehm fuhr. Sie lachten voller Anerkennung und riefen: »musungu, nzuri sana« (weißer Mann, sehr gut). Einige machten einen Luftsprung aus dem Stand, so hoch sie konnten, um ihre Stärke zu demonstrieren. Dann saß der Nächste auf. Ich schob ihn an, bis er genügend Fahrt hatte, und er fuhr alleine weiter. Indianerähnliches Gejohle brandete auf. Einer nach dem anderen fuhr nun mit meiner Anschiebhilfe. Ich erzählte von meiner Tour durch Afrika und der englisch sprechende Massai übersetzte für alle. Dass ich um die ganze Welt gefahren bin, verschwieg ich, denn ich wusste, es würde die Vorstellungskraft eines jeden um ein Vielfaches übersteigen.

»Du bist auch ein Krieger, musungu«, meinte einer, »wir kämpfen gegen Löwen und du kämpfst dich durch Afrika.« Ich hatte ihren Respekt. Sie ließen sich alles am Rad genauestens erklären. Am meisten begeisterten die Schaltung und der Bordcomputer, der die Geschwindigkeit anzeigte, aber auch die hart gepumpten Reifen und der weiche Gelsattel wurden wiederholt von Hand geprüft. Die Frauen berührten immer wieder meine mit dem Stoff der Indios geflickten Packtaschen.

Viele Stunden verbrachte ich in dem Dorf. Die Männer zeigten mir, wie man Feuer macht, und berichteten von ihren Frauen und Rindern. Bis zu 50 Rinder hat ein gut situierter Krieger manchmal, deshalb bekommt er auch viele Frauen. Löwen werden nur noch von Stämmen in abgelegenen Regionen getötet. Jeder Massai kann wie ein Moslem mehrere Frauen haben, die alle in verschiedenen Hütten schlafen und ihm je nach Lust und Laune abwechselnd zur Verfügung stehen.

Super, diese Massairegeln, dachte ich kurz vor dem Einschlafen in meinem Zelt, das ich in der Nähe von Marsabit im Norden Kenias aufgestellt hatte, und malte mir ein Leben mit meinen Frauen in Hamburg aus, die ich alle abwechselnd besuchen würde. Ich war gerade fest auf meiner Isomatte eingeschlafen, als die Erde so stark erschüttert wurde, dass ich erwachte. Der volle Mond warf einen gewaltigen Schatten an die Zeltwand. Ich erkannte Beine, die mir so groß wie Bäume erschienen. Nur wenige Zentimeter von meinem Kopf entfernt stand ein mächtiger Elefantenbulle. Sofort schaltete mein Herz auf Alarm und pumpte Blut durch die Venen. Flucht war mein erster Gedanke, bloß weg hier. Ich wollte etwas tun und nicht

»Hey Musungu, alles gar nicht so schwierig. Ich komme mit nach Europa!«
Die Massai und ich hatten viel Spaß miteinander.

live dabei sein, wenn der Elefant seine Beine möglicherweise an meinem Kopfende platzieren würde.

Flucht ist aber der größte Fehler, den man im Falle eines Zusammentreffens mit Großwild begehen kann. Das hatte mir ein Park Ranger in Namibia eingebläut und das hatte ich bereits erfahren, als ich mehrere Hyänen als nächtliche Besucher begrüßen durfte. Sie verspeisten mich nicht, weil ich stillhielt. Also tat ich jetzt dasselbe. Zitternd zwang ich mich, keine einzige Bewegung zu machen. Laut knackte ein Ast, ich vernahm mahlende Geräusche. Der Elefant hatte sich ausgerechnet den Baum direkt neben meinem Zelt als Mitternachtssnack ausgesucht. Es schmeckte ihm offensichtlich, denn wieder knackte ein Ast. Ein Elefant ist ohnehin schon ein ziemlich riesiges Tier, wenn man ihn stehend aus nächster Nähe beobachtet. Aus der Froschperspektive allerdings ist er gigantisch wie ein Dinosaurier.

Auch Termiten wollen hoch hinaus. Ihre aus Kot und Speichel erbaute
»Festung« bietet einen steinharten Schutz vor Feinden.

Dann geschah etwas für mich Unglaubliches: Das mächtige Tier
hatte Appetit bekommen und wollte nun an der anderen Seite des
Baumes naschen, nur mein Zelt stand im Weg. Eine einzige Bewe-

gung mit dem Rüssel hätte diesen Fetzen Stoff samt Inhalt weg-
wischen können. Doch was machte der graue Riese? Er legte den
Rückwärtsgang ein, bewegte seinen gigantischen Körper an meinem
Kopfende vorbei und positionierte sich auf der anderen Seite meines Schädels. Es knackte abermals, ein Ast brach, gewaltige Ohren
fächerten hin und her. Wieder mahlende Geräusche. Minuten wurden zu gefühlten Stunden. Endlich verabschiedete er sich und die
Erde geriet wieder in Erschütterung. Geschafft!

Für mich war dies der Beweis, dass ein Zelt ein erstaunlich sicherer Aufenthaltsort im Busch ist. Der Dickhäuter hatte mich
bestimmt gerochen, doch das für ihn unbekannte Gebilde respek-
tierte er und umging es wie ein Hindernis. Mein Respekt für das
Rüsseltier ist seit diesem nächtlichen Besuch noch gewachsen.

Nach 550 Kilometern auf steiniger, unwegsamer Schotterpiste
kam ich verstaubt und von Kamelfliegen zerfressen an der äthiopi-
schen Grenze an und hatte endlich wieder Asphalt unter den
Rädern. Ich dachte in diesen Tagen an den Mann, der als Erster mit
einem Fahrrad um die Welt gefahren ist, den Engländer Thomas
Stevens. Er radelte von April 1884 bis Dezember 1886 auf einem
Hochrad von der Westküste der USA über Europa bis nach Japan.
Ein echter Pionier. Er hatte vorwiegend solche Strecken befahren
müssen, wie ich auf diesen letzten 550 Kilometern, er lebte in grö-
ßerer Gefahr, von einem wilden Tier angefallen zu werden, und reiste mit einer Minimalausrüstung. Ich hingegen fuhr eine wesentlich
längere Strecke auf fünf Kontinenten, meine Ausrüstung lockte Banditen an und auf den besseren Straßen rasten Fahrzeuge gefährlich
eng an mir vorbei.

Möglicherweise wird ein potenzieller Weltumrunder in 40 oder
50 Jahren die Problematik meiner Reise um die Jahrtausendwende
belächeln, möglicherweise aber auch nicht. Faszinierend wird eine
Radweltreise immer sein. Die Schwierigkeiten verändern sich im
Laufe der Jahrzehnte. Ein Fahrzeug mit zwei Rädern nur mit Muskelkraft um den Globus zu bewegen, wird aber bestimmt ein Abenteuer bleiben.

»Weißer Mann, gib mir ...« –
Armenhaus Westafrika

»How long does it take to walk to Germany? I want to get there.«

(Mosambik)

*»Why do you want to eat vegetables when you can
afford meat? Vegetables are for us poor people only.«*

(Burkina Faso)

*»You Germany people have to send more money.
Can't you see how poor we are? Tell your president.«*

(Äthiopien)

»Mon ami, donnez moi un cadeau« (Gib mir ein Geschenk,
mein Freund), rief ein Jüngling mir zu, der neben mir auf
seinem Stahlross dahinradelte. Ich reagierte genervt, hatte
ich diesen Satz doch in den letzten Wochen bereits Dutzende Male
gehört. Dass noch viele Hundert weitere Male hinzukommen würden, verdrängte ich.

Konnte ich in Ghana noch Englisch sprechen und mich leicht verständlich machen, war ich nun, in Westafrika, mit Französisch kon-

Nur noch 10 000 km bis nach Hamburg. Körperlich fühle ich mich ausgezehrt. Aber der Wille treibt mich weiter voran.

frontiert, in einer Region, in die nur wenige westliche Besucher kommen. Französisch ist nach Deutsch, Englisch und Spanisch die Sprache, in der ich die meisten Wörter abrufen kann, aber zu viel mehr, als mich durchzuschlagen und einfache Gespräche zu führen, bin ich in dieser Sprache nicht fähig. Bis ans Ende meiner Afrikadurchquerung werde ich nun französisch sprechen, dachte ich, als ich, von den Harmattan-Wüstenwinden gebeutelt und ziemlich verschmutzt, in die Hauptstadt von Burkina Faso einfuhr, die den sehr afrikanisch klingenden Namen Ouagadougou trägt.

»Ouaga«, wie sie von den Einheimischen genannt wird, unterscheidet sich nicht von den anderen Städten dieser Region. Für den ausländischen Besucher ist sie das reine Chaos. Die Straßen haben nur selten einen Namen, einige sind asphaltiert, die meisten naturbelassen, Märkte und fliegende Händler bestimmen das Stadtbild, der heiße Wüstenwind trägt gelben Staub in die Stadt hinein, die meist französischen Autos quälen sich hupend durch ein Meer von Fußgängern, Radfahrern oder Eselskarren, die Verkehrsregeln legt sich jeder zu seinem eigenen Vorteil aus. Doch auch das Straßenchaos hat gewisse Spielregeln. Diese zu kennen, ist überlebenswichtig, auf das in der Fahrschule Erlernte zu bestehen, ist hier geradezu lachhaft.

Der Verkehr kennt einzig das Recht des Stärkeren. Der Radfahrer hat nur noch den Fußgänger oder den Handkarrenschieber unter sich, den er manchmal verbal oder nonverbal auf die Seite verweisen kann, wobei er sich stark fühlen mag. Eine Radklingel sichert besseren Verkehrsfluss. Ich wählte anfangs eine Hupe, um mich bemerkbar zu machen, aber anstatt freie Fahrt zu bekommen, drehten sich die Passanten und Radler nach mir um und blieben lachend stehen. Der untypische Ton machte sie neugierig und das war genau das Gegenteil von dem, was ich erreichen wollte. Wer flott vorankommen will, kauft sich die gleiche Klingel, die alle anderen benutzen, oder macht stattdessen ein paar Tiergeräusche. Die wenigen Ampeln dienen, sofern sie überhaupt funktionieren, nicht der Verkehrsregelung, sondern als Straßendekoration. Sich auf sie zu verlassen, könnte fatal enden.

Wird der Radler abgedrängt, schreit er lautstark, rettet sich an die Seite oder schlägt auf das Blech des Fahrzeugs, wenn ihm überhaupt die Zeit bleibt, um sich bemerkbar zu machen. Die wichtigste Regel für den Tourenfahrer ist allerdings eine sehr simple. Sie lautet: fahren, einfach fahren, ohne ständig ängstlich zurückzublicken. Die Konzentration muss natürlich dem allgemeinen Treiben gelten, wichtig ist es aber auch, den Straßenbelag im Auge zu behalten. Die Gefahr, in einem tiefen Schlagloch oder einem offenen Siel hängen zu bleiben, zu stürzen und dann überfahren zu werden, ist real. Der vergleichsweise langsame Verkehrsfluss macht das Beobachten leichter. Eine eng anliegende Sonnenbrille dient nicht nur dem UV-Schutz, sondern auch der Abschirmung gegen die Abgaswolken, die einem fortwährend direkt ins Gesicht gepustet werden.

Außerhalb der Städte konnte ich auf den von Schlaglöchern übersäten Strecken gut Zickzack fahren. Auf der Strecke von Bamako in Mali ins senegalesische Dakar war ich sogar dankbar für die oftmals kratergroßen schadhaften Stellen im Asphalt, denn sie bildeten »natürliche« Temposchwellen, die sowohl Laster- als auch Autofahrer zwangen, langsam zu fahren. Die Gefahr wurde für mich so berechenbarer, was mir beim Kilometerfressen half.

Seit Bamako, der planlosen Hauptstadt Malis, gegen die Addis Abeba in Äthiopien wie eine hochmoderne Großstadt wirkt, kannte ich nur noch ein Ziel: Raus aus diesem Kontinent! Neun Monate Afrika und nunmehr über acht Jahre Abwesenheit von Deutschland hatten mich unendlich ausgebrannt. Neues konnte ich schon lange nicht mehr aufnehmen, zu vielfältig waren die täglichen Eindrücke. Ich war abgestumpft.

Dabei hatte es auf diesem Kontinent noch einmal recht gut angefangen. Ich startete in Kapstadt, nachdem ich mein Rad ein letztes Mal komplett überholt hatte. Einen deutschen Touristen, den ich zuvor auf dem Tafelberg getroffen hatte, ließ ich verstört zurück. Er erzählte etwas von einem deutschen Fotomodell, dessen Namen ich noch nie gehört hatte. »Du bist schon viel zu lange unterwegs«, meinte er vorwurfsvoll, »wenn du die nicht kennst.« Klar, dachte ich, in den 93 Monaten, die ich nun auf Tour bin, verändert sich zu Hause vieles, und gerade aktuelle Prominente sind mir natürlich unbekannt.

Deutsche reagierten schon seit einigen Jahren merkwürdig, wenn ich sie traf und über meine Reise berichtete. Sie waren sehr schnell dabei, mich mit erhobenem Zeigefinger zu belehren. Die allererste Frage, die sie mir stellten, war nicht etwa die nach meinem Lieblingsland, nach dem Motiv für eine Radreise, nach einem spannenden Erlebnis oder überhaupt nach der Faszination des Reisens. »Und wo hast du das Geld her?«, hieß es vielmehr, oder: »Und dann, was willst du dann machen, wenn du wieder in Hamburg bist? Ohne Job, ohne Frau, ohne Freunde? Tja, und Rente kannst du ja auch nicht erwarten.« Diese Art Fragen und Feststellungen sollten mich an meinen bevorstehenden Alltag erinnern, denn von nun an befand ich mich ja auf den Nachhauseweg.

Australier, Skandinavier, Amerikaner, Franzosen oder Kanadier z. B. interessierte da schon viel mehr, was mich bewegt hatte, ein solches Projekt anzugehen, und wie es mir so ergangen war. Zum Teil erwarteten sie von mir praktische Tipps für ihre eigene Lebensgestaltung. Deutsche fragten auffällig oft zuallererst nach meinen

Blick vom Tafelberg auf das abendliche Kapstadt. Von der Lage her, wie ich finde, eine der schönsten Großstädte der Welt, zusammen mit Rio de Janeiro. Bei meinem ersten Besuch 1994 entschied ich mich genau hier oben, eine Weltumrundung mit dem Fahrrad zu wagen.

Finanzen und erst viel später nach den Motiven und Erlebnissen. Als ob es nicht sein durfte, dass ein Landsmann so unbeschwert über viele Jahre hinweg durch die Kontinente zog. Das deutsche Fotomodell, von dem die Rede war, heißt übrigens Heidi Klum.

Da ich Südafrika von meiner Reise im Jahre 1994 her kannte, hielt ich mich hier nur kurz auf. Ich verfolgte ja das Ziel, während dieser Weltreise möglichst viele mir noch unbekannte Länder zu besuchen, so weit das logistisch möglich war. Also kurbelte ich schnurgerade in Richtung Deutsch-Südwestafrika, der ehemaligen Kolonie unseres ehemaligen Kaiserreiches, das nun, benannt nach der riesigen Namibwüste, Namibia heißt. Es ist das perfekte Land, um sich an das Flair dieses Kontinents zu gewöhnen. Ein Land mit offenen Straßenmärkten, mit verschiedenen, fremd klingenden Sprachen, mit herumlungernden Männern, mit wilden Tieren – und dennoch nicht »wirklich« Afrika. Dafür ist es hier, vergleichsweise, viel zu gut organisiert, die Hotelzimmer sind kakerlakenfrei und sauber, die Supermärkte in den wenigen Städten dieses extrem dünn besiedelten Landes sind sehr gut gefüllt und die Menschen lassen den Reisenden in Ruhe das Land genießen.

Ein Vorteil des Radreisens ist die Möglichkeit, sich langsam an Fremdes und Neues zu gewöhnen. Die Geschwindigkeit ist niedrig genug, um alles sehen, riechen und hören zu können, aber auch groß genug, um in kleinen Schritten Tag für Tag schließlich ganze Länder oder Kontinente zu erarbeiten. Die langsame Gangart hilft beim wirklichen Ankommen in einem fremden Land. Nicht nur körperlich, sondern auch mental. Südafrika und Namibia sind gute Einstiegsländer für den Kontinent Afrika, im Norden sind es Marokko oder Tunesien.

Das »echte« Afrika beginnt – nimmt man Mosambik aus – nördlich des gewaltigen Sambesiflusses. Dieser 2574 Kilometer lange und damit viertlängste Strom Afrikas fließt durch Angola, Sambia und Mosambik, bevor er in den Indischen Ozean mündet, und strömt auch teilweise durch Namibia und Simbabwe. Bevor ich mich in diese Region aufmachte, genoss ich noch einmal die leeren Weiten des Wüstenstaates Namibia und in Swakopmund sogar deutsche Küche. Hungrig von gerade absolvierten 550 Kilometern Wellblechpiste, schlug ich mir freudestrahlend den Magen voll mit Mehrkornbrot und geräuchertem Schinken, Frikadellen und Kartoffelsalat, Bratwürsten und Gulaschsuppe, und natürlich mit Schwarzwälder Kirschtorte, serviert von schwarzen Kellnerinnen, die akzentfrei deutsch sprachen.

Im fernen Deutschland ereignete sich gerade das »Sommermärchen« der Fußballweltmeisterschaft. Die vielen Deutschstämmigen und Auswanderer begossen jedes geschossene Tor ihrer Helden auf Zeit mit deutschem Bier, und nach den Siegen schwang man schwarz-rot-goldene Fahnen und veranstaltete sogar Autokorsos durch Swakopmund und Windhoek. »Ist meine Reise bereits zu Ende oder bin ich wirklich noch in Afrika?«, fragte ich mich oft und glaubte zu träumen. Es war so deutsch hier in Swakop.

Auch in Botswana rollte ich mit guten Kilometerleistungen von 120 bis 150 Kilometern pro Tag durch die trockenen Savannen. Jetzt wurde ich für mein Durchhalten im südlichsten Zipfel Amerikas belohnt. Ich war zur richtigen Zeit hier im Süden des schwarzen Kontinents unterwegs. Die Tage waren zwar mit über 30 Grad immer heiß, aber nach den spektakulären Sonnenuntergängen wurde es sehr schnell kühl, so kühl, dass ich meinen Schlafsack herausholte. Ich fuhr auch deshalb schnell, weil die große Attraktion Botswanas, das Okawangodelta mit seinem Tierreichtum, für mich als Langzeitreisenden unbezahlbar war. Hier setzt man bewusst ausschließlich auf Luxustourismus. Möchtegern-Großwildjäger zahlen bis zu 30 000 US-Dollar dafür, dass ihnen ein Elefant vor die Flinte getrieben wird, damit sie ihn erlegen können. 30 000 Dollar! Dafür hätte ich in Tansania 30 000-mal »wali kuku« (Hühnchen mit Reis) essen können.

Ich erreichte die Grenze zu Simbabwe, und auf einmal war alles anders. Meine Schonfrist war abgelaufen, das echte Afrika begann. Simbabwe war, als ich es 1993 zum ersten Mal besuchte, ein Vorzeigeland, gemessen an den anderen, nördlicheren Ländern des Kontinents. Doch nun liegt es ökonomisch am Boden. Schuld an der Misere ist der Diktator Robert Mugabe, der das Land mit brutaler Härte regiert. Weiße Farmer gibt es nur noch wenige im Land, sie flohen in das Nachbarland Südafrika oder ins englischsprachige Ausland.

Bulawayo, eine große Stadt im Süden, sah aus, als ob dort gerade ein Bombenangriff stattgefunden hätte. Die Geschäfte waren leer, oftmals waren die Glasscheiben zerbrochen, es gab kaum etwas zu kaufen, die Menschen liefen mit zerrissener Kleidung durch die Straßen und es fuhren nur wenige Autos. An den Tankstellen bildeten sich Schlangen von mehreren Hundert Metern, es gab mal wieder kein Benzin. Die wenigen Geschäftsleute liefen mit großen Handtaschen durch die Straßen. Den Grund dafür stellte ich schnell fest: Hier herrschte eine galoppierende Inflation von etwa 1000 Prozent. Für nur 40 US-Dollar bekam ich so viele wie Monopoly-Geld aussehende Geldscheine, dass ich sie unmöglich in meinen vier Jeanstaschen hätte verstauen können. Ich kaufte keine Umhängetasche wie die Geschäftsleute hier, ich verstaute die vielen Banknoten

Dumm gelaufen! Wie viele Schutzengel waren nötig, damit ich nicht genauso wie dieser Truck in Burkina Faso geendet bin?

in meinen Gepäcktaschen. Wollte ich mehr als drei Bier in einer Bar trinken, musste ich ins Hotel zurückkehren, um Geld nachzuladen. Das Wenige, das es in den Supermärkten zu kaufen gab, kostete sechsstellige Summen, selbst Grundnahrungsmittel wie Brot. Für die zehn bis zwölf Artikel, die ich im Einkaufskorb an die Kasse brachte, zahlte ich zwischen 12 und 15 Millionen Simbabwe-Dollar. Der größte Geldschein ist die 100 000-Dollar-Note. Die Kassiererin brauchte mehrere Minuten, um meine Scheine durchzuzählen, die Kasse konnte das Geld schon lange nicht mehr aufnehmen und Stapel bildeten sich links und rechts davon. Bewaffnete Aufpasser gaben acht, dass niemand lange Finger machte.

Ich war gezwungen, auf dem Schwarzmarkt zu tauschen, denn beim offiziellen Kurs hätte ich umgerechnet 200 US-Dollar für ein schäbiges Zimmer inklusive Bettwanzen gezahlt. Aber eigentlich waren nur bare Dollarnoten interessant, und davon hatte ich wiederum zu wenige. Ich schlief deshalb wild im Busch und fuhr jeweils so weit ich konnte, um möglichst schnell nach Mosambik zu kommen. Der von Mugabes Anhängern enteignete weiße Farmer Russel Harrison, den ich in Harare traf, half mir durch seine Kontakte, auch in US-Dollar ausgestellte Reiseschecks in Bares umzutauschen, illegal, aber ohne Angst vor drohendem Gefängnis.

Dass Simbabwe kaum noch Touristen anlockt, ist aufgrund dieser Situation klar. Selbst die einst viel besuchten Victoriafälle waren menschenleer. »Mosi-Oa-Tunya«, der donnernde Rauch, wie die Wasserfälle in der Sprache der Shona heißen, donnert weiter. Für Simbabwe und seine starken Menschen, die selbst in dieser schon lange andauernden misslichen Lage noch auf besseres »Wetter« hoffen, würde ich mir wünschen, dass das Mugabe-Regime möglichst bald hinweggefegt und »Sim« wieder zu dem aufstrebenden Land wird, das ich 1993 kennen- und liebenlernte.

Ich war erleichtert, als ich die Grenze zu Mosambik passierte, doch erholen konnte ich mich auch in diesem Land keineswegs. Die Menschen johlten, wann immer sie mich sahen. Wer mich zuerst entdeckt hatte, brüllte »branco« (weißer Mann) durchs ganze Dorf.

Aus jeder der runden, mit Stroh bedeckten Hütten kamen die Bewohner gelaufen, barfüßig und eine Staubwolke hinter sich her ziehend, so das ich meinte, eine Herde Gnus habe sich in Bewegung gesetzt. Dabei lachten sie, fingen an zu singen, winkten, machten Tiergeräusche oder schrien englische Worte wie »you, you, you« oder »what is you« oder »stop«. Mein Erscheinen war für viele die Sensation des Monats, vielleicht des Jahres. Je abgelegener das Dorf, desto größer war die Aufregung. Die Einheimischen gerieten völlig außer Rand und Band. Ich war einer der ganz wenigen Weißen, die nicht schnell mal am Gashahn ziehen konnten, um zu beschleunigen wie ein Motorradreisender, ich hatte keinen schützenden Blechkäfig um mich wie ein Autoreisender, ich war einer der wenigen, die in Reichweite waren, überall und jeden Tag. Stoppte ich, wollten insbesondere die Kinder einmal weiße Haut streicheln, und sie lachten sich weg, als sie entdeckten, dass meine Arme behaart sind. Die meisten wollten etwas geschenkt bekommen, andere einfach ein Gespräch führen. Die Puppe, die mir in Chile geschenkt worden war und die ich von außen sichtbar auf dem Schlafsack festgezurrt hatte, verstaute ich irgendwann im Gepäck, weil zu viele Kinder sie unbedingt haben wollten.

Anfangs fand ich es noch amüsant, so viel Aufmerksamkeit zu erregen, doch sehr schnell hatte ich es satt, und spätestens seit Äthiopien, das ich fünf Monate später erreichte, wurde mir der nicht enden wollende Wirbel um meine Person unerträglich und zerrte an meinen Nerven. In Äthiopien kamen zu der allgemeinen Farangi-Hysterie auch noch fliegende Steine, und die Kinder griffen wie in Pakistan in meine Taschen oder rissen an meinen gefüllten Wasserflaschen. Dazu gesellten sich die spezifischen Widrigkeiten eines bitterarmen Kontinents: Stromausfälle, schlechte Straßen, wanzenverseuchte Matratzen, langes Warten auf das Essen, das oftmals nicht das war, das ich bestellt hatte, weil die Serviererin nicht in der Lage war, sich mehr als zwei Dinge auf einmal zu merken, von der Leine geklaute Wäsche, monotones Essen, das oft nur aus Nsima, Sadza, Ugali bestand. Die drei Worte bezeichnen in unterschiedlichen Landessprachen ein und dasselbe geschmacksneutrale Essen, bestehend aus Maisbrei, dem Grundnahrungsmittel der Afrikaner. Lärm und Dreck waren überall, in den wenigen Internetcafés, die es gab, standen veraltete PCs, deren Leitungen so langsam waren, dass ich auch einen Brief hätte schreiben können, und an den vielen militärischen Straßenkontrollen wurden mir immer die gleichen Fragen gestellt. Wasser zum Duschen gab es selten, Wasser zum Trinken musste ich mehrere Male beschaffen, indem ich Einheimischen, die leere Eimer auf den Köpfen trugen, zum nächsten Brunnen oder Wasserloch folgte und dann das Wasser entweder filterte oder entkeimte. Die Sonnenschutzcreme, die ich kaufte, war ein gefälschtes Produkt ohne Wirkung, und meine Kreditkarte war wertlos, weil keine Bank sie akzeptierte. Am problematischsten aber war der Umstand, dass mich jeder der vielen Hundert Menschen, denen ich täglich am Wegesrand begegnete, als Geldautomaten auf Rädern ansah. Der Weiße ist da, jetzt wird alles gut. »Weißer Mann, gib mir«, hieß es überall, »gib mir ein Geschenk«. Jeder wollte etwas haben: Geld, Sonnenbrille, Hemd, Schuhe, Maskottchen, Frühstück, Bier, Keks, Plastikflasche, egal, was …, »gib mir«. Aus der Sicht eines bettelarmen Menschen verständlich, für mich, der ich ganz auf mich selbst gestellt war, in dieser konzentrierten Form unerträglich. Es war nie ein einzelner dieser Faktoren, der mich so ermüdete, sondern alle zusammengenommen und in täglicher Wiederholung.

Auch die nie endende Armut setzte mir immer mehr zu. Ich dachte, ich hätte alles gesehen und nichts könnte mich mehr schockieren. Ich war in vielen Armenhäusern dieser Welt unterwegs, traf die vielen verkrüppelten jungen Menschen in Kambodscha, die unter der Schreckensherrschaft der Roten Khmer Opfer der Landminen geworden waren, besuchte Smoky Mountain vor den Toren Manilas auf den Philippinen, wo die Menschen auf und von einer gigantischen Müllhalde existieren, sah Menschen der untersten Kaste im indischen Pilgerort Varanasi halb tot in den Straßen liegen und traf in Nicaragua und Äthiopien Kinder, die noch kleinere Kinder versorgten, weil ihre Eltern ermordet worden waren. Doch was ich in Westafrika sehen musste, war, mit Ausnahme Indiens, in diesem unglaublichen Ausmaß kaum noch zu begreifen. Die drei ärmsten Staaten der Welt befinden sich in dieser Region: Niger, Burkina Faso und Mali.

Allein, umgeben von solcher Armut, wurde ich des ewigen Weiterfahrens, mit immerhin noch mehreren Tausend Kilometern vor mir, müde – aber ich hatte keine Fernbedienung, um das Programm mal eben schnell zu wechseln. Mein Lebensprinzip des Yin und Yang, der Balance von Anspannung und Entspannung gerät mit jedem Tag mehr ins Ungleichgewicht. Pedalumdrehung für Pedalumdrehung veränderte sich meine Persönlichkeit. Ich wurde herzlos, kalt den Menschen gegenüber, uninteressiert an Neuem, aggressiv, schrie meine Frustration lauthals heraus und verlor meinen Humor. Hatte ich einmal ein erträgliches Hotelzimmer, schloss ich mich darin ein und verließ es nur, um schnell Bier und etwas zu essen zu kaufen. Ich war nicht mehr in der Lage, das Gesehene zu verarbeiten und brauchte ein paar Bier und die Musik meines CD-Players, um runterzukommen. Die Masse an Menschen, die nichts besaßen als ihre zerrissenen, verdreckten Klamotten an ihrem vom Leben gezeichneten Körper, deprimierte mich.

Straßenkinder gab es hier so viele wie Fliegen in Australien, so schien es mir. Man konnte sie abschütteln, aber niemals loswerden. Sie lungerten in Gruppen hungrig neben den primitiven Straßenküchen herum, jeder trug auf Bauchhöhe eine Blechdose mit sich, die mit einem Band um den Hals gebunden war. Wer etwas übrig hatte, warf es einem Kind in diese Dose. Egal, was es war, das Kind verschlang es. Einmal warf ich die Fettreste eines stinkenden, zähen Stücks Fleisch, das ich für ungenießbar hielt, und etwas trockenes Brot in eine dieser Dosen, und es begann eine Schlägerei darum. Andere Kinder wollten auch etwas haben. Ich schirmte das hungrige Kind ab, damit es das Stück schnell verschlingen konnte, hatte aber sofort fünf andere um mich herum, die an meinem Hemd zogen und mich mit bettelnden Augen anguckten.

Im Senegal sah ich Menschen Fischreste an einer Leine zum Trocknen aufhängen. Die Überbleibsel, Gräten, an denen nur noch der Kopf hing, waren zuvor von einem Laster als Müll abgeladen worden. Die Hungernden überlebten, indem sie die Köpfe dieser verwesenden Fische mitsamt der Augen aßen. Sie aßen nur dies und nichts anderes, wie sie mir erzählten. Ich fühlte mich schuldig, so gottverdammt reich zu sein, und schämte mich dafür. Ein reicher Mann in Simbabwe riet mir einmal, wir »musungus« sollten uns viel mehr auf die Schönheiten dieses Kontinents besinnen, statt Afrika immer mit Armut gleichzusetzen. Aber wie soll das möglich sein, wenn diese so allgegenwärtig ist? Ich jedenfalls konnte es nicht.

Den unerträglichsten Moment erlebte ich in einem namenlosen Dorf in Mali. Am Vortag hatte ich mich übergeben müssen, weil ich alten Fisch gegessen hatte, und immer wieder, von Magenkrämpfen geplagt, neben meinem Rad am Straßenrand gelegen. Ich war entsprechend geschwächt und kam nur sehr langsam voran, denn auch die Hitze plagte mich. Ich stoppte an einem dieser so typischen, aus Brettern zusammengeschlagenen Straßencafés und quälte mir ein Glas Tee und etwas trockenes Brot den Schlund hinunter. Wieder wurden mir die ewig gleichen Fragen nach dem Woher und Wohin gestellt, als eine Frau mittleren Alters, die das faltige Gesicht einer Greisin hatte, mit ihrem Baby im Arm auf mich zukam. Sie legte mir, ohne zu fragen, ihr abgemagertes Kind in den Arm und flehte mich an zu helfen, weil es sonst sterben würde. Verzweifelt bat sie: »Ihr Weißen könnt doch alles, bitte hilf ihr!« Sie setzte all ihre Hoffnung in mich.

Das Mädchen war in einem erbärmlichen Zustand. Eine Diagnose konnte ich nicht stellen, wahrscheinlich hatte es Malaria, Gelbfieber, Aids oder alles zusammen. Außerdem klaffte eine offene, eiternde Wunde auf dem kleinen Kopf. Das war das Einzige, was ich behandeln konnte. Ich packte meine Erste-Hilfe-Tasche aus, holte etwas Jod und eine Gazebinde hervor und beträpfelte die Wunde, nachdem ich die vielen darauf befindlichen Fliegen verscheucht hatte. Die Kleine war zu schwach, um zu schreien, sie winselte nur noch. Ich kaufte der Frau noch ein bescheidenes Frühstück, bestehend aus Brot und Tee, für das sie kein Geld hatte, und gab ihr einige Schmerztabletten, die sie ihrer Tochter, in Stücke zerbrochen, geben sollte. Sie hatte weder für sich noch für ihr Kind sauberes Trinkwasser und wollte die erste Tablette zusammen mit dreckigem Flusswasser verabreichen. Ich besorgte ihr sauberes Wasser in Plastikflaschen, das es hier zu kaufen gab. Während der primitiven Verarztung bedankte sie sich fortwährend, immer wieder sagte sie: »Merci, merci, Monsieur!« Die einfache Frau war in dem Glauben, dass meine Pillen ihr Baby retten würden. Eine so umfangreiche Apotheke wie meine hatte sie noch nie gesehen, deshalb hielt sie mich für einen Arzt. Ich ließ sie in dem Glauben. Zum Abschied versicherte sie, dass sie für mich beten wolle. Gott würde einen Menschen wie mich beschützen. Welch eine Dankbarkeit für eine so kleine Geste! Es zerriss mich, nicht wirklich helfen zu können. Ich fühlte mich traurig, deprimiert, hilflos und sehr elend. Noch am selben Tag kamen mir die Worte des Deutschen auf dem Tafelberg in Kapstadt, der sich Sorgen um meine Rente gemacht hatte, wieder in den Sinn. Sie zerfielen zu einem vollkommen bedeutungslosen Nichts.

Aus Selbstschutz veränderte ich mich in einen Menschen, den ich selbst nicht mehr erkannte. Nur noch mein Wille trieb mich weiter, ein Wille, der an Besessenheit grenzte. Ich war nur noch fixiert darauf, diese Weltreise durchzuziehen. Ich bin überzeugt davon, dass nur, wer einmal wirklich gelitten hat in seinem Leben, wer körperliche und mentale Grenzerfahrungen kennt, anschließend wirklich genießen kann. Wer immer satt ist, ein Dach über dem Kopf hat, eine Arbeit, einen gefüllten Kühlschrank, Freunde, ärztliche Versorgung und Schulbildung, der kennt die Sorgen eines Mittellosen nicht. Vielen von uns satten Menschen der Konsum- und Spaßgesellschaft ist all das eine Selbstverständlichkeit und nicht erwähnenswert. Wer einmal wirklich in Gebieten wie in Westafrika war, wird nachhaltig genügsamer, dankbarer. Das beklemmende Gefühl, das man dort erfährt, kann keine auch noch so gute Fernsehdokumentation vermitteln, denn in einer solchen Situation gibt es keinen Aus-Knopf.

Ab Dakar, der Hauptstadt des Senegal, zeigte mein Lenker nur noch in eine einzige Richtung, nach Norden, nach Europa. Die Strecke verlief entlang der westlichen Ausläufer der Sahara, durch Mauretanien und Westsahara bis nach Marokko. Noch 4000 Kilometer bis zur Fähre nach Europa.

In Dakar vereitelte ich knapp einen Diebstahl meiner Lieblingstreter. Abends trug ich gerne meine von Hand gefertigten leichten Cowboyschuhe aus Bolivien. Sie hatten mich in La Paz zwar nur 25 US-Dollar gekostet, aber ich liebte es, sie zu tragen. Sie waren mein einziger Luxus und natürlich ein unnötiges Gepäckstück. Abends ging ich noch umsichtiger durch die Straßen als tagsüber, und als zwei muskulöse Jünglinge mich mit »mon ami, ça va« (wie geht's Kumpel, alles klar) anquatschten, roch ich förmlich, dass sie nichts Gutes im Schilde führten. Ich hatte recht. Einer ging links von mir, der andere rechts. Ich war so gereizt von den Erlebnissen der letzten Wochen, dass ich keine Angst verspürte. Sie wollten mir nicht

Bei der Ausfahrt aus Tan Tan in der Westsahara. Unzählige Militärkontrollen treiben mich in den Wahnsinn.

an die Wäsche, aber an den Schuh. Blitzschnell tauchte der Rechte ab und griff mit beiden Händen an meinen rechten Fuß. Ich trat ihm mit dem linken mitten ins Gesicht, schnellte zurück, zog mein Pfefferspray und schrie auf sie ein. Sofort änderten sie ihre Taktik: »Hey, mon ami, tranquill, pas de problème« (Hey, mein Freund, ganz ruhig, kein Problem), wiegelten sie ab und ergaben sich, indem sie ihre muskulösen Arme in die Höhe reckten und lachten. Ich ließ sie abziehen und behielt beide Boots an meinen Füßen.

Die Kriminalitätsrate ist, gemessen an der unglaublichen Armut hier, sehr gering. Gefahr droht vor allem in Städten, und dann meistens, wenn mehrere Typen zusammenstehen und Alkohol trinken oder Joints rauchen. Es waren immer die Männer, die zusammenstanden und nichts taten, während die Frauen alle Arbeit machten. Den Frauen Afrikas gilt meine besondere Achtung. Sie arbeiten so unendlich hart und bekommen dafür wenig oder gar keinen Dank. Sie sind es, die um 4.30 Uhr aufstehen, ihre fünf, sechs oder sieben Kinder versorgen, Feuerholz sammeln, Wasser von weither heranschleppen, kochen, waschen, putzen, das Feld bestellen, wenn sie eines haben, die versuchen, ihre Kinder zu erziehen, und die sich dem Sex ihres faulen Mannes hingeben müssen, wann immer der es wünscht.

Die einzige Pflicht, der der Mann nachkommt, ist es, soziale Kontakte zu pflegen. Dass viele Frauen auch heutzutage immer noch mit primitivsten Methoden an ihren Geschlechtsteilen beschnitten werden, damit sie keine Lust mehr beim Sex fühlen – sie gelten nach der Verstümmelung als reiner und treuer –, ist unfassbar. Viele durchleiden Höllenqualen und sterben an den Folgen der Abtrennung ihrer Klitoris oder der Schamlippen mit Glasscherben oder stumpfen Messern. Ich bin überzeugt: Wenn die Frauen Afrikas nur eine Chance bekämen, indem wir westlichen Nationen die Spendengelder nur ihnen zukommen und sie diese verwalten ließen, wenn man für sie Bildungs- und Arbeitsmöglichkeiten schaffen würde, die ihnen zu verantwortungsvollen Positionen verhelfen würden, es stünde sehr viel besser um diesen gebeutelten Kontinent.

Auf den letzten 4000 Kilometern bis nach Tanger im Norden Marokkos fiel ich wieder etwas auf die Füße. Der »Faktor Mensch« wurde erträglicher, denn die Sahara ist nur dünn besiedelt. Sandstürme und starker Nordwind konnten mich nun auch nicht mehr stoppen. Ich fuhr von morgens bis abends, und das jeden Tag. Dabei schaltete ich, wie immer in Wüsten oder auf einsamen Streckenabschnitten, mein Lieblingsprogramm ein, das Kopfkino. Ich dachte über alle möglichen und unmöglichen Situationen aus meinem Leben nach: diese Reise, andere Reisen, meinen ersten Sex, alte deutsche Schlager, meine Sandkastenzeit, die Schule, Fußballspiele, Freundinnen, ich als Skifahrer oder eingeölt und posend auf der Bühne bei den Hamburger Bodybuilding-Meisterschaften, meine Zeit als Sänger einer Hardrock-Band, meine Ausbildung zum Versicherungskaufmann. Einfach alles rollte ich auf, manch-

»Tee-Straßensperre«: In der Türkei, in Syrien und auch hier in Marokko kommt es oft zu diesen angenehmen Zwangspausen. Es ist immer wieder rührend, wie mir einfache Menschen ihr letztes Hemd geben, damit ich wieder ein Stück weiter komme. Hamdullilah! (Dank sei Gott.)

mal stundenlang. Einsam fühlte ich mich dabei nie, auch nicht nachts im Zelt. Schwierig waren lediglich die Situationen in den Städten, in einer Bar oder einem Restaurant, wenn ich umgeben war von Menschen, die sich kannten und mochten, und ich alleine daneben saß und niemanden kennenlernte.

Mein Kopfkino hatte gute Filme im Angebot, und ich überwand Mauretanien und die Autonome Region von Westsahara, um die sich Marokko und Mauretanien streiten. Endlich konnte ich wieder gefahrloser wild campen, denn Westsahara ist übersät von Landminen, und die Straße zu verlassen ist (k)eine bombensichere Sache.

In Marokko tankte ich wieder Kraft. Ich aß täglich Tajine (Hammel- oder Hühnchenfleisch mit Kartoffeln und Gemüse) und konnte mein Glück kaum fassen, als ich meinen ersten frischen, vor meinen Augen gepressten kalten Orangensaft die staubige Kehle hinunterbeförderte. Der Orangenpresser bedankte sich bei Allah für gute Geschäfte, als ich das vierte große Glas bestellte. Richtig wohl fühlte ich mich aber auch hier in Marokko nicht. Zurück in einem moslemischen Land, flogen in den Dörfern entlang des Atlasgebirges abermals Steine, die mich treffen sollten, und ich wurde mehrfach grundlos beschimpft. Nach den so zahlreichen Extremerlebnissen der letzten Monate schockte mich aber auch das nicht mehr. Ich schaffte es in einem Stück bis nach Tanger und fand mich schon am nächsten Abend auf der Fähre nach Sète in Frankreich wieder.

15 Länder waren erkämpft, dabei war ich 17 000 Kilometer über Land gefahren. Ich verließ Afrika mit einem einzigen vorherrschenden Gefühl: dem der Dankbarkeit darüber, auf der Sonnenseite dieses Lebens geboren zu sein. Eine tiefe, bleibende und lehrreiche Erfahrung!

Mein erster Euro – Zurück in Europa

»You are likely to fall into a deep depression after the end of your world tour, because a journey like this one cannot be topped.«

(*Australier in Kenia*)

*»Er sieht nicht so gut aus wie früher.
Schau dir die vielen Falten an!«*

(*Nachbarn, als meine Mutter
ihnen Fotos von mir aus Kuba zeigt.*)

Eine nur 40-stündige Mittelmeerüberfahrt per Fähre beförderte mich zurück auf den Kontinent, auf dem alles angefangen hatte, zurück auf den Kontinent, auf dem sich ein Land befindet, in dem ich seit neun Jahren nicht gewesen war. Das Land, in dem Milch und Honig fließen, wie viele Afrikaner mit voller Überzeugung denken. Deutschland. Nach allem, was ich in Afrika sah, liegen sie gar nicht so verkehrt mit ihrer Überzeugung.

Mein Rad rollt die Rampe des Schiffes herunter, ich erblicke freudestrahlend die erste französische Flagge, es riecht nach Seetang und die Sonne freut sich mit mir. Die Fähre hat in der kleinen Hafenstadt Sète an der Côte d'Azur festgemacht. »Willkommen in Frankreich, willkommen zurück in Europa«, begrüßen mich die Grenzbeamten voller Begeisterung und klopfen mir auf die Schulter, nachdem der Schnüffelhund scheinbar gelangweilt angezeigt hat, dass ich sauber

248

bin. Als ob ich von einer zentnerschweren Eisenkugel befreit werde, so fühle ich mich, als ich vom Hafengelände herunterfahre. Ich bin unendlich erleichtert und aufgeregt wie ein kleines Kind im Süßigkeitenladen.

Bei jedem Grenzübertritt braucht auch ein Radfahrer zuerst eines: Geld. Dieses Mal war es eine besondere Transaktion. Ich bekam erstmals Kontakt zu einer Währung, an die sich Deutsche und Westeuropäer bereits seit über fünf Jahren gewöhnt hatten, dem Euro. Unweit der Hafeneinfahrt wurde ich dann fündig. Ein Geldautomat wartete darauf, von mir gemolken zu werden, und ich zelebrierte geradezu den simplen Vorgang des Geldabhebens. Ich schob die EC-Karte in den Schlitz, gab meinen Code ein und wartete gespannt. Es begann zu rattern, eine Klappe öffnete sich und ich zog sechs gelblichbraune Scheine heraus. 300 Euro. Lange guckte ich die Scheine an, bevor ich sie einsteckte.

Ich war in den neun Reisejahren mit so vielen verschiedenen Währungen konfrontiert, dass es mir auch leicht fiel, mich auf den für mich neuen Euro einzustellen. Die Gewöhnung an die damit verbundenen hohen Preise dauert allerdings immer noch an ...

Ich schaute mich um und es kam mir vor, als ob ich das erste Mal in Frankreich sei. Ich versuchte, alles aufzusaugen, und seufzte tief vor Erleichterung. Als Allererstes fiel mir auf, wie gut die Menschen gekleidet waren und wie angenehm sie rochen. Die duschen hier garantiert alle täglich, schoss es mir durch den Kopf. Die Häuser waren weiß angestrichen, es gab Papierkörbe, die Geschäfte hatten Auslagen in den Fenstern, kein Autofahrer hupte, niemand redete mich von der Seite an, auch nicht nach den langen zehn Minuten, die ich mein Rad nun schon umherschob, die Supermärkte waren so groß wie ein Fußballfeld, die Preise fix, die Autos sahen alle brandneu aus und es gab Straßen eigens für Fahrradfahrer.

Ich checkte in ein Hotel ein und die Rezeptionistin hatte mich innerhalb von 60 Sekunden professionell abgefertigt, es gab einen Fahrstuhl, in dem leise Chansons zu hören waren, ich bekam keinen Zimmerschlüssel, sondern eine Codekarte, die ich in die Tür schieben musste. Das Zimmer war sauber, keine Kakerlaken guckten mir beim Duschen zu, keine Ratte huschte unterm Bett hervor, es kam wahlweise heißes oder kaltes Wasser aus dem Duschkopf, der Strahl war hart, das WC spülte tatsächlich und die Bettwäsche roch nach Rosen. Vor der Tür gab es Verkaufsautomaten, denen ich Kaffee, Bier oder Suppen entnehmen konnte, der Flur hatte einen Teppich. Wahrlich das Paradies!

Am meisten aber faszinierten mich die Fußgängerüberwege. Ich schritt an den Zebrastreifen heran, und sofort stoppten die Autos aus beiden Richtungen. Ich konnte gemütlich über die Straße gehen und niemand hupte oder drängte mich, schneller zu gehen. Ich war fassungslos. Wieder ging ich zurück, um zu testen, ob es sich um einen Zufall gehandelt hatte. Doch wieder hielten die Fahrzeuge an. Als ich den Test das dritte Mal durchgeführt hatte, glaubte ich es: Hier in Frankreich hat ein Fußgänger tatsächlich ein Recht im Straßenverkehr. Ich lachte und grinste den ganzen Tag über breit.

Auch die ersten Tage zurück im Sattel zeigten mir, dass ich mich in einer anderen, anders organisierten Welt befand. Auf der Landstraße verlangsamten die Autofahrer ihre Fahrt und überholten erst, wenn es wirklich gefahrlos war. Sie fuhren mit einem derart großen Abstand an mir vorbei, dass ich laut auflachte, weil ich es für maßlos übertrieben hielt. Doch anscheinend war das normal hier. Gab ich Handzeichen, um einen Richtungswechsel anzuzeigen, ließ man mir Vorfahrt, abermals ohne zu hupen oder mir etwas aus dem Auto heraus zuzuschreien. Fragte ich nach dem Weg, erhielt ich kompetente Antworten, oftmals mit Kilometerangaben, die sogar stimmten, wie ich anhand meines Bordcomputers feststellte. Als dann noch der erste TGV an mir vorbeiraste, dem ich mit weit aufgerissenen Augen und einem erstaunten »wow!« hinterherstarrte, drang es langsam in mein Bewusstsein: Das Ende der Reise war nicht mehr fern.

Ich bekam wieder Spaß daran, mit meinem voll beladenen Rad über die französischen Alpen zu fahren. Noch einmal kletterte ich 20 Kilometer bergauf zum 2770 Meter hohen Pass Col d'Agnel, der an der Grenze zu Italien liegt. Schnee hatte ich seit Südamerika nicht mehr gesehen. Der alljährlich stattfindende Giro d'Italia kam an diesem Tag hier durch und ich schaute mir das Rennen an. Schnell sprach sich auf dem Pass herum, dass ich nun schon lange unterwegs war, und viele machten Fotos von mir. Ich wurde sogar kurz Francesco Moser vorgestellt, einem großen italienischen Radsportler der 1980er-Jahre, der jetzt Tourleiter des Giro ist, er gratulierte mir.

Ich brauchte etwa zwei Wochen, um mich als Carsten Janz wiederzuerkennen. Langsam wurde ich wieder fröhlich und meine allgemeine körperliche Anspannung löste sich. Die Müdigkeit aber blieb. Nicht die Müdigkeit, die ich gespürt hatte, als ich den 67 Kilometer langen Bergmarathon in der Schweiz gelaufen war, sondern eine tief in Leib und Seele verankerte Erschöpfung. Man sagt, dass einem Tourenfahrer, der sich vorgenommen hat, jahrelang unterwegs zu sein, zwei Entscheidungen besonders schwerfallen: die zur Abfahrt – und die zur Rückkehr. Wer jahrelang reist, kennt sich aus mit sich und seinem Handeln, ist auch fern der Heimat zu Hause, hat sich an den Reiz des Unterwegsseins so gewöhnt, dass er es nicht mehr missen möchte oder kann. Doch ich fühlte mich zu ausgebrannt, um überhaupt darüber nachzudenken, ob ich noch einmal rechts abbiegen oder geradeaus weiterfahren wollte. Ich hatte keine Angst vor dem Ende oder vor dem Danach. Auf dieser Weltreise hatte ich erfahren, dass sich vielleicht eine Durchfahrt verschließen mag, doch zwei andere öffnen sich. Ich hatte gelernt, die offenen Durchfahrten zu sehen und sie dann auch zu befahren.

Die letzten 3500 Kilometer hoch bis nach Tallinn in Estland und dann über Finnland und Schweden nach Hause ähnelten einer ruhigen Seefahrt. Ich denke, es ist verständlich, wenn ich sage, dass es eigentlich nur noch ein Ausrollen war. Ich wählte diese Route, weil ich am allerletzten Tag meiner Tour von Travemünde nach Hamburg fahren wollte. Eine für mich bedeutsame Strecke, denn genau auf diesen 90 Kilometern machte ich als Zwölfjähriger meine erste Radtour.

In Budapest legte ich einen Stopp auf demselben Campingplatz ein, auf dem ich vor knapp neun Jahren schon einmal gerastet hatte, als dieses Abenteuer noch in den ersten Zügen lag. Ein rüstiger Rentner sprang aus seinem Wohnmobil, als er mich an der Rezeption deutsch sprechen hörte. »Mensch, junger Mann, toll, ganz von Deutschland bis hierher mit dem Fahrrad, gratuliere. So eine Extremtour hab ich auch schon einmal bewältigt. Wie sind Sie denn gefahren? Über Österreich oder über Polen?« – » Nö, über Australien und Südafrika«, sagte ich. Ohne ein weiteres Wort mit mir zu wechseln, kehrte er zurück zu seinem Wagen. Seine Augen sagten mehr als Worte: »Was für ein Spinner«, sagten sie.

Über den Sinn oder Unsinn einer 100 000 Kilometer langen Fahrradtour könnte man lange diskutieren. Genauso wie über den Sinn oder Unsinn, 100 Meter schneller als in 10 Sekunden zu laufen, einen 8848 Meter hohen Berg zu besteigen oder schneller als andere mit einem Rennauto im Kreis zu fahren. Der Antrieb, den diese Unternehmungen gemeinsam haben, ist Leidenschaft. So war es auch bei mir. Ich habe diese Reise gemacht, als ich im körperlichen und mentalen Zenit meines Lebens stand. Sie stellte den Höhepunkt all meiner abenteuerlichen Bemühungen der Jahre zuvor dar, sie war die logische Konsequenz meines Vorlebens.

Der große Moment. Auch meine Mutter musste viel überstehen. Es ist ein wunderbarer Tag! Wir sind beide glücklich.

Als ich mit 18 Jahren meine Ausbildung zum Versicherungskaufmann bei einer großen Hamburger Versicherung absolvierte, die in ihrem Werbeslogan immer den richtigen Rahmen zu bilden glaubte, spukten mir viele Gedanken im Kopf herum. Sie drehten sich um Sport, Reisen, Abenteuer, Leben in einem fernen Land, aber sehr zur Unzufriedenheit meiner Ausbilder nicht um das Versicherungsvertragsgesetz mit seinen Paragrafen 38 »Erstprämienzahlung« oder 39 »Folgeprämienzahlung«. Während meiner gesamten Lehrzeit war ich eigentlich nur auf der Suche nach dem richtigen Rahmen für mein Leben. Ein kaum lösbares Projekt für einen jungen Mann, der von Normalität umgeben ist. Uninteressiert quälte ich mich durch die Ausbildungszeit und schlug nach der Abschlussprüfung einen neuen Weg ein, ohne genau zu wissen, wohin er führen würde. Hauptsache heraus aus dem Sumpf der Alltäglichkeit.

Zumindest wusste ich nun, wie mein Leben auf gar keinen Fall aussehen durfte. So gesehen, hatte auch diese Zeit ihr Gutes. Fortan bemühte ich mich nur noch um saisonale Arbeit, damit ich Zeit hatte, mein Leben so auszurichten, wie ich es mir vorgestellt hatte. Meinen Leitfaden bildeten von nun an drei zufällig gewählte Mottos, die ich mir als 16-jähriger Teenager einmal an die Wand meines Zimmers geheftet hatte und die seitdem geradezu Mantras für mich geworden sind, ohne dass ich es damals ahnte. Ich schrieb sie damals in Englisch und sie lauteten:

»Live your life, stay hungry.«
»Trust your inner feelings.«
»Don't loose your heart, when things go wrong.«

Meine hauptsächliche Motivation für diese lange Rad(tor-)tour zog ich aus meiner allgemeinen Lust auf Neues und aus meiner Lebensfreude, aber auch aus der Tatsache, dass wir alle nur eine begrenzte Zeit auf diesem Planeten zur Verfügung haben. Ich wollte nicht mit dem (Er-)Leben warten, bis es vielleicht einmal zu spät sein würde, sondern direkt damit anfangen. Es später nachzuholen, das war mir schon damals klar, würde nicht möglich sein. Also begann ich mit Anfang 20 lieber gleich damit und habe bis heute wohl auch noch nicht aufgehört. Mit 46 Jahren habe ich nun bereits mehr erleben dürfen als andere mit 80 Jahren. Für mich ein beruhigendes Gefühl.

Diese Weltreise, die ich mir Stecknadelkopf für Stecknadelkopf auf der Weltkarte erarbeitet habe, ist heute nur noch eine Erinnerung – aber eine Erinnerung, die ich mit ins Grab tragen werde. Und wenn wir denn überhaupt irgendetwas mitnehmen können, nachdem unser Körper wieder in die Natur übergegangen ist, dann sind es vielleicht Erlebnisse, Erfahrungen, die wir sammeln durften, aber bestimmt nicht der neue Mittelklassewagen.

Erstmalig in meinem Leben verspüre ich eine tiefe, innere Ruhe, denn ich habe einen ganz persönlichen Lebenstraum bis in seine allerletzte Konsequenz gelebt.

Anhang

Ausrüstungsliste

Durchschnittliches Gesamtgewicht der Ausrüstung:
ca. 35 kg (ohne Lebensmittel und Wasser)
Fahrrad und Gepäckträger: ca. 20 kg

Geld und Papiere:
Geldgürtel (immer am Körper tragen)
Reisepass
Impfausweis
Reiseschecks
Bargeld (US-Dollar), einen Teil im Gürtel,
  den anderen im Gepäck verteilen
Kreditkarten
wichtige Adressen und Telefonnummern
Zettel mit im Notfall zu benachrichtigenden Personen
  und Angabe der Blutgruppe
Empfehlungsschreiben meiner Bank
persönliche Fotos
Passfotos
Fotokopien von allen wichtigen Papieren
  (im Gepäck verstaut und zusätzlich bei einer
  Kontaktperson zu Hause)

Fahrrad:
2 Packtaschen und Packrolle vorn
2 Packtaschen, Packrolle und Rucksack hinten
Schloss
Luftpumpe
Luftdruckmesser
Thermometer
Bordcomputer

Klemmbeleuchtung vorn und hinten
3 Trinkflaschen am Rahmen
Packriemen
Kettenöl

Ersatzteile:
1–3 Ersatzreifen und -schläuche
Flickzeug
Speichen
Kette
Brems- und Schaltungszüge
Bremsgummi
Ersatzventile
Magnet und Batterie für den Bordcomputer

Werkzeug:
Zange
Inbusschlüssel (Satz)
Schraubenschlüssel (Satz)
Rollgabelschlüssel
Tretlagerabzieher
Ritzelabnehmer
Schraubendreher
Kettennietendrücker
Speichenschlüssel
Schrauben, Nieten, Muttern
Ventiladapter
Fett, Reinigungsbürste, Lappen
reißfestes Klebeband, Sekundenkleber

Campingausrüstung:
Zelt
Zeltunterlage
extra starke Heringe

Isomatte
Daunenschlafsack, Leinenschlafsack
Flickzeug für die Isomatte
Gaskocher und Kartuschen
Topf, Essnapf
Behälter zur Aufbewahrung von Lebensmitteln
Thermoskanne
Gabel, Löffel, Stäbchen
Becher
Gewürze
Feuerzeug
Geschirrhandtuch

Kleidung:
wasser- und winddichte Jacke, Hose und Socken
Faserpelzpullover
Hemden
lang- und kurzärmelige T-Shirts
Jeans
Shorts
Mütze, Bandana, Baseballmütze, Kopfnetz
Funktionsunterwäsche
dünne und dicke Socken
Sportschuhe
Badelatschen
Cowboystiefel (ein unnötiges Teil hat jeder Langzeitfahrer dabei!)
Handschuhe, Radhandschuhe
Sonnenbrille

Toilettenartikel:
Allgemeines
Handtuch
Sonnenschutzcreme
Mückenschutz

Wattestäbchen
Kondome
Ohropax

Reiseapotheke:
Schere
Skalpell
Pinzette
Fieberthermometer
Verbandsmaterial, elastische Binde
Überlebensfolie
sterile Kanülen und Spritzen
Gummihandschuhe
Desinfektionsmittel
Breitbandantibiotika
Schmerztabletten
Antihistamine
Kreislaufmittel
Japanisches Heilpflanzenöl
Mittel gegen Halsschmerzen, Durchfall, Malaria (keine
    Prophylaxe)
Salbe gegen Muskel- und Gelenkschmerzen, Lippenherpes
Augentropfen gegen Infektionen
Vitamin- und Mineralsalztabletten

Allgemeiner Travellerbedarf:
Landkarten
Point it. Traveller's Language Kit
    (Buch, in dem über 1000 Gegenstände abgebildet sind,
    als Verständigungshilfe)
Schweizer Offiziersmesser
Kompass
Wasserfilter
Wasserentkeimungstabletten

2–4 Liter große Wassersäcke
Nylonpacksack
Plastiktüten, Gurte
Schuhband
Taschenlampe
Angelschnur und Haken
Nadel und Faden
Pfefferspray

Sonstiges:
CD-Player und CDs, kleines Radio, Batterien
Kamera, Stativ, Filme
Tagebuch
Kugelschreiber
Schreibpapier
Reiseführer
Fotoalbum
Gastgeschenke (Fotos und Luftballons)
Maskottchen
Trillerpfeife
Reitgerte
Teelichte

Statistik der Weltumradlung
vom 13. 8. 1998–19. 8. 2007
(3293 Tage)

per Fahrrad zurückgelegt: 101 000 km
zurückgelegte Strecke inklusive Flüge und Schifffahrten:
   ca. 145 000 km
maximale Tagesleistung: 226 km
Radumdrehungen: 45 701 357
Höchstgeschwindigkeit: 72 km/h
bereiste Länder: 64
Pässe: 3
längster Aufenthalt: Japan (1,5 Jahre)
kürzester Aufenthalt: Brunei (2 Tage)

Reisekosten für 7 Jahre: ca. 65 000 Euro
   (inklusive Flüge und Visa),
   restliche 2 Jahre gearbeitet in Japan, Neuseeland und USA
durchschnittliches Tagesbudget: ca. 25 Euro
Barabhebungen an Geldautomaten: ca. 320
teuerstes Land: Japan
billigstes Land: Guatemala

Reifenpannen: 83
Speichenbrüche: 21
Ketten: 10
Sättel: 4
Reifen: 21
Tretlager: 4
Zelte: 3

heißester Tag: 52 °C (Westchina)
kälteste Nacht: -23 °C (Bolivien)
höchster Punkt der Reiseroute: 4850 m über NN (Peru)
niedrigster Punkt: 400 m unter NN (Jordanien)
verbrachte Nächte im Zelt: ca. 1000
größte Gefahr: Autoverkehr
Überfälle: 3
größte Belästigung: Fliegen und Moskitos
größte positive Überraschung der Reise: Kolumbien
größte negative Überraschung der Reise: Vietnam
bestes Essen: Japan
schlechtestes Essen: Äthiopien (außerhalb von Addis Abeba)
schönste Frauen: Lateinamerika (aber wo?)
schönste Männer: keine Ahnung, frag eine weibliche Weltreisende
Bundeskanzler bei Abfahrt: Helmut Kohl
Bundeskanzlerin bei Ankunft: Angela Merkel
Sommerhit 1998: »The Cup of Life« (Ricky Martin) und
    »Bailando« (Loona)

Sommerhit 2007: »Umbrella« (Rihanna) und »Ein Stern« (DJ
    Ötzi)
größte Freude nach der Rückkehr: Vollkornbrot, Grünkohl
    und Wiedersehen mit meiner Mutter
größte Enttäuschung nach der Rückkehr: wenig Interesse meines
    persönlichen Umfeldes an der Reise
Dinge, die ich wieder mit nach Hause gebracht habe:
    Fahrradrahmen, Lenker, vier Packtaschen, wasserfesten
    Packsack, Flaschenhalter, Rucksack, Gepäckträger vorn und
    hinten, Isomatte, Zeltunterlage, Schlafsack, Schweizer Messer,
    Löffel, Essnapf, Regenjacke und -hose, Werkzeug,
    Luftdruckprüfer, Erste-Hilfe-Tasche, weißes tibetisches
    Gebetstuch, Wassersack und mich selbst
Gesammelte E-Mail-Adressen: ca. 300, davon in Kontakt
    geblieben mit ca. 20

Höhepunkt der Reise: die Freiheit, aufzubrechen wann,
   wohin und wie lange ich wollte
Tiefpunkt der Reise: Tod meines Vaters

Weihnachten unterwegs verbracht in:
1998   Lapta, Zypern
1999   Manila, Philippinen
2000   Huay Xei, Laos
2001   Osaka, Japan
2002   Shikoku, Japan
2003   Ko Samui, Thailand
2004   Auckland, Neuseeland
2005   Zihuatanejo, Mexiko
2006   Salta, Argentinien
2007   Marsabit, Kenia

Danksagung

Tausende von Menschen kreuzten meinen Weg. Sie alle leisteten ihren kleinen Beitrag dazu, dass ich mein Puzzle Radweltreise zusammensetzen konnte: Sie zeigten mir den Weg, das Hotel, einen Schlafplatz, ein Lebensmittelgeschäft, einen Fahrradhändler, einen Brunnen, eine Sehenswürdigkeit, den Markt, einen Geldwechsler oder ein Internetcafé. Sie schenkten mir eine Orange, eine Dose Cola, einen Keks, Tee, Kaffee, eine Portion Reis, einen Fisch oder ein Lächeln. Sie teilten mir ihre Gedanken mit, staunten, lachten, sangen, diskutierten und weinten mit mir. Kurz: Sie alle halfen einem Fremden, sich in einem fernen Land zurechtzufinden und sich wohlzufühlen.

Den folgenden Personen gilt mein besonderer Dank, denn sie halfen mir aus einer schwierigen Situation heraus oder motivierten mich, weiterzufahren:

Hagen Angermann, Hongkong	Gabi Köster, Kanada
Peter Antonsson, Japan	Michael Kuhn, Australien
Lu und Michelle Bruffarts, Belgien	Mohammed Mahfouz, Syrien
Christelle und Jako, Namibia	Jody Mills, Japan
Bernd Devong, Thailand	Dr. Luis Mina, Ecuador
Claudia Dörr, Hongkong	Gary Moore, USA
Tasus Galanis, Griechenland	Patricia Troncoso Ortiz, Chile
Gina Goldie, Kanada	Rosita Sanchez, Kuba
Russ Harrison, Simbabwe	Martin Strong, Neuseeland
Kathryn Hirt, USA	Mariko Tonochi, Japan
Cynthia Kamanga, Malawi	Paul Weiß, USA
Jean und Bill Mc Keever, Kanada	Carsten Zahn, Deutschland
Carol King, Costa Rica	

Für die große Unterstützung nach meiner Rückkehr bedanke ich mich ganz herzlich bei Carmen und Hartmut Maack.

Für die professionelle Hilfe bei der Verwirklichung des für mich neuen Abenteuers »Buch« bedanke ich mich bei Ute Maack und Klaus Bartelt.

Zwei Menschen fieberten die gesamten neun Jahre mit mir. Ohne sie hätte ich die Reise in dieser Form nicht realisieren können: Meine Mutter und mein Freund aus Schulzeiten Manfred Sander.

Mutter: Ich kann nur erahnen, wie schwierig es manchmal für dich war, nicht zu wissen, wo ich bin oder ob es mir gut geht. Du musstest den Tod deines Mannes verarbeiten und dir Negatives über deinen Sohn anhören. Du hast allen gezeigt, wie stark du bist, denn du bist mit all dem fertig geworden. Deine nimmermüde Hilfe für mich war die Unterstützung einer Mutter, die ihren Sohn bedingungslos liebt. Ich danke dir von ganzem Herzen, auch dafür, dass du mich immer hast ziehen lassen. Kuddl wäre stolz auf dich.

Meifre: In meinem turbulenten Leben bist du eine der wenigen Konstanten. Du hast mich viermal unterwegs besucht und dich auch sonst mitgefreut, wenn es bei mir gut lief. Aber die Stärke einer Freundschaft zeigt sich in schwierigen Momenten. Ob ich krank war, einen Unfall oder Liebeskummer hatte, mein Rad nicht lief oder ich einen Überfall, eine Naturkatastrophe oder eine gefährliche Begegnung mit einem Tier verdauen musste: Du warst einfach immer da. Mit Rat, mit Anteilnahme oder Motivation. Unser Lehrer nannte dich »Manni, die deutsche Eiche«. Du bist in der Tat so etwas wie eine Eiche für mich geworden. Die Wurzeln unserer Freundschaft sind gesund und stark. Du hast einen wichtigen Anteil daran, dass ich diese Reise bis zum Ende durchgehalten habe. Dafür und für 30 Jahre ehrliche Freundschaft danke ich dir sehr.

Alaska

Kanada

USA

NORDATLANTIK

Mexiko

Kuba

Deutschlan
Tschechie
Österrei

Frank

Marokko

Westsahara

Mauretanien
Senegal

Guatemala
El Salvador
Honduras
Nicaragua
Costa Rica
Panama

Kolumbien

Ecuador

ÄQUATOR

Peru

Bolivien

Burk

SÜDATLAN

Chile

Argentinien

PAZIFISCHER

OZEAN

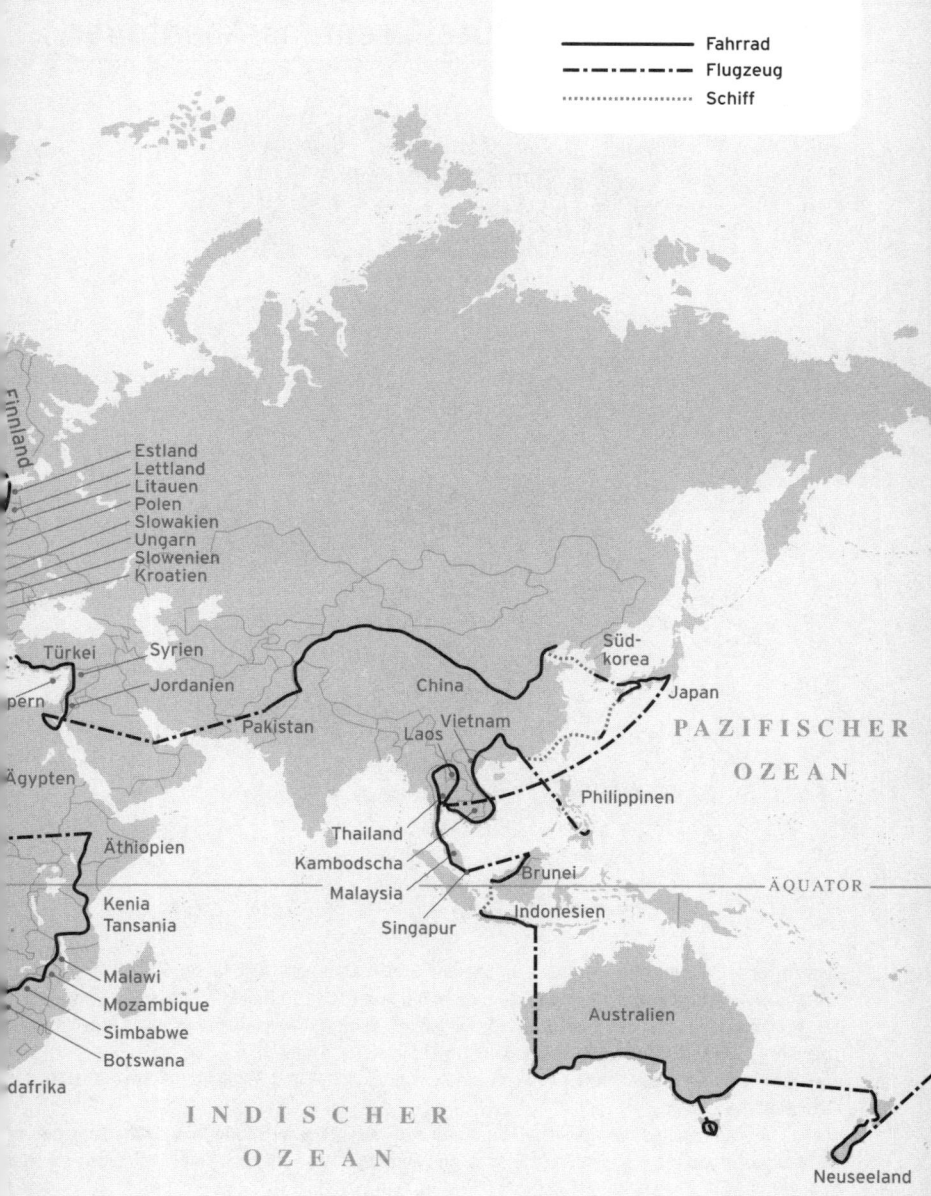

Fahrradweltreise
1998–2007

─────── Fahrrad
─·─·─·─· Flugzeug
·············· Schiff

Finnland

Estland
Lettland
Litauen
Polen
Slowakien
Ungarn
Slowenien
Kroatien

Türkei   Syrien   Süd-
pern   Jordanien   China   korea
                                                                         Japan
Ägypten   Pakistan   Vietnam   PAZIFISCHER
                                        Laos   OZEAN
                                                                  Philippinen
             Äthiopien   Thailand   Brunei
                                Kambodscha   ÄQUATOR
             Kenia   Malaysia   Indonesien
             Tansania   Singapur

             Malawi
             Mozambique
             Simbabwe
             Botswana   Australien

dafrika
             INDISCHER
             OZEAN   Neuseeland

Starker Antritt

Christoph Elbern
Kettenriss
Starker Antritt vom Team Nobody
ISBN 978-3-7688-5319-4

Im Profiradsport liegt zwischen Erfolg und Untergang oft nur ein schmaler Grat. Das muss auch eine Werbeagentur zur Kenntnis nehmen, die im Auftrag einer großen Krankenversicherung ein Radsportteam betreibt. Als Spitzenfahrer Ulli „the Kid" Janssen positiv auf verbotene Hilfsmittel getestet wird, ist der Sponsor drauf und dran, sich zurückzuziehen. Das wäre das Aus.
Ein furioser, sehr witziger und durchaus hintergründiger Roman über das, was im Radsport ablaufen könnte, wenn man mal anders an die Sache heranginge: Ein „sauberes" Amateurteam stiehlt den gedopten Profis die Show. Das Ergebnis? Stark im Abgang, soviel sei verraten.

Erhältlich im Buch- und Fachhandel oder unter www.delius-klasing.de

DELIUS KLASING

Zweimal „Lesewitz"

Henri Lesewitz
Held am Sonntag
Mountainbike-Roman
ISBN 978-3-7688-5264-7

Was wäre das Leben ohne Schlammspritzer im Gesicht, Krämpfe in den Armen und blaue Flecken an den Hüften? Ohne das pfeifende Keuchen an endlosen Anstiegen und rasende Abfahrten mit Tunnelblick? Es wäre eine einzige Unterforderung, zähe Langeweile – Alltag, bis der Arzt kommt! Zumindest für echte Mountainbiker. Klar, das Leben fordert Kompromisse, z.B. den täglichen Job im Büro, aber am Wochenende muss es dann auch mal krachen dürfen. Dumm nur, wenn man dafür gar nicht mehr so recht in Form ist ...

Henri Lesewitz
Endlich Rasen
Ein Abenteuerversuch auf dem ehemaligen innerdeutschen Grenzstreifen
ISBN 978-3-7688-3223-6

Mit seinem Mountainbike radelt Henri Lesewitz von Thüringen bis an die Lübecker Bucht – immer entlang des ehemaligen Grenzstreifens. „Endlich Rasen" erzählt von den Abenteuern, die er dabei erlebt und den Menschen, denen er begegnet. Der spannende und ungemein witzige Reisebericht ist eine deutsch-deutsche Bestandsaufnahme der ganz besonderen Art.